CAFE GUIDE

Viet Nam

EXTRA ISSUE

[Book in Book] Our Favorite Cafe

- ☐ Cafe
- ☐ Sweets
- ☐ Coffee
- ☐ Chocolate

"tea time"

Have a
Nice Trip in
Viet Nam!

Start!

Viet Nam's Cafe

The favorite cafe of Viet Nam

①

②

③

ベトナムにコーヒーが伝わったのは1850年代、フランスの植民地時代にカトリック神父が、ベトナム北部にアラビカの木を持ち込んだのが始まり。以来、コーヒー生産が盛んになり、いまでは、ブラジルに次ぐ世界第２位のコーヒー生産国。豆の種類はロブスタ種の栽培が盛んで、日本でおなじみのアラビカ種に比べ苦みが強いため、コンデンスミルクを入れて飲むのが一般的。町を歩くと、いたるところでコーヒーをたしなむ人たちを目にするほど、人々の生活にコーヒーが浸透している。
カフェの種類もバラエティ豊かで、素朴な老舗店や屋台のコーヒーのほか、フランス統治時代の建物を改修したコロニアルな店舗、インスタ映えするようなカフェなど、いろんな楽しみ方ができる。最近、流行しているのは、日本人オーナーが開業したチドリ（→P.4）。ベッド付きのドミトリー型カフェで、ごろんと横になりながら過ごせるので、若者を中心に人気となっている。
コーヒータイムを過ごす際は、新聞を読んだり、友人とおしゃべりしたり、1～2時間ほど屋台でプラスチックのスツールやハンモックに寝て、ぶらぶらするのがベトナムスタイル。ベトナムのカフェでは、現地の人にならって、ゆったりとした時間を過ごしたい。

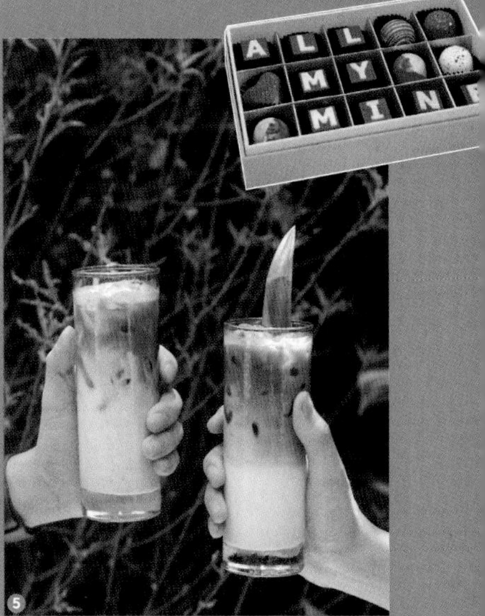

❶❷白い壁と緑豊かな店内がおしゃれな「ダラランド・コーヒー(→P.5)」。天井で魚が泳いでいるのが癒される。自家製のフルーツティーもおすすめ
❸❼「オール・デイ・コーヒー(→P.8)」のエッグコーヒーとフルーツティー。中部の有名な産地から取り寄せたコーヒー豆は香り豊か
❹若者やカップルに人気の「チドリ(→P.4)」。プライベート空間でのんびりできる
❺❻コロニアル風の「ビーンゼア・カフェ Ⅱ(→P.5)」には写真スポットがたくさん
❽一面チョコレートが並んだ「レジェンダリー・ショコラティエ(→P.15)」はチョコ好きの聖地
❾ウォールアートがオシャレな「ココア・プロジェクト(→P.15)」

01

若者、カップルに人気急上昇中 新感覚カフェ

New Sensation cafe

#ゴロ寝できる #おとぎ話の雰囲気 #地中海をイメージ #写真映えするカフェ

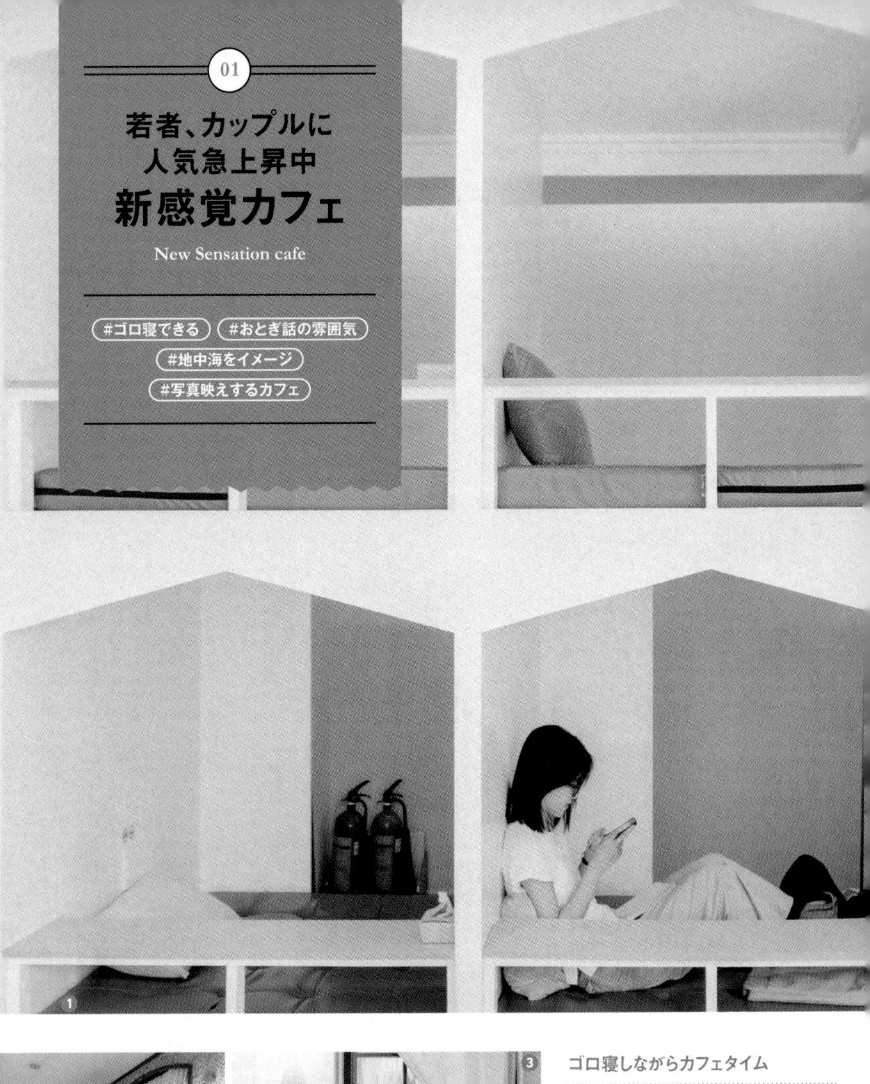

❶半個室なので開放感もありリラックスできる ❷カーテンを引ける席もある ❸友達同士でおしゃべりも楽しい ❹人気の抹茶ラテ7万9000VND

ゴロ寝しながらカフェタイム

チドリ

Chidori

家のように寛げるプライベート空間が人気のカフェ。時間制で、ベッドを２時間使える「チリングアウト」（10万VND、ドリンク1杯付き）などがある。宿泊も可能。

ホーチミン市北部

▶MAP P.208 D-2

🏠06 Đuong Hoa Cau, Phuong 7, Phu Nhuan, Thanh pho ㊋統一会堂から車で15分

☎038-3121238

🕒8:00～23:00

㊡無休

竹と籐でつくられたインテリアも
リゾート気分を高める

水に囲まれた癒し空間

ダラランド・コーヒー

Dalaland Coffee

まるでリゾート地に来たような緑と水に囲まれたカフェ。地中海をイメージした店内のいたるところがフォトスポットで、人気のフルーツティーとともに優雅な気分に浸れる。

タオディエン地区 ▶MAP P.209 H-1
24/4/1 Tran Ngoc Dien.Thao Điên. Thu Duc
市民劇場から車で20分 ☎0683-552591
7:30～22:30 休無休

爽やかなフルーツティーが人気

❶スイーツと南国フルーツのセット7万VND
❷店内には川も流れておりマイナスイオンがたっぷり

コロニアルな雰囲気が◎

ビーンゼア・カフェ Ⅱ

Beanthere Cafe II

インテリア、エクステリアともコロニアルな雰囲気で、おとぎ話の世界に入ったかのような気持ちになる。アロマキャンドルや絵画など、自分で作ることもできる。

ホーチミン市北部 ▶MAP P.209 E-2
42/7 Ho Hao Hon Street, P. Co Giang, Q.1 ベンタイン市場から車で8分
☎098-7168584 8:00～22:00 休無休

❶ココナツとパッションフルーツのジュース6万5000VND ❷ココナツとパンダンリーフのジュース6万VND
❸南国の風がここちいいテラス席

02

ホーチミンでおすすめ フォトジェニック カフェ

Photogenic Cafe in Ho Chi Minh

#レトロなカフェ #プロパガンダアート #デザイナー御用達 #工場を改装 #チョコブランドのカフェ

レンガづくりの壁にレトロモダンなディスプレイがおしゃれ

雑貨を散りばめた独特なレトロ感に浸る

コン・カフェ

Cong Caphe

ハノイ発祥の人気チェーンカフェ。古きよき時代のハノイを再現した店内には、プロパガンダアートやレトロなアルミ雑貨などをおしゃれにディスプレイ。種類豊富なドリンクメニューが大人気。

ベンタイン市場周辺

▶MAP P.213 A-8

▶MAP P.213 A-8

🏠93 Yersin,P. Cau Ong Lanh,Q.1
㊋ブイビエン通りから徒歩5分　☎091-1866500　🕒7:00～23:00　㊡無休

イエルシン通りの角に位置。渋い緑の外観が目印

意外と合うヨーグルトコーヒー4万5000VND（右）とココナツコーヒー（左）6万5000VND

Yummy drink!

❶店の壁の全面に描かれたアートは見ごたえあり　❷ベトナムの名物料理がおしゃれに提供される

ベトナムらしいウォールアートは必見

プロパガンダ・ビストロ

PROPAGANDA BISTROS

ベトナムらしさにこだわったという内装が自慢のカフェ。壁にはカラフルなプロパガンダアートが描かれ、写真映えも◎。ローカル食材にこだわったフードがそろい、見た目はもちろん味も絶品。

ドンコイ通り周辺

▶MAP P.212 A-2

🏠21 Han Thuyen, Q.1
㊋市民劇場から徒歩9分
☎028-38229048
🕒7:30～22:30　㊡無休
㊕9万5000VND～

こだわり尽くした自家焙煎コーヒー

ザ・ワークショップ

The WORKSHOP

ダラット産のアラビカ種を中心に使った自家焙煎コーヒーが楽しめる。豆の品質を保つためスタッフが直接農家に出向くなど、そのこだわりは脱帽もの。豆と抽出方法を好みで選べる。

ドンコイ通り周辺
▶MAP P.213 E-5
2F, 27 Ngo Đuc Ke, Q.1
㊋市民劇場から徒歩8分
☎028-38246802
8:00～21:00　㊡無休
㊕8万VND～

1 高い天井に大きな窓の開放的な店内は、デザイナーも通う洗練された空間　2 エスプレッソの風味をしっかり感じられるこだわりのカフェラテ8万VND

1 光が差し込み気持ちがいい。店内に敷かれたタイルがかわいい　2 プチケーキの盛り合わせとエスプレッソがセットになったカフェグルマン17万5000VND

工場を改装したすてきカフェ

ザ・リファイナリー

The Refinery

仏領時代のアヘン工場を改装した、コロニアルスタイルカフェ。アーチを描く窓枠や高い天井がここちよい。ケーキやヨーグルト、アイスといったデザートをはじめ、パンも自家製で、そのおいしさにリピーターも多い。

ドンコイ通り周辺
▶MAP P.212 D-3
74/7C Hai Ba Trung, Q.1
㊋市民劇場から徒歩3分
☎028-38230509
11:00～22:30
㊡無休　㊕20万VND～

有名なチョコレートブランドのカフェ

メゾン・マルゥ

MAISON MAROU

フランス人がオーナーを務める、ベトナム産高級チョコレート専門店の併設カフェ。自慢のチョコレートをたっぷり使ったドリンクやケーキを、モダンでおしゃれな店内でいただける。オリジナルグッズはおみやげにも大人気。

ベンタイン市場周辺
▶MAP P.213 A-7
167-169 Calmette, Q.1　㊋ベンタイン市場から徒歩5分　☎028-73005010　9:00～22:00(金～日曜は～23:00)　㊡無休　㊕15万VND～

1 広い店内の壁に貼られているカラフルなブロックがメニュー表になっている　2 甘さ控えめのチョコレート・ケーキ11万5000VNDと、ココア味のシグネチャー・マルゥ9万VND

03

ハノイで見つけた優しい時間 ゆったりおこもりカフェ

Wonderful Cafe Time

#コロニアルな内装 #湖を見晴らすオープンカフェ #花屋とカフェ #エッグコーヒー発祥店 #フランス統治時代の家

コロニアルな雰囲気が魅力的

オール・デイ・コーヒー

All Day Coffee

フランス統治下時代の家をそのまま利用したカフェ。欧風＋ベトナム風の内装デザインはここちよく、食事も楽しみながら過ごせる。厳選したベトナム産コーヒー豆を使ったアイスコーヒーは絶品。

タイ湖周辺

▶MAP P.215 F-2

住55 Hang Bun,Quan Thanh, Q.Ba Dinh 交ドンスアン市場から徒歩10分
☎024-66615616
営7:00～23:00 休無休
料6万9000VND

❶店内ではPC作業に没頭する人や食事を楽しむ人まで様々 ❷ベトナム中部産の豆を使ったアイスコーヒー8万5000VND

絶景オープンカフェですごす

カフェ・フォーコー

Café Pho Co

街を眺めてのんびりしたいときにおすすめのカフェ。店の場所がわかりにくいので、店名が入った看板を見つけるのがポイント。看板の下にあるみやげ物店の横を入り、古めかしい階段を上がる。その際オーダーは階段の手前で。

ホアンキエム湖周辺

▶MAP P.219 C-6

住11 Hang Gai, Q. Hoan Kiem
交大教会から徒歩10分
☎024-39288153
営8:00～23:00
休無休 料3万VND～

❶ホアンキエム湖を望むオープンエアのフロアが2つある ❷エッグ・ミルク・コーヒー（手前）はミルクシェイクを混ぜたような味。ヨーグルト・コーヒー（左）と苦みの強いスタンダードなブラックコーヒー（右）は3万VND

花屋併設の隠れ家カフェ

コテロ

Cotero

1階は花屋、2階はブックカフェになっているオーナーのこだわりが詰まったカフェ。グリーンが並ぶ癒しの空間で、コーヒーを飲みながら思い思いの時間を過ごせる。

ホアンキエム湖周辺
▶MAP P.216 E-4
🏠26 Hang Voi, Q. Hoan Kiem
㊌大教会から徒歩10分　☎036-6578989
🕒7:30～19:30　㊡無休　㊎3万VND～

ティラミス2万2000VND(手前)とライト・ミルク・コーヒー3万VND

エッグ・コーヒーの発祥店

ザン・カフェ

Giang Cafe

1946年創業の3代続く老舗カフェ。初代オーナーがホテルのバーテンダー時代、カプチーノに見立てるためコーヒーにホイップした卵をのせたことがエッグ・コーヒー誕生のきっかけ。

旧市街
▶MAP P.219 E-5
🏠39 Nguyen Huu Huan, Q. Hoan Kiem
㊌大教会から徒歩20分
☎098-9892298
🕒7:00～22:30　㊡無休
㊎3万5000VND～

❶2018年に日本の横浜に「カフェ ジャン」の名前でオープンした　❷エッグ・コーヒー3万5000VND(右)、ラム入りエッグ・コーヒー5万VND(左)

フランス領時代の面影が残る

オウ・ラック・クラブ

Au Lac Club

フランス統治時代に建てられた邸宅の庭をオープンエアのカフェにした店。緑のなかにテラス席が広がり、ヨーロッパのカフェにいるような気分に。こだわりのコーヒーが自慢。

ホアンキエム湖周辺
▶MAP P.217 E-6
🏠3A Nguyen Khac Can, Q. Hoan Kiem
㊌大劇場から徒歩4分
☎024-39369009
🕒7:00～22:00
㊡無休　㊎6万VND～

\ Green Cafe /

❶コーヒーはもちろん、ベトナムフレンチや軽食を楽しめる　❷バーとしても利用できるので、ディナーのあとに立ち寄って一服するのもよい

04

ローカルから流行ものまで 伝統スイーツ

Traditional Sweets

#冷たいスイーツが多い
#南国フルーツがたっぷり
#見た目もカラフル

＼ベトナムの絶品アイス／

ケム

KEM

種類豊富なアイスクリーム。遊び心もある見た目も楽しみたい!

B

ドリアンアイス

Kem Sau

フルーツの王様、ドリアンのアイスにドリアンソースを合わせた南国ならではの味★9万VND

A

ココナツアイス

Kem Coconat

おこわとかぼちゃ、コーンなどが入ったココナツアイス★5万VND

A

炭入り ココナツアイス

Kem Voi Tham

炭入りの斬新なフレーバー。器のココナツもスプーンで削って食べる★6万VND

＼練乳入りの濃厚ベトナムプリン／

バインフラン

BANH FLAN

卵とミルクをたっぷり使ったプリン。固めの食感と練乳の風味が特徴。

バインフラン入りイモココナツチェー

Che Khoi deo Flan

サツマイモやタピオカ、バインフランなど、たっぷり入って食べごたえ抜群 ★4万VND

D

SNSでかわいいと話題

A カレム

Cà-Rem

ココナツアイス専門店。メコン・デルタでとれたココナツを使用し、店内でつくっている。注文するともらえるココナツジュースもうれしい。

統一教会周辺

▶MAP P.210 C-4

191 Cach Mang Thang 8, Phuong 4, Q.3 ㊇ベンタイン市場から車で10分
☎0933-247799
🕒12:00〜22:00
㊡無休
㊙5万VND〜

盛り付けもかわいい南国アイス

B ケム・バックダン

Kem Bach Dang

老舗のアイス屋さん。ドリアンやタロイモなどベトナムらしいアイスが勢ぞろい。ココナツを丸ごと使ったココナツアイスも人気。

パスター通り周辺

▶MAP P.213 B-5

026D Le Loi,Q.1
㊇市民劇場から徒歩5分
☎028-38216879
🕒8:00〜23:00
㊡無休
㊙12万VND〜

チェーだけでなく軽食も楽しめる

C ソイ・チェー・ブイティスアン

Xoi Che Bui Thi Xuan

明るい緑色の店内は、地元の人でいつも混み合っている。ソイ(おこわ)やコムタムなどもあり、軽く食べてからチェーで締めるという人も多い。

デタム通り周辺

▶MAP P.210 C-5

111 Bui Thi Xuan, Q.1 ㊇ベンタイン市場から車で5分
☎028-18001295
🕒6:30〜22:30
㊡無休 ㊙1万VND〜

＼ベトナム風ぜんざい／

チェー
CHE

氷と、煮豆やフルーツなどを混ぜ、シロップをかけた、定番スイーツ。

ミックスチェー
Che Thap Cam

クラッシュアイスに、緑豆や寒天、ゼリーやフルーツが入ったチェー ★2万5000VND

C

Tropical Drink

材料はコレ!

- ココナツミルク
- 小豆
- 緑豆
- チェンドル
- ざくろの実風ゼリー

イモ入りココナツチェー
Che Khoai Deo

3種類のもちもちしたタピオカとサツマイモなどが入ってボリューミー ★3万VND

D

カクテル風チェー
Che Cocktail

ほのかな酸味とフルーツの甘さがマッチ。アセロラやパパイアなどが入っている★1万 4000VND

C

健康にいい食材ばかり

ミックスチェー
Thach Thap Cam

蓮の実、リュウガン、黒クワイなどが入ったヘルシーなチェー★3万VND

E

地元で人気の専門店

D チェー・コ 3
Che Co 3

チェーのラインナップは20種類以上あり、さらにトッピングも選べて多彩な味が楽しめる。いろいろ試して自分好みの味を探すのもアリ。

市南部 ▶MAP P.209 E-4

🏠176 Co Giang,Phuong Co Giang,Q1 ㊇ベンタイン市場から車で10分 ☎0988-515254 ⏰9:00〜22:00 ㊡無休 ㊕3VND〜

65年愛され続ける老舗

E ヒエン・カン
Hien Khanh

現店主の祖父母の代から50年以上続く老舗で、代々その味を受け継いでいる。変わらない味にファンも多い。リュウガンと蓮入りチェーが名物。

市南部 ▶MAP P.210 B-5

🏠718 Nguyen Dinh Chieu,P2,Q.3 ㊇ベンタイン市場から車で10分 ☎036-5698210 ⏰9:30〜12:30、14:00〜21:30 ㊡無休 ㊕2万2000VND〜

＼果物たっぷりシェイク／

シントー

SHIN TO

フルーツとコンデンスミルク、氷を混ぜた飲み物。濃厚な味が人気。

SNS映えするフォトジェニックスイーツ！

G

ミックスフルーツのヨーグルトがけ

Trai Cay Yaourt dam

ドラゴンフルーツ、イチゴ、マンゴーなど色とりどりの果実を贅沢に使った映えスイーツ ★4万VND

＼Colorful Drink／

F

マンゴー

Mango

定番のマンゴーを使ったシントー。果肉入りなのもうれしい★3万VND

キウイ&ストロベリー

Kiwi & Strawberry

カットされたイチゴやキウイがのる。甘さと酸味のバランスが◎★5万VND

F

G

アボカド

Avocado

一度食べたらやみつきになる人多数の隠れた人気フレーバー★4万5000VND

バックパッカー街の隠れた名店

F ファイブ・ボーイズ・ナンバー・ワン

FIVE BOYS NUMBER ONE

路地裏にひっそりとたたずむシントー専門店。約30種類のフルーツや野菜のなかから好きなものをセレクトし、その場でミックスしてくれる。

デタム通り周辺 ▶MAP P.211 E-5

84/5 Bui Vien, Q.1 ㊋ベンタイン市場から徒歩13分 ☎078-9882290 ◷9：00～19:00 ㊡無休 ㊎3万VND～

地元で人気の専門店

G シントー142

Sinh To 142

全てベトナム産のフルーツを使用。農家と直接契約してフルーツを取り寄せており、新鮮でジューシーなシントーが地元の人にも大人気。

ホーチミン市北部 ▶MAP P.210 C-1

142 Ly Chinh Thang, Vo Thi Sau,Q.3 ㊋統一教会から車で8分 ☎028-483574 ◷8:00～22:30 ㊡無休 ㊎13万5000VND～

老若男女が集う老舗店

H チェー・ボン・ムア

Che Bon Mua

旧市街の老舗チェー屋。いつ行っても、子どもからお年寄りまで、ローカルの人々で店内はにぎわっている。

旧市街 ▶MAP P.218 B-4

4 Hang Can, Q. Hoan Kiem ㊋大教会から徒歩15分 ☎098-4583333 ◷10:00～23:00 ㊡無休 ㊎2万VND～

ハノイ編

＼ベトナム女子も大好き！／

伝統ローカルスイーツ

ちょっとひと息入れたいときには、ご当地スイーツがおすすめ。ハノイっ子も大好きな味を楽しみたい。

K

ケム・ズア
Kem Dua

アイスに使うココナツはベトナム南部から取り寄せている ★7万VND

H

蓮の実のチェー
Che Sen

栗に似た食感の蓮の実と、甘くてほろ苦い仙草ゼリーとの相性Good!★2万VND

Yummy drink!

J

ケムカラメン
Kem Caramen

口の中でとろけるやわらかな食感!★7000VND

I

ホアクアザム
Hoa Qua Dam

驚くほど種類が豊富なフルーツ★2万VND

多様なメニューが魅力

I チャンチー

Trang Tri

10種類前後のフルーツと練乳、氷を入れてかき混ぜながら食べるホアクアザムと、フルーツシェイクのシントーが人気。

旧市街 ▶MAP P.219 C-6
🏠46 Hang Gai, Q. Hoan Kiem
㊋大教会から徒歩8分 ☎024-38288539 🕒10:00〜23:00
㊡無休 ㊎2万VND〜

プリン通りの人気店

J ミンシー・プディング

Minci Pudding

プリン通りのデザート店。マンゴープリンや練乳入りのカスタードプリンなど、素材の味を生かしたプリンを提供する。

タイ湖周辺 ▶MAP P.215 F-1
🏠5 Nguyen Truong To, Q. Ba Đình ㊋ドンスアン市場から徒歩8分
☎024-39273003 🕒10:00〜23:00
㊡無休 ㊎1万VND〜

ローカルな雰囲気たっぷり

K ズオン・ホア

Duong Hoa

看板メニューの自家製プリンをはじめ、ココナツアイスやゼリーもそろうスイーツ店。店内はプラスチックのイスのみ。

タイ湖周辺 ▶MAP P.215 F-2
🏠29 Hang Than, Q. Hoan Kiem
㊋ドンスアン市場から徒歩5分
☎097-9314123 🕒10:00〜23:00
㊡無休 ㊎7000VND〜

05

優しい甘さと豊かな香りが広がる ベトナムコーヒー&チョコレート

Coffee & Chocolate

#ベトナムはコーヒー大国
#練乳入りがベトナム流
#カカオ生産も盛ん

ベトナムコーヒー

自社農園のコーヒーと紅茶が人気

フック・ロン

Phuc Long

ベトナム中南部のラムドン省をはじめとした高原地帯で栽培されたコーヒーと紅茶が気軽に味わえる。コーヒーは王道のベトナムコーヒーからフレーバーコーヒー、フローズンドリンクまでさまざま。

ホットコーヒー
Ca Phe Đen Nong
濃厚な味わいと香りが特徴。3万VND

アイスミルクコーヒー
Ca Phe Sua Đa
甘いミルクの味わいが疲れを忘れさせる。
3万5000VND

ハムギー通り周辺
▶MAP P.213 D-6
2 Hai Trieu, Ben Nghe, Q.1
ベンタイン市場から徒歩8分
☎028-39153333 7:00〜22:30 休無休 料12万VND〜

大人空間でこだわりの国産を

カフェ・ルナム

càfê RUNAM

洗練されたクラシカルな雰囲気のなかで味わえるのは、農地から栽培方法まで厳しくチェックしたこだわりのコーヒー。バターなどで香りづけしていない豆本来の風味を堪能しよう。

アイスミルクコーヒー
Ca Phe Sua Đa
国産の豆だけを使用した香り豊かなコーヒーはうれしいお菓子付。
8万5000VND

ドンコイ通り周辺
▶MAP P.213 D-5
96 Mac Thi Buoi,Q.1 市民劇場から徒歩5分
☎028-38258883 7:00〜23:00(フードは22:00)
休無休 料8万VND〜

ベトナムコーヒーといえばここ

チュン・グエン・レジェンド

TRUNG NGUYEN LEGEND

国内に約60店舗を展開する有名店。ベトナムコーヒーはブレンドの種類も複数あるので、濃厚なコクと酸味、甘い香りを感じながら飲み比べてみるのもいいかも。

アイスミルクコーヒー
Ca Phe Sua Đa
6種類のブレンドから選べるアイスミルクコーヒー
5万4000VND〜

ドンコイ通り周辺
▶MAP P.212 A-1
7 Nguyen VanChiem, Q.1
市民劇場から徒歩15分
☎097-5289901 6:00〜22:00 休無休 料5万VND〜

Check it out!

ベトナムコーヒーとは

フランス統治の時代に広まったコーヒー文化。ベトナムの人は本当にコーヒーをよく飲む。フランスの伝統的な組み合わせ式フィルターを使い、1杯ずつ抽出するベトナム特有の淹れ方が特徴。そのままでは味が濃く苦いので、現地では多めの練乳を入れたグラスにコーヒーを注ぐのが一般的な飲み方。

ベトナムコーヒーの種類

ホットコーヒー
カフェデーンノン
Ca Phe Đen Nong

練乳入りホットコーヒー
カフェスアノン
Ca Phe Sua Nong

アイスコーヒー
カフェダー Ca Phe Đa

練乳入りアイスコーヒー
カフェスアダー
Ca Phe Sua Đa

ベトナムコーヒーを淹れてみよう

❶カップに練乳を入れ、フィルターにコーヒーの粉をセットする

❷粉を押すように中蓋を閉めて、お湯を少し注いで粉を蒸らす

❸お湯をフィルターの上部まで注ぎ、外蓋を閉める

❹コーヒーを抽出後、蓋を逆さにして、その上にフィルターを置く

❺熱く濃厚なコーヒーと練乳を、静かに溶かしながら混ぜ合わせる

❻氷の入ったグラスに注げば、カフェスアダーの完成

チョコレート

Beautiful Sweets

B
カシュー・ダーク・チョコレート
Cashew Dark Chocolate
カシューナッツにチョコとココアパウダーをまぶし、やみつきになる味わい★17万VND

A
マカダミア・ロイヤル
Macadamia Royal
クリーミーなブロンドチョコレートとブラッドオレンジの酸味が絶妙なバランス★19万VND

モガドール A
Mogador
チョコレートでコーティングされた甘酸っぱいパッションフルーツのムースがクセになる
★17万5000VND

C
お好みチョコ 15 個セット
Hop SCK 15 Vien
アルファベット入りチョコを組わせてメッセージもつくれる★33万VND

チョコレートビーンズ C
Merito Dragees
コーヒー豆にチョコレートをコーティングした人気商品★16万VND

チョコボックス B
Chocolate Box
コーヒーやジャスミンティー、タマリンドなど9つの味が楽しめる
★21万VND

ちょっと贅沢な高級カフェ

A パライス・デス・ドゥセース

Palais Des Douceurs

フランスで修行したパティシエがつくる高級感あふれるスイーツが話題のパティスリー。ホテルのラウンジのような内装は雰囲気◎。

デタム通り周辺
▶MAP P.210 D-5
🏠2F 87D Nguyen Trai,Q.2
㊋ベンタイン市場から徒歩12分
☎028-39252779
🕒9:30～22:00
㊡火曜

モダンな店内は居心地◎

B ココア・プロジェクト

The Cocoa Project

モダンでインダストリアルな店内が地元の若者だけでなく、旅行者にも人気のカフェ。プロのショコラティエが店内でつくるチョコは絶品。

統一教会堂周辺
▶MAP P.210 D-3
🏠43 Nguyen Dinh Chieu, P. 6,Q.3
㊋ベンタイン市場から徒歩12分
☎028-38299188
🕒8:00～22:00
㊡無休

50種類以上のベトナム産チョコ

C レジェンダリー・ショコラティエ

Legendary Chocolatier

ベンタイン市場のすぐそばのチョコレート専門店。トリュフやフルーツ、スパイスをつかったものなど、多様なラインナップ。おみやげにも最適。

ベンタイン市場周辺
▶MAP P.211 E-4
🏠46 Truong Dinh street,Ben Thanh ward,District 1
㊋ベンタイン市場から徒歩3分
☎190-0633454
🕒8:00～21:00 ㊡無休

Xin Chào!

BON VOYAGE

Viet Nam

HOW TO USE
この本のポイント

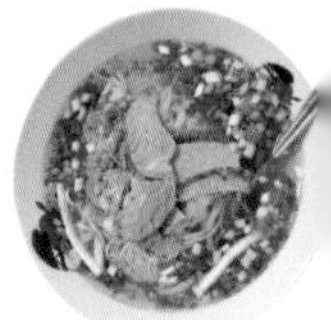

まっぷるWORLDで 特別な旅の時間を♬

はじめて訪れる人も、新たな体験を求めるリピーターもベトナムへの特別な旅へご案内。
ココロ動かす感動、非日常、ごほうび、リラックスなど海外旅行に求める体験が
この一冊ですべて叶います！　さぁ、新しい旅のはじまり……

Special Point

01 巻頭BOOK in BOOK

CAFE GUIDE

ごはんや休憩したいときなどに便利なカフェは旅の大定番。素敵なカフェで、トレンドやエリアの雰囲気を味わって！

ベトナムでカフェ体験を♪

＼ぼくたちが案内するよ／

ペンギンくん　ハシビロコウ先輩　ウサギどん

旅するエリアについて
詳しくなれる
旅のプロローグ付き
→P.08

02 充実度UP! 旅に役立つスマホ術

海外旅行へはスマホが必須！出入国の手続きは電子申請が主流に。レストランの予約、アプリの活用、SNSでの情報取得など、うまくスマホを使いこなせば、旅の充実度が何倍もアップ！

スマホ活用術例
★ハッシュタグで情報やトレンドCHECK
★必須のアプリをDL →P.187
★出入国の手続きもスマホから →P.184

03 無料！ 電子書籍付き

旅の前に電子書籍をスマホやタブレットにダウンロードしておけば、旅行中は身軽に動ける便利なアプリ。

ここからアクセス

04 実際に役立つモデルプラン
王道プランからタイプ別まで使えるプランを掲載。

05 ジャンル別の旅テクが便利
役立つ旅のテクニックやお得ネタを厳選紹介。

06 ツウのクチコミ情報をGET
ジャンル別の「ベトナムLOVER'S」で、ベトナム好きのおすすめやクチコミ情報をGET。

07 必見スポットやテーマを深掘り
必見スポットやテーマを深掘りして紹介。いつもとは違う目線で楽しめる内容に。

08 楽しく読めるBOOK CAFEコラム
旅行中のブレイクタイムや行かなくても楽しく知識を深められる読み物コラム。

09 詳しい基本情報で不安を解消
充実した旅には入念な準備が大事。出発前に出入国関連やアプリのダウンロードを。

10 便利に使えるアクセス&MAP
巻末に現地のアクセス情報と見やすい詳細MAP付き。

etc.
はみ出しメモや得するコラムでより旅を楽しめる情報が満載

Must! 絶対行くべきSPOTやおすすめ店

Genic! 映えスポット

【物件マーク】
- 🏠…所在地
- ㊂…最寄りのランドマークなどからの所要時間
- ☎…電話番号
- 🕒…営業時間、開館、開園時間
- ㊡…定休日
- ㊑…入場料、Ⓑ朝食とⓁランチとⒹディナーの予算の目安、Ⓢシングルとⓣツイン1室の料金※原則として税抜きで表示
- URL…ホームページ

【MAPのマーク】
●GOURMET ●SHOPPING ●ENJOY ●BEAUTY ●STAY ●TOWN

※定休日は、テト（旧正月）、クリスマス、1月1日などの祝日や臨時休業は除いて表示しています。
※表記の金額には別途、付加価値税（VAT）10%がかかります。また、ホテル・レストランなど一部の施設ではサービス料がかかる場合があります。
※掲載の商品は取材時のもので、売り切れなどで取り扱っていない可能性があります。

【ご注意】本書に掲載されたデータは2023年10～12月現在の調査・取材によるものです。いずれも諸事情により変更されることがありますので、ご利用の際には事前にご確認ください。また、本誌に掲載された内容により生じたトラブルや損害等については、弊社では補償いたしかねますので、あらかじめご了承のうえ、ご利用ください。

まっぷるWORLD

Viet Nam

ベトナム

・・・・・

新しい旅の始まり

旅は非日常に出会える、とっておきの体験。
そして、旅先で感じた音、香り、風、味わいすべてが帰ってからの
日々の糧になる。さて、今度はどこへ行こうか。
この本を開いた瞬間から、あなただけの特別な旅が始まる。

まっぷるWORLD

Trip to Viet Nam / CONTENTS

[ベトナム]

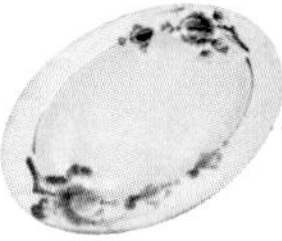

巻頭付録 Book in Book

CAFE GUIDE Viet Nam

HO CHI MINH

HA NOI

CENTRAL VIET NAM

BASIC INFORMATION

AREA Viet Nam GUIDE

Viet Nam, Quick Guide

ベトナム早わかり

ベトナムは南北に細長く、エリアによって風土や食習慣などにも違いが見られる。街の特徴をチェックして、旅のプランニングに役立てよう。

どんな国?

国名 ベトナム社会主義共和国 Socialist Republic of Viet Nam

人口 約9946万人(2022年時点)

国旗

金星紅旗。五角星はこの国を構成する農民、労働者、知識人、青年、軍人の5つの階層を表現している。

面積 約32万9241㎢

言語 公用語はベトナム語だが、地方により発音がかなり異なる。都市部では英語のほか、フランス語、中国語、ロシア語も多少通じる。都市部のホテルや店では、日本語を話すスタッフも多い。

ハノイ Ha Noi Must!

ベトナムの首都。道が入り組んだ旧市街のノスタルジックな街並みが印象的。菅笠をかぶって野菜や花を売り歩く人も多く見られ、ベトナムらしい雰囲気が楽しめる。▶P.83

郊外の見どころ

美しい奇岩が並ぶ景勝地ハロン湾や、奇岩の間を流れる川をいくつもの洞窟を抜けながらめぐる体験が人気のチャンアン。

ホーチミン Ho Chi Minh Must!

ベトナム随一の近代都市。なかでも目抜き通りのドンコイ通りには、有名なレストランや人気ショップが集まり、観光客が絶えない。点在するコロニアル建築にも注目。▶P.17

郊外の見どころ

ジャングルクルーズが人気なメコン・デルタやベトナム戦争の遺構を見学できるクチなど。

ダナン
Đa Nang Must!

古くから国際貿易港として栄えたベトナム第4の商業都市。中部観光の拠点であり、リゾート開発も盛ん。▶ P.152

フエ
Hue

フォン川を挟んで旧市街と新市街に分かれる。世界遺産となっている旧市街と郊外の古い建造物群は必見。▶ P.166

ホイアン
Hoi An Must!

交易の中心地として栄え、日本人街もあった。鎖国以降は華人が移住し、現在は中国式の建物が多く残る。▶ P.168

ニャチャン
Nha Trang

早くから注目を浴びているベトナムを代表するリゾート。沖合の島はサンゴ礁に囲まれている。▶ P.175

ペンギンくんと
ハシビロコウ先輩の
愉快な旅が始まるよ〜
CARROT

PENGUIN-KUN NO TRIP DIARY.

ベトナム旅行のプロローグ

First experience in Viet nam.

おや、ペンギンくん。
何を探して
いるんだい？
あれー？
キョロ
キョロ
ICE
せっかくベトナムに来たから、
有名な世界遺産のホイアンに
行こうと思って探しているんだ！
ホイアンか。
素敵なところじゃな。
じゃが、今いるここは
南部のホーチミン、
ホイアンは中部じゃのう
南部？中部？
ベトナム 地図
ベトナムは日本と同じで
南北に長ーい国土で、
地域ごとの話をするのには
「北部」「中部」「南部」と
分けられることが
多いんじゃ
ハノイ
フエ
ダナン
ホイアン
ホーチミン
北部にはベトナムの首
都・ハノイがあって、
中部ではリゾート地で
人気のダナンやホイア
ン、南部はベトナム最
大の都市ホーチミンが
それぞれ有名じゃ
地域によって食文化なども違いがあって、
例えばベトナム全土で食べられる春巻きでも
こんな違いがあるんじゃ
北部
揚げ春巻きがポピュラー
中部
宮廷料理
から派生した
見た目も美しい春巻きが多い
南部
サラダ感覚の生春巻が名物
ドーン！
地域によって乾季と雨季の
時期も違うから、いつ・どこに
行きたいか、その時のその地域の
気候をきちんと確認したほうが
良いぞ
そっか…。
じゃあホーチミンの
見どころってどこだろう

ペンギンくん　好奇心旺盛で、自由人。旅先でカフェに立ち寄るのが大好きだが、猫舌で熱いものが苦手

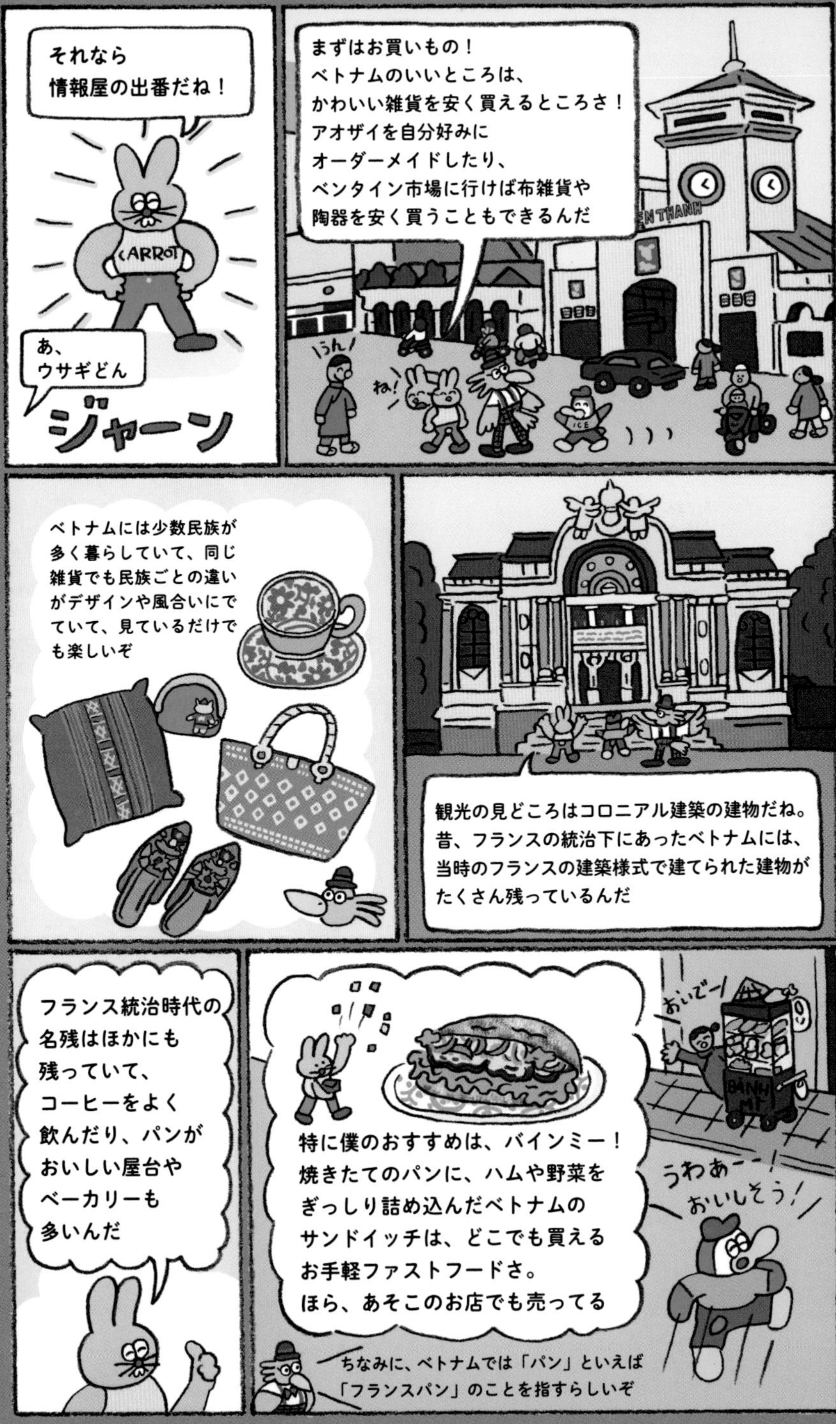
それなら
情報屋の出番だね！
CARROT
あ、
ウサギどん
ジャーン
まずはお買いもの！
ベトナムのいいところは、
かわいい雑貨を安く買えるところさ！
アオザイを自分好みに
オーダーメイドしたり、
ベンタイン市場に行けば布雑貨や
陶器を安く買うこともできるんだ
ENTHANH
うん
ね！
ICE
ベトナムには少数民族が
多く暮らしていて、同じ
雑貨でも民族ごとの違い
がデザインや風合いにで
ていて、見ているだけで
も楽しいぞ
観光の見どころはコロニアル建築の建物だね。
昔、フランスの統治下にあったベトナムには、
当時のフランスの建築様式で建てられた建物が
たくさん残っているんだ
フランス統治時代の
名残はほかにも
残っていて、
コーヒーをよく
飲んだり、パンが
おいしい屋台や
ベーカリーも
多いんだ
特に僕のおすすめは、バインミー！
焼きたてのパンに、ハムや野菜を
ぎっしり詰め込んだベトナムの
サンドイッチは、どこでも買える
お手軽ファストフードさ。
ほら、あそこのお店でも売ってる
おいでー
BANH MI
うわあー！
おいしそう！
ちなみに、ベトナムでは「パン」といえば
「フランスパン」のことを指すらしいぞ

ウサギどん　いつも忙しそうに旅をしている、せっかちな情報屋。全世界を旅するのが目標

バイクタクシー
SANS-SOUCI SARL
ジコロ
ベトナムには普通のタクシーのほかに、バイクタクシーやシクロといった観光客向けの移動手段も多いんだよ
わぁ！楽しそう！乗せてのせてー！
乗せてー♪
わわ！ちょっと待つんじゃ！
バイクタクシーに乗るならいろいろと注意しなければならん！
料金はドライバーとの交渉制だから、きちんと目的地を伝えて、金額を約束してから乗ること！
けがをしないように、特に街なかの交通量の多い場所を走るときは、乗り方や荷物の持ち方にも注意が必要じゃ！
わかったか！？
はい〜
あららー
でも、バイクタクシーは市街地ならどこにでもいるから、気をつけて利用できればいいね！
OK！
この金額で…
クル
レッツゴー！
さあみんなバイクに乗って！ベトナム観光にレッツゴー！
ブロロロロロロロロ…

Viet Nam ベトナムの旅テク8

ベトナムの旅をより楽しく安全に過ごすためのテクニックを紹介!
CARROT

#01

通信キャリア 正規SIMがお得

ベトナムは空港やレストランなど、フリーWi-Fiを利用できる場所が多い。しかし、移動中の使用はできないので、日本でWi-Fiルーターをレンタルするか、現地でSIMカードを購入したい。特に、現地のSIMカードを購入する方法が格安になる。空港や現地の携帯キャリアショップ、日本で手に入れるならAmazonなどネットショップでの事前購入も可能なので準備していこう。

[例]ビナフォン(Vinaphone)

7日未満滞在予定→観光客向けSIMプラン(7日未満の方におすすめ)19万9000VNDで、データ毎日2GB。他2万VND分、市内通話、データ通信、SMSが利用可能。利用期間7日。

15日未満の滞在予定→19万9000VNDで市内通話50分、ローカルSMS(50通)、国際電話50分、3G高速データ通信、15GBが利用可能。他1万VND分の市内通話、データ通信、SMSが利用可能。利用期間14日。

日本で準備していくのがベター
ICE

#02

オーダーメイドは旅行初日に

ベトナムでは服のオーダーメイドは一般的で、観光客でもアオザイや洋服などオーダーメイドができる。値段も手ごろなので利用したい人は、旅行初日に街のテーラーへ。お店で仕上がりの日数を聞いて、受け取りに問題ないか確認しよう。

日本語もOKで安心

キト

KiTO

日本語堪能なオーナーと日本人の奥様が経営する人気店。アオザイオーダーメイドだけでなく雑貨も豊富。

オーダーメイドはココ!

トンタットティエップ通り周辺 ▶MAP P.213 C-5

13 Ton That Thiep,Ben Nghe,Q.1
ベンタイン市場から徒歩10分 ☎028-38296855
9:00〜20:00 休無休

#03

観光客は狙われやすい スリ、ひったくりに注意

比較的治安のいいベトナムだが、スリやひったくりが多い。バッグは前がけのものがベスト。携帯電話を外で使用する際は、道路の近くは禁物。バイクがひっそり近づいてきて、スリに遭うリスクがある。市場やナイトマーケットなど、混み合う場所では要注意。

開放的な気分になっても、油断は禁物じゃ

#04

必見イベント 独立記念日のパレード

1945年9月2日はベトナム国家の独立を宣言した日。毎年この日には路地が愛国心を感じられる飾りや国旗で彩られ、その歴史的な瞬間を祝福する。ハノイ市やホーチミン市などの主要都市では、日中はパレードが開催され、夜は花火が打ち上げられる。誰もが盛大にお祝いをし、旅行者もお祭りを楽しむことができる。

#05

ベトナムの直行便は

ベトナムの航空会社がおすすめ

国内航空会社の直行便もあるが、ベトナムの航空会社のほうがお得。ベトナム航空は国営企業で、サービスもよく人気がある。LCCのベトジェットエアも格安の料金で利用者が多い。お財布と相談して決めよう。

[ベトナム航空]※便数はコードシェア便を含む

直行便数	成田ーハノイ・ホーチミン　1日1～3便 関西ーハノイ・ホーチミン　1日1便 成田ーダナン　1日1便
サービス	個人専用アメニティ、機内食、機内Wi-Fiなどフルサービス
料金	約3万円～（ローシーズン、片道）

こんな人に最適　機内で快適に過ごしたい人、ベトナム旅行初心者

[ベトジェットエア]

直行便数	成田ーハノイ・ホーチミン　1日1～3便 関西ーハノイ・ホーチミン　1日2便
サービス	機内食やドリンク、手荷物預けに別途料金がかかる
料金	約1万3000円～（ローシーズン、片道）

こんな人に最適　とにかく安く行きたい人、旅慣れた人

#07

ベトナムの新しい足

メトロを活用しよう

ベトナム初の都市鉄道がハノイのカットリン駅～イエンギア駅間に開通。また、2024年7月にホーチミンにもメトロが営業開始予定。ベンタイン～スオイティエン間でタオディエンやビンタイも通る予定なので、観光の際の移動に積極的に活用しよう。

#06

ロークラスホテルは要注意

ホテル宿泊の5つのチェック

❶セーフティボックスは、暗証番号式か確認しよう

鍵だけの場合、マスターキーがあるので簡単にあけられる。ローカルの安いホテルに泊まる場合は注意が必要。

❷シャワールームで、お湯がでるか、バスタブの栓があるかチェック

ホテルではまだまだ温水がでない、途中ででなくなるケースがある。また、バスタブの栓がなかったり破損している可能性もあるので、併せて確認しよう。

❸冷蔵庫をチェック

ルームキーを差し込むタイプのホテルでは、ルームキーを抜くとミニバーの電源が落ちてしまう場合がある。冷蔵庫にジュースやフルーツを入れておくと、外出から戻ると冷えていないことがあるので注意。

❹チェックアウト後も荷物を預かってもらえるか

ベトナムのホテルは基本的に昼の12時がチェックアウト時間。チェックアウト後にも、レセプションに荷物を預けて観光したい場合、事前に預かってもらえるか確認しておきたい。

❺トイレに紙を流せない

ベトナムではトイレットペーパーを流せないところが多く、設置されているゴミ箱に捨てる。小さなシャワーがついている場合は、ウォシュレットの代わりに利用できる。

#08

乗り物に乗るときの注意

緑の車体が目印のマイリン・タクシーなら安心

❶白タクには乗らないように

空港や街なかで、違法営業のタクシー（白タク）が多く、遠回りされたりつり銭をごまかされたり、高額な料金を支払わされることも。タクシー乗り場かGrabなど配車アプリで利用するのがベター。また、大手タクシー会社のビナ・サン・タクシー、マイリン・タクシーなら安心。

❷強引な客引きに注意

2人乗りのバイクタクシーや、観光地に多いシクロは強引に客引きをしてくることが多い。断ってもついてくることもあるので、利用するつもりがないときは声をかけられないように通りでボーっとしないようにしよう。また、料金は交渉制なので事前にしっかりと確認！　乗車後に法外な値段を吹っ掛けられるなどのトラブルも多いので注意が必要。

カテゴリー別

ベトナムグルメ

指さしオーダー カタログ

言葉が分からなくても大丈夫！　料理を指さしながら注文すれば、あなたの食べたいものが分かってもらえます。このグルメカタログを持って、食べ歩きに出かけましょう。

前菜
Khai Vi

前菜はさっぱり味が多く、日本人の味覚にも合う。パパイヤやバナナの花など、南国らしい素材を使ったサラダもおすすめ。

チャーカー
Chaû Caù
魚のすり身を揚げたベトナム風さつま揚げ。外はカリッ、中はしっとりふわふわ。カルシウムもたっぷりで栄養満点。

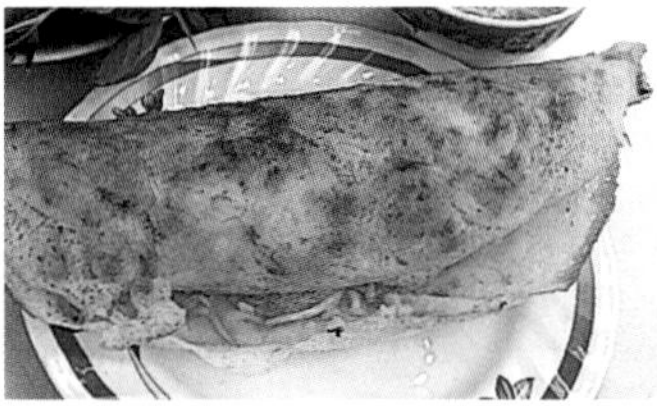

バインセオ
Baùnh Xeøo
米粉生地のベトナム風お好み焼き。エビ、豚肉、モヤシなどの具がたっぷり入っている。香草に包み、調味料のヌクマムにつけても美味。

バインホアホン
Baùnh Hoa Hoàng
エビのすり身と数種の野菜をライスペーパーで巻いて蒸した餃子。ベトナム中部の名物。

サーラッハーイサーン
Xaø Laùch Haoei Saoen
イカ、エビなどの魚介と野菜を塩、コショウであえたサラダ。酒のつまみにも最適。

ゴーイカー
Gooei Caù
さっとゆでた白身魚をピーナツとオニオンスライス、ハーブであえた、魚のサラダ。

魚介
Ñoà Bieån

魚介の安さと鮮度は折り紙付き。エビやカニなどを使った日本人好みの料理も多い。生ものは信用のおける店で食べよう。

カーコート
Caù Kho Toä
魚をヌクマムとココナツジュースで味付けし土鍋で煮込む。カラメルソースを加えた甘辛味。

トムクオンミー
Toâm Cuoán Mì
エビを中華麺でぐるぐる巻きにして揚げたもの。甘酢だれをたっぷりとつけて食べる。

トムスーハップヌックズア
Toâm Suù Haáp Nöôùc Döøa
エビをココナツジュースにひたし、蒸した料理。だしが利いた汁もコクがあって美味。

オックニョイ
OÁc Nhoài
刻んだタニシの身とハーブを、タニシの殻に詰めて蒸しあげた料理。酒のつまみに合う。

トムザンメ
Toâm Rang Me
エビのタマリンドソース炒め。タマリンドソースの甘酸っぱい味が淡泊な魚介と好相性。

ムックチエンゾン
Möïc Chieân Gioøn
香ばしく揚がったイカのフリッターはチリソースで。ベトナムのイカは肉厚で味が濃厚

ゴーイソーディエップ
Goûi Soø Ðieäp
上品なホタテのグリル料理。揚げせんべいの上にのせて食べると、絶妙の食感。

スープ＆鍋
Canh & Laåu

具が少ないスープと、具だくさんで甘酸っぱいカインチュアのふたつが主流。鍋料理も種類豊富。

カインチュア
Canh Chua
トマトとタマリンドを使った、甘酸っぱくてトウガラシが利いたベトナムの代表的なスープ

チャーゾーゼー
Chaû Gioø Reá
ひき肉、春雨、キクラゲ入りの揚げ春巻き。店により大きさが違い、カニやイカ入りも。

ゴーイクオン
Goûi Cuoán
エビや豚肉、ハーブなどの具をライスペーパーで巻く生春巻き。サラダ感覚で味わえる。

チャオトム
Chaoï Tom
サトウキビの芯にエビのすり身を巻いて焼いた別名「エビちくわ」。ハーブと一緒に。

ティットボーヌオンラーロット
Thitï Bo ø Nöôùng Laù Loát
甘く味付けた牛ひき肉をロットという香りのいい葉で巻き、香ばしく網焼きにした料理。

ゴイブオイ
Goi Buoi
ザボンの果肉をエビや香草類とともにヌクマムベースのドレッシングで和えたサラダ。

ノムホアチュオイ
Noäm Hoa Chuoái
千切りにしたバナナの花と牛肉、タマネギ、ハーブなどを酢入りヌクマムであえたサラダ。

ノムブオイ
Noäm Böôûi
ピーナツとエビが入ったザボンのサラダ。ザボンの酸味が口に広がる南国らしい一品。

ザウムオンサオトーイ
Rau Muoáng Xaøo Toûi
空心菜のニンニク炒め。味付けはニンニク、ヌクマム、塩、コショウでシンプルに。

カータイトゥオン
Caù Tai Töôïng
メコン･デルタ名物「象耳魚」のフライ。野菜とともにライスペーパーに巻いて味わう。

トムフム
Toâm Huøm
トムフム=イセエビ。写真はフレッシュ･ミルク･ソースだが、チーズ焼きも人気。

ベーベーザントーイ
Beà Beà Rang Toûi
シャコのニンニク炒め。揚げたシャコにニンニクをすりこみ、2度揚げしており、香ばしい。

ゲハップ
Gheï Haáp
甲羅の模様が美しい花ガニを蒸したもの。搾ったライム、塩、コショウでさっぱりと食べる。

ゲウタイカム
Ngheâu Tay Caàm
ハマグリとアサリの中間のような貝の酒蒸し。塩味が利いていてスープまでおいしい。

カイン・ハーイサーン
Canh Haûi Saûn
数種類の野菜に、エビやイカ、貝類がたっぷり入ったスパイシーなシーフードスープ。

スップマンタイクア
Suùp Maêng Taây Cua
カニとホワイトアスパラガス、卵が入ったとろみのあるスープ。揚げワンタンがポイント。

チャーカーラーボン
Chaû Caù Laõ Voïng
雷魚とハーブを炒めたカレー風味のハノイの名物。ブン(米めん)の上にのせて食べる。

ボーニュンザム
Boø Nhuùng Daám
薄切り牛肉をスープにくぐらせ、生野菜やハーブと食べる、ベトナム風しゃぶしゃぶ。

ラウハーイサーン
Laåu Haûi Saûn
野菜と魚介を入れるシーフード鍋。魚介のうま味が溶けこんだスープが美味。

肉
Thit

牛、豚、鶏肉のほか、ベトナムではハトやカエル、シカの肉も一般的。肉は野菜と一緒に包んで食べる。

ボールックラック
Boø Luùc Laéc

ベトナム風サイコロステーキ。大胆な味付けと豪快な盛り付けが特徴で、ボリューム満点。

ヴィットヌオンヴォークイット
Vitï Nöôonù g Vo û Quytùt

ローストダックのオレンジソース煮。アヒルに柑橘類の甘酸っぱさが絡んだ、上品な味。

ガーサオマン
Gaø Xaøo Maën

ショウガ風味のチキン料理。脂分が多く、濃厚な味が特徴。チリ入りヌクマムをつけて。

スオンザムマン
Söôøn Ram Maën

豚肉とタマネギのソテー。砂糖入りヌクマムが絡み、酢豚風の味。ご飯のお供に。

カインガーチエンヌオックマム
Caùnh Gaø Chieân Nöôùc Maém

ヌクマムで下味を付けた手羽先を揚げた、シンプルな料理。バターで揚げることもある。

ネムチュア
Nem Chua

ベトナム中南部、ニャチャンでよく食べられる生ハム。豚肉をバナナの葉で包んで発酵する。

ヘオシエンヌオン
Heo Xieân Nöôùng

豚肉のピリ辛バーベキュー。塩とコショウを振り、ライムをキュッと搾って食べる。

ボーコー
Boø Kho

ベトナム風ビーフシチュー。スープはさらさらで、バジル入り。パンと一緒にいただく。

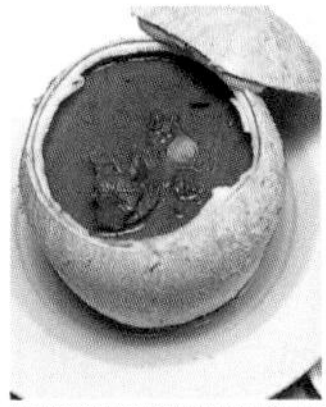

ボーヌオンズア
Boù Nöôùng Döøa

ココナツの殻に牛肉、ココナツオイルなどを煮込んだスープが入る。生卵とヌクマムにつけて食べる。

ご飯&めん
Côm & Phô・oe Buùn

パラパラの米が主流のベトナムでは、チャーハンなどがおいしい。めんはフォー、ブン、ミー、ミエンなど。

フォーボー
Phôû Boø

牛肉(ボー)入りのフォー。トッピングする牛の部位によって値段が少し異なる。

コムタイカム
Côm Tay Caàm

鶏肉、シイタケ、レモングラスなどが入る、土鍋の炊き込みご飯。おこげがおいしい。

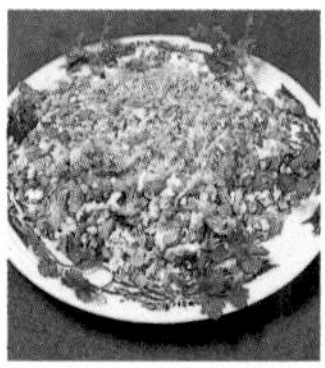

コムチエンタップカム
Côm Chieân Thaäp Caàm

米料理で、最もポピュラーなチャーハン。写真はエビのすり身が入った五目チャーハン。

コムハップラーセン
Côm haáp Laù Sen

炒飯のハスの葉包み。もとは宮廷料理で、ハスの実、鶏肉などが入っている。

ブンボーフエ
Buùn Boø Hueá

ベトナム中部の古都、フエ名物のピリ辛めん。豚足&牛だしの汁に、ブンと牛肉がたっぷり。

カオラウ
Cao Laàu

ホイアン名物。米で作ったコシのあるめんに野菜や肉をのせ、醤油だれを絡めて食べる。

ブンチャー
Buùn Chaû

ブンと一緒に、炭火焼きの肉だんごと豚の三枚肉、ハーブをヌクマムベースのたれにつけて食べる。

ミークアン
Mì Quaûng

ベトナム中部の都市、ダナンの名物料理。ピーナツとたれを絡めて食べる、汁なしのめん。

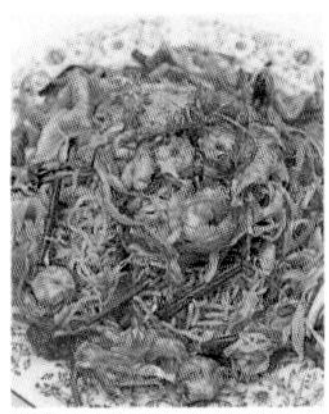

ミーサオゾン
Mì Xaøo Gioøn

かた焼きのミー(中華めん)に、とろみをつけたあんをかけたベトナム風かた焼きそば。

何を楽しむ?

HO CHI MINH

KEYWORD

早わかり

KEYWORD

グルメ

KEYWORD

ショッピング

KEYWORD

おすすめエリア

KEYWORD

観光スポット

KEYWORD

スパ&エステ

KEYWORD

ステイ

OTHERS!

PICK UP AREA

Ho Chi Minh

Tourist spots in Ho Chi Minh

ベトナム最大の都市で南国の陽気と
活気ある街に魅了される

ホーチミンの象徴、聖マリア教会。
二つの尖塔が特徴的で、門前に
は聖母マリア像が建てられている

Want to easily eat!
Your fill of delicious local gourmet
at the food market

いろんな屋台が並ぶフードマーケット
は一度は行っておきたい。

Ho Chi Minh,Quick Guide

ホーチミン早わかり

ベトナム最大の商業都市である南部のホーチミン。ホテルやショップ、レストランは、街の中心部に集中している。まずは、いちばんの繁華街ドンコイ通りからスタート!

どんな街?

アジアの街並みにコロニアル建築が溶け込む独特の景観が楽しめる。近年、おしゃれなショップやカフェが続々とオープンし、ますます活気のある街になっている。

人口
約939万人(2022年)

面積
約2095k㎡

自然豊かな中洲の街

ミトー My Tho

メコン・デルタの一郭にある川辺の街ミトー。ここで人気なのは、デルタに浮かぶ中州の島へのクルーズツアー。ベトナムの自然を満喫できる。▶P.81

地下トンネルを探検

クチ Cu Chi

ベトナム戦争当時、「鉄の三角地帯」と呼ばれていたクチ。地下に張りめぐらされたトンネルの長さは約250km。戦争の記憶を今に伝える重要な観光スポットのひとつ。▶P.81

活気あふれる水上マーケット

カントー Can Tho

カントーはメコン・デルタ最大の街。早朝から開かれる水上マーケットでは、ベトナムの日常の風景や地元の人々の熱気を体感できる。▶P.80

ホーチミンで一番にぎわう

A ドンコイ通り

Must!

Đong Khoi

ホーチミンきっての目抜き通りには、ファッション雑貨やみやげ物、民族雑貨の店がたくさん。すてきな外観のホテルや定番観光スポットなど見どころが多い。▶P.58

ベトナムらしさを満喫するならココへ!

B ベンタイン市場

Cho Ben Thanh

ホーチミン観光の定番。屋根付きの建物の中に、商品が山積み。ベトナム人のリアルな姿がここにある。ローカルに混ざって値段交渉をしながらショッピングを楽しもう! ブイヴィエン通り周辺には、ミニホテルや定食屋などがひしめき、バックパッカーなどにも人気。▶P.54

注目のレストランやショップが点在

C 市北部

Mien Bac

カラフルなタンディン教会は必見!

Genic!

観光スポットとしては、歴史博物館があるほか、随所に地元住民御用達のレストラン、食堂、ショップなどが点在する。ドンコイ通りとあわせて、街歩きをさらに満喫するため足をのばすのに最適。▶P.66

活気ある中華街

D チョロン

Cho Long

ホーチミン市内唯一のチャイナタウン、チョロン地区。リーズナブルなベトナム雑貨はここでまとめ買いしよう！

▶ P.82

サイゴン川東のおしゃれタウン

E タオディエン地区

Thao Dien

ハイセンスなショップやレストランが集まり、洗練された雰囲気が漂う街。ショッピングを楽しみ、スパやカフェでリラックス。木洩れ日を浴びて、穏やかな一日を過ごしたい。

▶ P.62

ザ・デックでロマンチックな食事を楽しもう

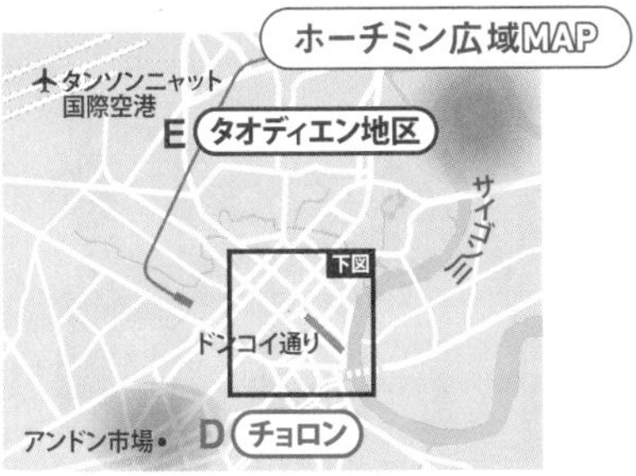

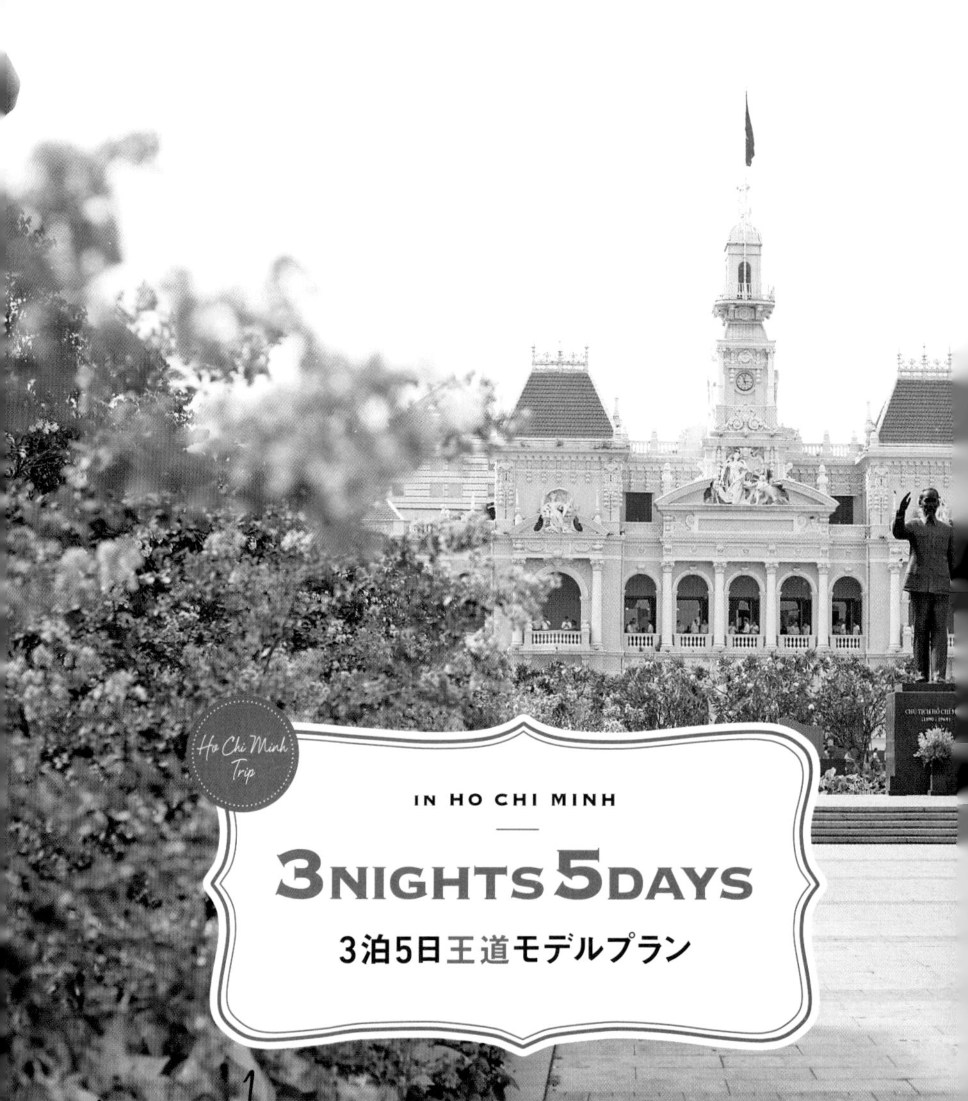

Ho Chi Minh Trip

IN HO CHI MINH

3NIGHTS 5DAYS

3泊5日王道モデルプラン

Day 1

到着後からパワー全開で ホーチミンを大満喫!

家庭料理を気軽に食べたいならコンビンザン（大衆食堂）へ。目の前に並ぶ料理を見ながら選べるのもうれしい

4

みんなで外で食事を楽しもう！

ドンコイ通りはファッション雑貨やみやげ物、
民族雑貨の店が軒を連ねる

15:30 到着したらホテルへGO! ▶P.78

空港から市内まではタクシーで約30分。ホテルにチェックインしたら、街へ繰り出そう。 ❶

16:00 まずは人民委員会庁舎で記念撮影 ▶P.66

コロニアル建築として有名な庁舎前で、ホーチミン像と一緒にパチリ。 ❷

17:00 ドンコイ通りをぶらぶら散策♪ ▶P.58

メインストリートであるドンコイ通りへ。カフェやショップなどが並んでいるので、ひと息つきつつ街歩きを楽しもう♪ ❸

19:00 初日の夕食はベトナムの家庭料理 ▶P.29

初日はベトナムらしい家庭料理が食べられるコンビンザンへ。豊富なメニューを楽しんで。 ❹

19世紀のフランス統治時代につくられた
人民委員会庁舎は壮観な眺め

日本の「おもてなし」が、日本人観光客やビジネスマン
にも大人気のホテル・ニッコー・サイゴン

スイーツやローカルフードなどさまざまなホーチミングルメを味わおう

3NIGHTS 5DAYS
王道
モデルプラン

Day 2

カラフル寺院やローカル市場へGO!

朝６時ごろから開いているお店も多いので早起きして行ってみよう

07:00 朝食はフォーで決まり! ▶P.30

ベトナムに来たらマストで食べたいのがフォー。ねぎたっぷりのシンプルなスープが体に染みわたる〜。 ①

10:00 かわいすぎるピンク寺院へ ▶P.68

SNSで話題のピンクのタンディン教会は映え度120%。写真好きの女子にはたまらない必訪スポット。さっそくSNSにUP! ②

12:00 ランチは名物グルメ ▶P.33

パリパリ生地に野菜や肉、魚介がたっぷり入ったバインセオは、南部発祥の定番グルメ。 ③

14:00 映え壁にテンションMAX! ▶P.68

パステルグリーンと花柄の壁画がかわいすぎるヒンドゥ寺院スリ・タンディ・ユッタ・パニ。壁をバックに記念撮影を。

16:00 ローカル市場で激安ショッピング ▶P.54

地元の活気あふれるベンタイン市場へ。雑貨やアクセサリー、ドライフルーツなど、なんでもそろう。おやつにチェーも食べよう。 ④

18:00 フードマーケットでさくっとディナー ▶P.35

遅い時間のフードマーケットは混むので早い時間からがオススメ

ベンタイン市場から少し歩いて、巨大な屋台村ベン・ゲー・ストリート・フードマーケットへ。夕飯はここで済ませちゃおう。

20:00 ルーフトップバーで乾杯 ▶P.48

夕食後はおしゃれな最先端バーのチル・スカイバー&ラウンジへ。眼下に広がるホーチミンの夜景を望みながら、カクテルで乾杯しよう。 ⑤

② タンディン教会は、バロック風の彫刻や美しいステンドグラスなども見ごたえあり

① フォーに入れる肉は、牛、鳥などが選べ、薬味もお店によってまちまち。揚げパンをスープに浸して食べるのがツウ

③ 南部発祥のベトナム風お好み焼きバインセオ。ひとつだけでもかなりボリューミーでお腹いっぱいになる

4 人々の熱気あふれるホーチミン最大の市場ベンタイン市場。値切り交渉するのが基本

ベトナム在住の外国人やVIPなベトナム人が集うチル・スカイ・バー&ラウンジ。22時からはクラブミュージックが流れにぎやかな雰囲気になる 5

3NIGHTS 5DAYS 王道 モデルプラン

Day 3 ツアーに参加して郊外までお出かけ

ミトーから中洲に浮かぶ島々を巡るツアー

08:00 大自然に感動! メコン川クルーズ ▶P.81

朝出発して夕方には戻ってこられる郊外ツアーに参加。手こぎボートに乗りながら、大自然の風景に癒されよう。 ❶

トータス・アイランドでランチ

メコン川名物エレファントイヤーフィッシュを味わおう。その名のとおり、象の耳の形をした外見の魚。ぜひ試してみよう。

はちみつ農園でちょっとひと休み

島にある養蜂場で、ハチが群がる巣箱などを見学。はちみつの購入も可能。お茶菓子と一緒にはちみつ茶をいただいてほっとひと息。

18:30 特別なレストランで豪華ディナー ▶P.38

ちょっと豪華なレストランで、モダンなベトナム料理を堪能しよう。週替わりのコースメニューに舌鼓。 ❷

21:00 スパで疲れを癒す ▶P.72

じんわり温かいホットストーンで心身ともにリラックス。日本よりお手ごろ価格なのもうれしい。 ❸

❷ 芸術品のような料理の数々。少しずつ味わえるのもうれしい

メコン川クルーズで各島へは大型ボートで移動

❶ メコン川の大自然を手こぎボートでのんびり巡る

メコン川クルーズの途中で島にある養蜂場を見学。はちみつ茶が美味

現代風にアレンジしたベトナム料理が味わえるスー。メインダイニングは優雅な雰囲気が漂う

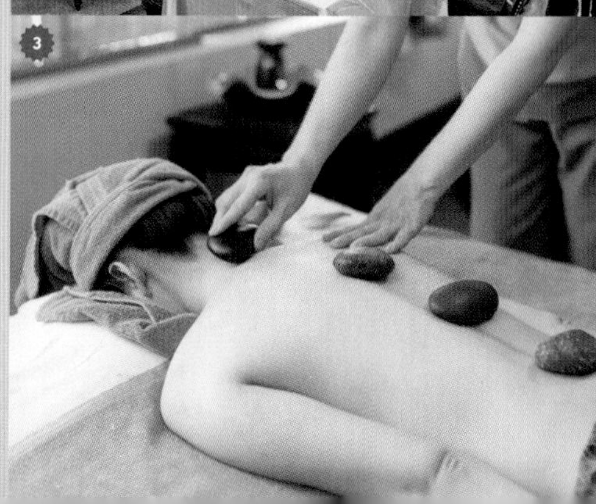

❸ メニューごとに専用フロアがあるセン・スパ。ホットストーンはハーブで蒸した玄武岩でリラックス効果抜群

トゥドゥック市のおしゃれエリア タオディエン地区。緑豊かな街でハイセンスなショップやレストランが集まる洗練された雰囲気 3

Day 4

最後までエンジン全開、ラストスパート!

フランスの建材を使用した聖マリア教会。現在、修復工事中で終了は2025年末の予定 2

08:00 朝は軽めに バインミー ▶P.32

ベトナム風サンドイッチは朝にぴったり。パリフワのパンの食感は日本では味わえない。クセになりそう! 1

10:00 コロニアル建築やゴシック建築を見ながら街散策♪ ▶P.66

フランス統治時代に建築された欧風の建物に、心ときめく。華美な造形は必見。 2

12:00 ストリートフードにチャレンジ ▶P.28

街のいたるところにあるストリートフードを物色。価格も安いのでいろいろ試してみよう。

15:00 人気のタオディエン地区へ! ▶P.62

トレンドが集まる旬エリア、タオディエン地区へ移動。1区とは雰囲気の違うモダンなカフェやショップに大興奮! 3

20:00 スーパーへ駆け込み! ▶P.64

1区に戻ってきたら残った時間でスーパーへ。バラマキみやげも買い足し完了! 4

24:00 深夜便で帰国、早朝日本着

1 豚肉が入ったニューランのバインミー・ティット。野菜たっぷりでヘルシー

4 スーパーならベトナムならではの、バラマキ商品がたくさん!

BOOK CAFE

ベトナムのストリートフードを極める

ベトナムの魅力のひとつ！地元民に交ざって楽しもう

レストランで食べる定番グルメもいいけれど、路上屋台や大衆食堂などのローカルフードもはずせない。地元の人たち御用達の安ウマ飯を楽しんで！

ストリートフード

道を歩いていて目に入る屋台や路上販売。どのフードも安く手軽に食べられるのが魅力。気になるものがあったら迷わず挑戦して！

#屋台ならではのメニュー&攻略法

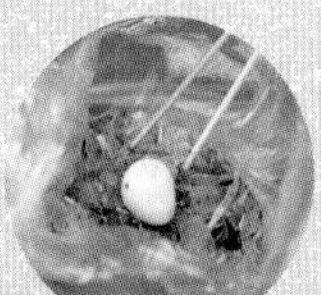

バイン・チャン・チョ

薄切りのライスペーパーと干し肉、干しエビ、ピーナツ、香草が入ったピリ辛の和え物1万5000VND。ラー油と醤油、ライムで味を調整

ボッチエン

揚げ餅の卵とじ2万5000VND。ごま油の香ばしさが引き立つ醤油ベースのシンプルな味。ホーチミンでしか食べられない

バイン・ケップ・メー&バイン・ボン・ランチョン

鉄板で焼いたワッフル1万5000VNDとベビーカステラのようなお菓子1万VND〜

事前に知っておきたい 攻略POINTS

客が多い店を狙って

ストリートフードの店はほとんどがメニュー1〜2品のみの専門店。客が常にいる店は間違いない！

ウエットティッシュを持参しよう

普通の店と違ってお手拭きなどは出ない。手や口の周りを拭き取れるウエットティッシュを持参すると安心。

注文は指さしでOK！

地元客をメインにしている店がほとんどなので、英語は通じないことが多い。数量などは指で示せば通じる。

#人気の屋台

数多ある屋台でも、地元の人に人気の屋台ならはずれなし。初心者はまずここから！

狭い路地の中に広がる屋台街

ハイバーチュン通りの屋台

Hai Ba Trung

ホーチミンの目抜き通りにある屋台通り。定番グルメからチェーなどのスイーツまで豊富にそろう。通りの奥には食事スペースがあり、地元の人でにぎわう。

ドンコイ通り周辺 ▶MAP P.212 C-3

食べ歩きにぴったりな軽食を販売

ナムキーコイギア通りの屋台

Nam Ky Khoi Nghia

中心部にある1区と3区を貫く通り。通り沿いには学校が多く建ち並び、昼食どきは屋台でご飯を食べる学生の姿が見られる。サクッと食べられる手持ちフードも。

ベンタイン市場周辺 ▶MAP P.213 B-6

広場に現れる天秤棒の屋台

グエンフエ通りの屋台

Nguyen Hue

グエンフエ通り沿いの道や広場には14時頃から天秤棒の屋台が出没する。簡単なおやつなど、レストランでは見かけないものも。小腹がすいたときに利用しよう。

ドンコイ通り周辺 ▶MAP P.213 D-5

コンビンザン

ベトナムの庶民でにぎわう大衆食堂。店頭には20〜30種類のおかずが並び、ご飯やスープとともに注文する。料金もリーズナブル。

#コンビンザンのHow to Order

1 人数を伝える

まずは人数を伝えよう。注文する際も、何人分か指で伝えよう

2 指さしで注文

店頭に並ぶ料理を見ながら注文しよう。食べたいものがあれば指さしで注文を

3 席に座って待つ

一通り注文し終わったら席に着いて料理を待とう

4 料理が運ばれてくる

店のスタッフがお盆に料理をのせて席まで運んできてくれる

5 いただきます!

料理がそろったら食べるだけ。箸と皿はテーブル上にあるので軽く拭いて使おう

6 食べ終わったら精算

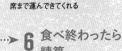

食べ終わったら「ティンティエン(お会計)」と声をかけて精算を

#魅惑の家庭料理メニュー

ボーラーロット
牛挽き肉の香草焼き4万5000VND。さわやかな香りのロットの葉を使用

カイン・コー・クア
ゴーヤの肉詰めスープ3万VND。苦みがなくとても食べやすい

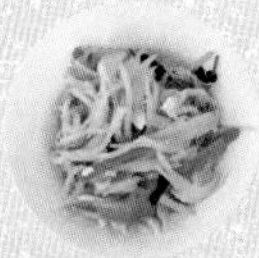

スースーサオ
ハヤトウリの炒め物1万VND。シャキシャキ食感とシンプルな味付けが◎

#人気のコンビンザン

ベトナム北部の家庭料理の老舗

ドンニャン・コムバーカー

Đong Nhan Com Ba Ca

オーナーのフオン氏の両親が50年以上前に創業。ベトナム北部の家庭料理を中心に40〜50種類もの料理が並ぶ。若いスタッフが多く、活気にあふれている。

ベンタイン市場周辺 ▶MAP P.211 E-4

🏠42 Truong Đinh, Q.1 ⊗ベンタイン市場から徒歩3分 ☎028-38221010
Ⓛ10:00〜14:30、16:30〜20:30(土曜は10:00〜15:00) ㊡土曜の午後
㊕3万5000VND〜

ご飯がすすむおいしい家庭料理

コンビンザン・ソーバイ

Com Binh Dan So 7

約42種類の家庭料理が並ぶ店舗と、客席のみの店舗が5軒ほど離れた並びに建つ。地元客に根強い人気で、ランチタイムにはOLやサラリーマンでにぎわっている。

デタム通り周辺 ▶MAP P.210 D-5

🏠13 Nguyen Van Trang, Q.1
⊗ベンタイン市場から徒歩10分
☎090-2867889 Ⓛ10:00〜20:00
㊡無休 ㊕5万VND〜

メニューが充実した大型店

ミンドゥック

Minh Đuc

100席を有する大型店で、ベトナム南部の家庭料理を中心に海の幸、山の幸をふんだんに使った料理は40種類にも及ぶ。ランチや夕食どきには大勢の客で混み合う。

統一会堂周辺 ▶MAP P.210 D-5

🏠35 Ton That Tung, Q.1
⊗ベンタイン市場から車で5分
☎028-38392240 Ⓛ11:00〜21:00
㊡無休 ㊕3万VND〜

Gourmet in HO CHI MINH

ローカル絶賛のご当地グルメ

#フォー #バインミー #生春巻き #バインセオ #定番料理 #日本人好みの味 #おなかいっぱい

フォー
Pho

米粉の麺でベトナムを代表する人気メニュー

Must!

牛肉のフォー7万9000VND。薄切りのやわらかい牛肉と、玉ねぎなどが入ったシンプルな一品

元アメリカ大統領も訪れた人気店

フォー2000

Pho 2000

元アメリカ大統領のビル・クリントン氏が訪れたことで有名なフォー専門店。定番の牛肉や鶏肉のフォーから、魚介など変わりダネも提供。

ベンタイン市場周辺 ▶MAP P.213 A-6

🏠1-3 D Phan Chu Trinh, Q.1 ⊗ベンタイン市場からすぐ ☎079-9430002 🕒7:00～21:00 ㊡無休 ㊕7万9000VND～

香草
Baùnh Xeøo
バジルやノコギリコリアンダーなど、数種類の香草がライムやチリとともに提供される

モヤシ
たっぷりのモヤシもセットで付いてくる。シャキシャキとした食感がアクセントに

Take a Break ...

フォーの食べ方 How To?

そのまま食べてもおいしいフォーだが、付け合わせや調味料を加えればさらにおいしく食べられる。ひと手間加えて楽しもう。

①数種類の葉や香草を手に取って、葉物など大きいものから重ねていく

②ライムを搾ったり、テーブル上のチリソースや大豆の甘味噌だれを入れても◎

麺とあっさりスープがマッチ

フォー・ホア

Pho Hoa

早朝から深夜までにぎわうフォーの専門店。牛や鶏など数種類そろったフォーは、スープに揚げパンを浸して味わうのがツウの食べ方。

市北部 ▶MAP P.210 D-1

260C Pasteur, Q.3 ⊗統一会堂から車で6分
☎028-38297943 ⓛ6:00〜22:30 ㊡無休
㊎9万VND〜

一日中、地元の人たちでにぎわっている

牛肉とみじん切りにしたねぎがたっぷり入る 9万VND

鶏肉のフォー4万9000VND。だしが利いたスープに、鶏肉とねぎが入る

市内に十数店舗ある専門店

フォー24

Pho 24

ホーチミンの中心部にある人気のフォーチェーン店。ハノイやダナンにも展開。フォーと、生春巻きやデザートなどが付いたセットも用意。

パスター通り周辺 ▶MAP P.213 C-6

0158D Pasteur, Ben Nghe, Q.1 ⊗人民委員会庁舎から徒歩5分 ☎028-35218518
ⓛ6:00〜24:00 ㊡無休 ㊎4万9000VND〜

地元民の御用達チェーン店

旅メモ 北部のフォーは鶏ガラなどのさっぱりスープで、南部はやや甘めの味付けでトッピングが多いのが特徴。

バインミー
Banh Mi

Must!

フランスが薫る
ベトナム風サンドイッチ

6万2000VND。ぎっしりと具材が詰まっており、1つでおなかいっぱいになるほど。中の緑色のチリは辛いので注意

昼も夜も行列が絶えない店

バインミー・フインホア

Banh Mi Huynh Hoa

自家製のベトナムハムやなますなどを使ったバインミーのテイクアウト専門店。地元の人から観光客まで、常に多くの人でにぎわう。

ベンタイン市場周辺 ▶**MAP** P.210 D-4
🏠26 Le Thi Rieng, Q.1 ㊋ベンタイン市場から徒歩9分
☎08-96698833 🕒6:00～21:00 ㊡無休 ㊑6万2000VND～

◀ 店の前には昼夜を問わず行列ができている。購入したら、その場で作りたてを味わいたい

ビーフステーキを中心に、ハムやソーセージなど肉類がたっぷり入ったバインミータップカム11万VND

温かいふっくらパンが美味

バインミー・トゥオイ

Banh Mi Tuoi

焼きたてのパンが食べられる店。イートインの場合、パンと具材が別々にプレートにのせられており、自分でパンに挟んで食べる。

市北部 ▶**MAP** P.211 E-1
🏠62 Mac Đinh Chi, Q.1 ㊋市民劇場から車で10分
☎028-38222498
🕒7:00～22:00 ㊡無休
㊑4万VND～

▶ 清潔感ある店内でベトナム初心者も入りやすい

市内で大人気のベーカリー

ニューラン

Nhu Lan

地元の人で常ににぎわう店。バインミーを中心に、肉まんやシュークリームなどバラエティ豊かな商品が、ショーケースにぎっしり並ぶ。

ハムギー通り周辺
▶**MAP** P.213 D-6
🏠50 Ham Nghi, Q.1 ㊋ベンタイン市場から徒歩8分 ☎028-38292970
🕒4:00～翌2:00 ㊡無休
㊑2万5000VND～

◀ ピンクの外観が目印

豚肉が入ったバインミー・ティット3万5000VND(右)とザボンジュース2万5000VND(左)

生春巻き
Goi Cuon

生野菜やシーフードをライスペーパーで巻いたヘルシーフード

エビの生春巻き6万5000VND。細米麺のブンも入っている

ベトナム全土の春巻が集結

ラップ&ロール

Wrap & Roll

ホーチミンやハノイに数店舗と、海外にも支店がある春巻き専門店。ベトナム各地の春巻きを種類豊富に提供している。定番料理もある。

ドンコイ通り周辺 ▶MAP P.212 B-1
Tang Tret MPlaza, 39 Le Duan, Ben Nghe, Q1
㊇市民劇場から徒歩7分 ☎028-39153345
10:00～22:00 ㊡無休 ㊎6万5000VND～

◀ 店舗数が多くファストフード店感覚で利用できる

バインセオ・ハイ・サン18万9000VND。シーフードと野菜がたっぷり。

◀ 路地を少し入ったところにありオシャレな看板が目印

地元を愛し愛される名店

クアン・ブイ

Quan Bui

市内に5店舗を構えるベトナムの家庭料理店。地産地消をモットーにしており、地元産の新鮮な食材が地元の人にも観光客にも大人気。

ドンコイ通り周辺 ▶MAP P.212 E-1
19 Ngo Van Nam, Q.1 ㊇市民劇場から徒歩13分
☎028-38291515 7:00～23:00 ㊡無休
㊎18万9000VND～

バインセオ
Banh Xeo

南部発祥のベトナム風お好み焼き

歴史あるバインセオ専門店

バインセオ46A

Banh Xeo 46A

バインセオの老舗。店先のフライパンで焼くバインセオは、カリッとした焼き上がり。皮が薄く大きさは約25cmとボリューム満点。

市北部 ▶MAP P.210 D-1
46A Đinh Cong Trang, Q.11
㊇統一会堂から車で7分 ☎028-38241110 10:00～14:00、16:00～21:00 ㊡無休
㊎9万VND～

▲ 屋台風のお店はローカル感たっぷり

旅メモ 米麺(ブン)に生野菜や炭火の豚肉などがのっているブンティットヌンも南部発祥の必食グルメ。

フードマーケットを深掘り

できたての市場や特色豊かな市場など、歩くだけで楽しめるおすすめ市場を巡ってみよう！

再開発地区の新フードマーケット

グランド・パーク・フード・ナイト・マーケット

Grand Park Food Night Market

2022年にオープン。再開発が進むビンホームズ・グランド・パークの中心にある36haの公園に沿うように屋台が並ぶ。毎日開催されており、食べ物だけでなく、ライブや射的などもあり、子どもから大人まで楽しめる。

市北東部 ▶MAP P.209 H-2
RRQV+WX,Long Binh, Q.9,Thanh pho ⊗市民劇場から車で50分 ◷17:00〜24:00 ㊡無休

縁日みたいに遊べる

ファストフードを食べ歩き

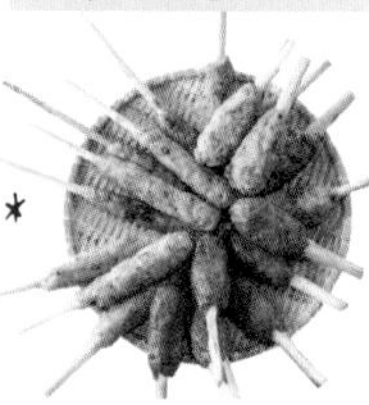

ネム・ヌン
Nem Nuong
ニャチャン名物ベトナム風つくね。サトウキビの芯にレモングラスが入った牛肉や、豚肉などが付いている。独特の味がくせになる1本2万VND〜

バン・チャン・チオン
Banh trang tron
ライスペーパーの和え物。サテトムというエビ+レモングラス風味の調味料が利いていて、酸味がありつつ甘辛い味
2万5000VND

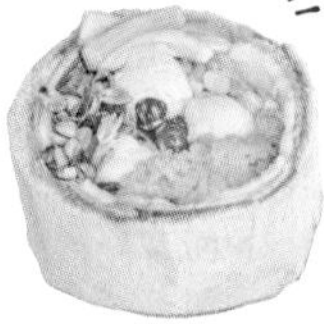

ケム・ソイ・ユア
Kem Xoi Dua
ココナツの器に入ったおこわアイス。ジャックフルーツやピーナツも入って食べ応えあり。
3万5000VND

アトラクションを楽しむ

LIVE

地元の若者がライブ演奏を行うことも

ダーツ

風船割りのダーツ。ダーツをすべて当てると景品がもらえる

景品GET!

壁に描かれた現代アートを楽しむ

ストリートアートのようなものや、ベトナムの街並み・伝統を表現したものなど、
カラフルでオリジナリティあふれるイラストが楽しい

迫力ある現代アートが魅力

ベン・ゲー・ストリート・フードマーケット

Ben Nghe Street Food Market

リニューアルオープンした半屋内フードマーケット。屋台や席もピカピカで清潔。壁にはさまざまなアートが描かれ、おしゃれな雰囲気。ローカル市場が苦手な人でも満足できる。

統一会堂周辺▶
MAP P.212 A-3
🏠134 Đ. Nam Ky Khoi Nghia, Ben Nghe, Q.1
㊂統一会堂からすぐ
🕒9:00〜24:00
㊡無休

バインミー、フォーなど定番ベトナム料理のほか、タイ料理やピザなどもあるので、気ままに食べ歩こう

Coming soon!

今後も続々と新店がオープン予定。新しい発見があるかも

Topics!

フードマーケット攻略のコツ

1 屋台ごとに席がある

屋台ごとに席が設置されているので、そのお店の近くにある席で食べよう。

2 早い時間がおすすめ

どのフードマーケットも夜はすごく混むので、じっくり楽しみたいなら早い時間がおすすめ。

花と食の楽園

ホー・ティー・キー・マーケット

Ho Thi Ky Market

100店以上の生花や花関連の雑貨店が並ぶ花の卸売り市場。朝も夜も営業していることから「眠らない花市場」と呼ばれている。店先にならぶ色とりどりの花は楽園のよう。実はフードストリートも近くにあり、地元の人だけが知る食の楽園でもある。

市南部 ▶MAP P.208 D-4

🏠52 Ho Thi Ky, Phuong1,Q.10
㊋ベンタイン市場から車で15分
🕒24時間　㊡無休

きれいな花とシーフードが楽しめる

中部の花の名産地ダラットから取り寄せた生花や、造花もある

市場入口のネオンや壁のアートもおしゃれ

シーフードの姿焼きが絶品

ロブスターやホタテなど魚介類の屋台が多い。その場で焼いてくれるのでできたてを食べられる

すぐにできるよ！

注文を受けてから豪快にバーナーで焼くお店も

個性的なスイーツも注目

トマトを使ったかわいい焼き菓子

フルーツ入りのタルトも美味

チャレンジメニュー

ホビロン（アヒルの卵）

孵化寸前の卵をゆでた地元のソウルフード。妊婦さんが滋養のために食べるほど栄養価は高い。日本ではなかなかお目にかかれない珍味。

地下にある広大なマーケット

セントラル・マーケット・アジアン・フード・タウン

Central Market Asian Food Town

9月23日公園に隣接しているマーケット。地下にフードコート2つとショッピングセンター、スーパーが入っている。フードはベトナム料理以外にも和洋中、様々な屋台があるので何を食べるか迷ってしまう。おみやげ物も売っていて、24時間営業の両替所もあり、とても便利。

レロイ通り周辺 ▶MAP P.211 E-5

🏠04 D. Pham Ngu Lao,Phuong Pham Ngu Lao.Q.1 ㊧ベンタイン市場から徒歩5分
🕒10:00～23:30 ㊡無休

Gourmet

ダウンタウン・フードとアシアナ・フード・タウンの2つのフードコートがある

地下にあるので涼しくて◎

ベトナム定番のバインミー屋

大豆のチェー8万VND

Shopping

TAKA PLAZAというファッション市場も併設

アオザイも売っている。掘り出し物が見つかるかも!?

バラマキ用にぴったりなおみやげもある

フードマーケットは現地の雰囲気を感じるのに最適じゃ

Topics!

フードマーケットではココに気をつけよう！

1 生花のおみやげ

生花のおみやげは、帰国時に検疫が必要なので注意。心配な人は造花を買おう。

2 生のシーフードは×

シーフードは生で食べるのは避けよう。日本人はお腹を壊す可能性が高い。

Gourmet in Ho Chi Minh

ホーチミンでごほうびディナー

#ベトナム料理 #フエ料理 #フランス料理
#フュージョン料理 #多国籍料理 #歴史ある名店

5つ星ホテルにあるコスパ最高の高級ビュッフェ

ラ・ブラッセリー

La Brasserie

ホテル・ニッコー・サイゴン内にある高級レストラン。ロブスターやマッドクラブ、牡蠣などシーフードが盛りだくさん。ベトナム料理はもちろん、和・洋・中・デザートとなんでも揃う。贅沢に満足いくまでお腹を満たせる。

市南部 ▶MAP P.208 D-4

235 Nguyen Van Cu,Q.1
ホテル・ニッコー・サイゴン内 (→P.78) ☎028-3925-7777
18:00〜22:00 (休)無休

❶ロブスターは6種類の食べ方が選べる。ビールやワインも飲み放題なのでお財布を気せず楽しめる190万VND ❷シェフのおすすめを目の前で調理してくれるライブクッキングでおいしさ倍増

Take a Break ...

予約&ドレスコードは?

今回紹介した高級ベトナム料理店は、いずれも人気店。言葉に自信がない人はホテルのフロントに頼んで予約してもらいましょう。また、ドレスコードはない店がほとんどですが、ラフすぎる格好は避け、ワンピースや購入(orレンタル)したアオザイなどを着ていきましょう。

洗練された絶品フレンチ

ル・コルト

Le Corto

シンプルで高いクオリティのフランス料理を提供。メニューは6か月ごとに変更され、リピーターも楽しめる。ランチ営業もあり、本格的なフレンチが格安で食べられる。事前に予約が必要。

ドンコイ通り周辺
▶**MAP** P.212 D-3
🏠5D Nguyen Sieu,Q.1
㊂市民劇場から徒歩2分
☎028-38220671
🕒11:00~14:30、17:00~21:45
㊡無休

❶ホタテのカルパッチョ(上)やイチジクを添えたフィレ肉(65万VND)など本格フレンチメニューがそろう　❷落ち着いた店内で、ベトナム在住の日本人にも人気

モダンにアレンジした伝統料理が評判

ホイアン・センス・レストラン

Hoi An Sense Restaurant

インテリアデザイナーのオーナーが、王宮をイメージして店内をデザイン。フエの伝統料理をモダンにアレンジしたランチ・ディナーコースの料理は「ホーチミンでいちばん」との呼び声が高い。要予約。

市北部 ▶**MAP** P.211 F-1
🏠12 Phan Ke Binh, Q.1　㊂市民劇場から車で10分
☎028-38237694　🕒17:00~22:00　㊡無休

❶王宮をイメージした店内と優雅なサービスが◎　❷蓮の実チャーハン23万5000VND。蓮の実の歯ごたえある食感がアクセント　❸見た目もかわいいホイアン風揚げ春巻22万VND

正統派の南部料理を
歴史ある建物で

マキシムズ・ベトナムレストラン

Maxim's Vietnamese Restaurant

高級感漂うこのレストランで味わえるのは、正統派のベトナム料理の数々。南部の家庭料理から、高級海鮮料理、デザートまで、幅広いメニューが並ぶ。夜は予約がおすすめ。

ドンコイ通り周辺 ▶MAP P.213 E-5
13-15-17 Dong Khoi, Q.1
㊂市民劇場から徒歩8分
☎028-38296676
10:00〜22:00
㊡無休

❶酸味あるソースがよく合うカニのタマリンドソース55万VND
❷王朝時代がテーマの店はかつての劇場。天井が高く、高級感たっぷり

歴史ある建物で
ベトナム料理を堪能

ホア・トゥック

Hoa Tuc

路地を入った先の広場のバーやカフェが並ぶエリアにある、おしゃれなレストラン。テラス席と屋内席があり、ベトナム南部だけでなく、中部や北部などバラエティに富んだ料理を提供している。ベトナム料理教室も開催。

ドンコイ通り周辺 ▶MAP P.212 D-3
74/7 Hai Ba Trung, Q.1　㊂市民劇場から徒歩3分
☎028-38251676　11:00〜23:00　㊡無休

フランス統治時代に建てられたアヘン工場をおしゃれに改修

ハノイ名物のバイントムホータイ12万5000VND（手前）とブンタウ名物のバインコット12万5000VND（中）

コースメニューのみの
世界的名店

ネン・ライト

Nen Light

世界ベストディスカバリー50レストランに選ばれたネン・レストランが、ダナンからホーチミンに移転しネン・ライトに。ベトナム伝統料理を斬新な盛り付けで魅せるのが特徴。コース料理のみというこだわり。

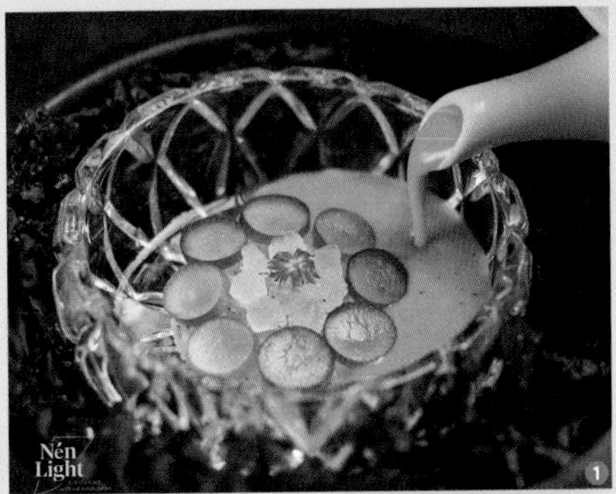

市南部 ▶**MAP** P.208 D-4

122/2 Tran Dinh Xu, Q.1
ベンタイン市場から車で8分
0898-990806
18:00～23:00
無休
※メニュー料金に付加価値税(VAT)10%とサービス料5%がかかります。

❶「5億年」は、クラゲとぶどう入りビスク（スープ）❷間接照明だけの店内はムードたっぷりでカップルにおすすめ

❶少しずつ多彩に楽しめるコース仕立て ❷アラカルトメニューやデザートも充実している

独創的な発想が生み出す美しい創作料理

スー Xu

ヨーロッパとベトナムのフュージョン料理の店。オーストラリア牛とタマリンド風味のドレッシングを合わせたサラダなど、斬新な発想の料理は秀逸。要予約。

ドンコイ通り周辺 ▶**MAP** P.212 D-3
71-75 Hai Ba Trung, Q.1　市民劇場から徒歩3分
028-38248468　18:00～23:00　無休

古きよき時代のフレンチヴィラで
モダンベトナム料理を

マンダリン Mandarine

モダンベトナム料理が味わえる有名店。地下に300種のワインをそろえたワインセラーもある。1階にはバーも併設されており、ディナーの前にカクテルを傾けるのもいい。曜日によって、民族音楽やクラシック演奏も楽しめる。

ドンコイ通り周辺 ▶**MAP** P.212 E-1

11A Ngo Van Nam, Q.1
市民劇場から徒歩13分
090-8870099　11:30～14:00、17:30～22:00
無休

❶マンダリン風アヒル肉のグリル32万VND（左）❷伝統家屋の一軒家をレストランに改築。随所に古きベトナムの面影が残っている

旅メモ　中部のダラットはベトナムワインの産地として有名。ほんのりとした酸味と苦みが特徴。

Gourmet in Ho Chi Minh

ホーチミンで春巻き三昧

#北部の春巻き #中部の春巻き #南部の春巻き #日本人好み
#生も揚げたものも食べたい #地域の特色を楽しもう

北部

A
ロブスターの揚げ春巻き
Lobster Netted Spring Rolls 27万8000VND
人気メニューの揚げ春巻き。ロブスターやエビ、キクラゲなどが入っており、さまざまな食感を楽しめる

南部

C
豚肉とカニの生春巻き
Fresh Spring Rolls with Pork and Crab 25万5000VND
豚肉と茹でガニ、ビーフンなどが入った定番の春巻き。大豆味噌のつけだれも美味

南部

B
ソーセージの生春巻き
Sun Dried Shrimp,Chinese Sausage and Cooked Turnip Rolls 4本5万VND
中華風ソーセージ、干しエビ、ビーフン、玉子焼、サラダ菜、ピーナツ、ニンジンなど、具だくさんな春巻き

北部

D
豚肉入り蒸し春巻き
Special Banh Cuon 6万8000VND
具材は豚肉だけだが、モヤシや香草、タマネギを揚げたチップが添えられ、プルプルとした皮と一緒に食べる

南部

B
マッシュルームの生春巻き
Fresh Spring Rolls with Mushrooms 6万VND
茹でたマッシュルームのほか、豆腐、ビーフン、葉菜類が入ったヘルシーな生春巻きで、さっぱりとした味

北部

C
エビとカニの揚げ春巻き 米麺添え
Prawn and Crab Spring Rolls with Vermicelli 21万5000VND
エビやカニの風味を楽しめる。日本人には珍しいクズイモと呼ばれるイモのシャキシャキとした食感も◎

B
エビと豚肉の蒸し餃子
Banh Bot loc 5本6万5000VND
エビと豚肉が入っており、コリッとした弾力ある食感が特徴。ついつい箸がとまらなくなる

中部

北部

C
エビ入り蒸し春巻き
Steamed Rice Paper with Deep Fried Prawn PermicanD 21万5000VND
砕いた揚げエビが入っているシンプルな春巻き。エビの風味と蒸した皮のモチモチ食感がマッチ

瀟洒な一軒家で洗練された味を

A ベトナム・ハウス Vietnam House

フレンチコロニアルな建物の高級ベトナム料理店。ベトナムの郷土の味を外国人向けにアレンジしており、味はもちろん目でも楽しめる。要予約。

ドンコイ通り周辺 ▶MAP P.212 D-4

- 93-95 Dong Khoi, Q.1
- 市民劇場から徒歩4分
- 028-38222226
- 11:00〜14:30、17:00〜22:00
- 無休

ベトナム全土の春巻きが集結

B ラップ&ロール Wrap & Roll

ホーチミンだけでなく、ハノイや海外にもある、春巻き専門店。ベトナム各地の春巻きを、モダンにアレンジしている。コクのあるタレがやみつきになる。

ドンコイ通り周辺 ▶MAP P.212 B-1

- TragTret MPlaza, 39 Le Duan, Ben Nghe, Q.1
- 市民劇場から徒歩7分
- 028-39153345
- 10:00〜22:00
- 無休

各地の伝統料理が楽しめる

C エスエイチ・ガーデン SH Garden

店内外が南国風の装いのレストラン。ベトナム各地の伝統料理や郷土料理が味わえる。メニューの種類が多く、春巻きも豊富にそろう。

ドンコイ通り周辺 ▶MAP P.213 D-5

- 26 Dong Khoi, P.Ben Nghe, Q.1
- 市民劇場から徒歩5分
- 098-1999188
- 10:00〜22:30 (閉店は23:00)
- 無休

庶民的な蒸し春巻きの専門店

D バイン・クォン・タイホー Banh Cuon Tay Ho

半世紀以上続く蒸し春巻き（バイン・クォン）の専門店で、豚肉入りと皮だけのものがある。豚肉のハムやフエ風発酵豚肉などのサイドディッシュもある。

市北部 ▶MAP P.211 E-1

- 127 Dinh Tien Hoang, Q.1
- 市民劇場から車で10分
- 028-38200584
- 6:00〜20:00 (月曜は〜18:00)
- 無休

旅メモ 生春巻きは一般的に南部で食されている。火を通していないので屋台のものは避けたほうが無難。

Gourmet in Ho Chi Minh

地元っ子と一緒にローカルフード

#フーティウ・ナムヴァン #コム・ダップ #クア・ロット・チェン・ボッ #トム・スー・ハップ・ヌオック・ズア #コムガー #ボービッテ #ティット・ヘオコー・ヌォックズア

空飛ぶ絶品おこげを賞味

コムニュウ・サイゴン

Com Nieu Saigon

土鍋で炊くおこげご飯が名物。店内では、おこげご飯を投げて店員がキャッチするパフォーマンスが人気。おかずも300種近くそろう。要予約。

市北部 ▶**MAP** P.210 D-2

27 Tu Xuong, Q.3 ⊗統一会堂から車で9分
☎091-301728 ⏲6:00～23:00 ㊡無休

長居したくなる落ち着いた店内

おこげご飯にねぎとヌクマムのたれをたっぷりと絡めて

コム・ダップ
Com Dap
5万1000VND

店の土鍋で作っているから、カリカリの食感ですよ！

フーティウ・ナムヴァン
Hu Tieu Nam Vang
6万5000VND～

カンボジア発祥の料理。もちっとしためんにスープがマッチ

カンボジア伝来の南部ご当地めん

フーティウ・ナムヴァン・タン・ダット

Hu Tieu Nam Vang Thanh Dat

6種類のフーティウ・ナムヴァン（南蛮）をそろえる。スープあり、なしを選べるが、だしは豚骨とエビ、煮干しでとった特製なので最初はスープありが◎。

ファングーラオ通り周辺 ▶**MAP** P.211 E-5

239 Pham Ngu Lao, Q.1 ⊗ベンタイン市場から徒歩15分 ☎093-9623871 ⏲24時間 ㊡無休

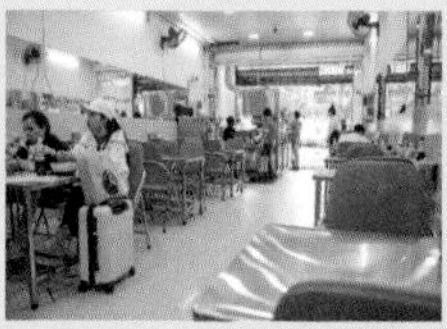

観光客も頻繁に来店

クア・ロット・チェン・ボッ
Cua lot chien bot
30万VND(4ピース)

人気のカニ料理をご賞味あれ

ミェン・キュ・チンムォイトゥ

Mien Cua 94

車に乗ってでも訪れたいカニ料理の有名店。ソフトシェルクラブのフライやカニ・チャーハンなど、多彩なカニ料理が手ごろな値段で食べられる。

市北部 ▶MAP P.211 F-1
94 Dinh Tien Hoang, Q.1
市民劇場から車で10分
028-38258633
9:00～21:00 休 無休

ローカル感たっぷりの外観

❶からっと揚げたカニの唐揚げ。中からカニ味噌がとろけ出る ❷たっぷりのカニの身が美味なカニ・チャーハン 20万VND

海鮮ファンはここへ直行!

NS ベン・テュエン

NS Ben Thuyen

1955年創業の老舗レストラン。生けすの魚介を、注文後に引き上げて調理する。鮮度抜群の素材を生かしたシンプルな料理が美味。要予約。

市北部 ▶MAP P.208 D-2
11 Nguyen Van Troi, Q. Phu Nhuan
統一会堂から車で11分 028-0909-886058
10:00～22:00 休 無休

夜も客足が絶えない

トム・スー・ハップ・ヌオック・ズア
Tom Su Hap Trai Đua
8万2000VND/100g

❶いちばん人気のエビのココナツジュース蒸し(写真は2～3人前) ❷人気の蒸しガニ(市場価格による)。エビとカニで贅沢気分が楽しめる

Take a Break ...

ホーチミンでブームのヤギ鍋に挑戦!

最近はラウゼー(Lau De)と呼ばれるヤギ鍋が、ホーチミンの若者を中心に大人気。使用するヤギの肩肉と乳肉は意外とクセがなく、とってもやわらか。さっぱりと食べられます。

旅メモ 女子会にぴったりなのが花鍋(ラウホア)。魚介類と花を一緒に煮込む南部料理で見た目も華やか。

ステーキには目玉焼きや肉だんごなども付き、ボリューム満点

光が差し込むオープンエアの店内は、ローカル客でにぎわう

おかずが盛りだくさんでお得感大

ボー・ビットテット・ナムソン

Bo Bit Tet Nam Son

甘辛だれで味付けたベトナム牛は弾力があり、食べごたえ十分。鉄板で運ばれるステーキに、フライドポテト、サラダ、フランスパンも付くのがベトナム流。

統一会堂周辺 ▶MAP P.210 D-4
🏠200 Bis Nguyen Thi Minh Khai, Q.3
Ⓧ統一会堂から徒歩12分
☎028-59303917 🕒6:00〜22:00
㊡無休

Take a Break ...

スープ類もおためしあれ

ベトナムでは、食事にスープは欠かせません。特に暑いホーチミンでは酸味と辛みの利いたさっぱり味が好まれます。トマトが入った辛みスープ「カインチュアCanh Chua」や魚介たっぷりの「カイン・ハーイサーンCanh Hai San」が人気です。

味が濃い料理にさっぱりスープの相性は抜群！

鶏肉のやわらかさが
自慢です。ぜひ
味わってくださいね

家族連れも多い人気店

鶏だしご飯と蒸し鶏が絶品

上海コムガー

Quan Com Ga Thuong Hai

店頭に並ぶ鶏の姿焼きが食欲をそそるコムガーの人気店。鶏のだしが染みたご飯と、身のしまった蒸し鶏は絶品。付け合わせのスープもおいしい。

統一会堂周辺 ▶**MAP** P.210 D-3

🏠21-23 Vo Van Tan, Q.3 ㊋統一会堂から徒歩10分
☎190-00091 🕒10:00〜21:00 ㊡無休

コムガー
Com Ga
12万5000VND

鶏ガラスープで炊いたご飯は、ショウガだれをつけていただこう

ティット・ヘオコー・ヌックズア
Thit Heo Kho Nuoc Dua
13万9000VND

ココナツジュースの甘みが利いた
豚肉が口の中でほろりと崩れる

ベトナム人も太鼓判の庶民の味

ホアンイエン

Hoang Yen

ベトナム各地の料理を扱っており、特に家庭料理が評判。ランチタイムには、甘みのある南部の味付けを求める地元の人で、大にぎわいとなる。

ドンコイ通り周辺 ▶**MAP** P.213 E-5

🏠7 Ngo Duc Ke, Q.1
㊋市民劇場から徒歩8分
☎028-38231101
🕒10:00〜22:00
㊡無休

カニの春雨炒め18万1500VNDは人気のひと品

旅メモ ベトナムでは豚肉が一番よく食べられる。特に豚バラ肉の煮込みやスペアリブ、ゆで豚などが多い。

What are the recommended night bars for Vietnamese lovers?

調査 ベトナムLOVER'Sおすすめの ホーチミンのナイトバー

Viet Nam Lover's Night bars...

ルーフトップバー

ルーフトップバーから眺めるホーチミンの夜景は格別。カクテル片手にロマンチックな大人の時間を過ごしたい

フロアにはDJがいて、22時頃からはクラブミュージックが流れ、にぎやかな雰囲気が◎(祖川由佳さん)

天空に浮かぶルーフトップバー

チル・スカイ・バー&ラウンジ

Chill Sky Bar & Lounge

ベトナム在住の外国人やヒップなベトナム人が集う最先端のナイトスポット。円形の光るバーカウンターは夜空に浮かんでいるよう。週末の夜はおおいに盛り上がる。ドレスコードがあるのでおしゃれをして行こう。

バーボン・ボータイ32万VND(20時以降は25万VND)

バー以外にダイニングもあり、食事も楽しめる

ベンタイン市場周辺 ▶MAP P.211 E-5

Rooftop of AB Tower, 76A Le Lai, Q.1
㊋ベンタイン市場から徒歩8分 ☎028-62538888
🕒17:30〜翌2:00 ㊡無休 ㊕20万VND

17時から19時はハッピーアワーなので、リーズナブルな値段でカクテルを楽しめますよ(まっぷる編集部)

心ときめく夜のひとときを

サイゴン・サイゴン・ルーフトップ・バー

Saigon Saigon Rooftop Bar

高層ホテル、カラベルの9階にあるバー。外のテラス席からは、ホーチミン有数の絶景を堪能できる。夜はバンドの生演奏もあるので、ムードたっぷりで楽しみたい。

バー以外にダイニングもあり、食事も楽しめる

ドンコイ通り周辺 ▶MAP P.212 D-4

9F, 19-23 Lam Son Sq., Q.1
㊋カラベル内(→P.79)
☎028-38234999
🕒16:00〜翌1:00
㊡無休 ㊕15万VND

サイゴン川を眺めて夕涼み

エム・バー

M Bar

ライチジュースと練乳のモクテル、テンダー・シュート17万9000VND

老舗ホテル「マジェスティック」の新館8階にあるバー。フロア席とテラス席があり、落ち着いた雰囲気。ドリンクメニューはもちろん、フードメニューも充実している。

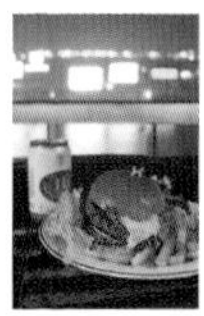

ビーフバーガー36万VNDとビール「333」16万VNDが人気

ドンコイ通り周辺 ▶MAP P.213 E-5

8F, 1 Đong Khoi, Q.1
㊋マジェスティック内(→P.77)
☎028-38295517 🕒16:00〜23:30(閉店は24:00) ㊡無休 ㊕30万VND

サイゴン川のクルーズ船の往来を見ているだけで、ゆったりした気分になれますよ(稲沢明日香さん)

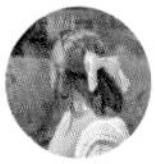

VIET NAM LOVER'S

祖川由佳さん
ベトナム在住10年超のベテランコーディネーター。定番から最新スポットまで知り尽くし、その情報量は圧倒的。好物はバインミー。

稲沢明日香さん
毎年、旅行するほどのベトナム好き。事前情報の収集に余念がなく、現地の話題スポットには必ず訪れる。ビールと夜景に目がない。

まっぷる編集部
初めて訪れたベトナムでストリートフードにはまり、以来、現地情報のリサーチを続ける。ついつい食べすぎるのが悩みとか。

ビアホール

地元の人から観光客まで、多くの人でにぎわうビアホール。ベトナムフードと一緒に味わいたい

チェコスタイルのビアホール

ホア・ヴィエン・クラフト・ブリュワリー

Hoa Vien Craft Brewery

現地のベトナム人に人気の、チェコビールを提供するビアホール。おしゃれな店内には醸造タンクが設置されており、オリジナルのラガービールを醸造している。肉料理やシーフードなど、フードメニューも豊富。

市北部
▶MAP P.211 F-2
Hem 18 Bis/30A1 Nguyen Thi Minh Khai, Q.1 ⊗市民劇場から車で10分 ☎028-38290585 ⏲11:00～22:00 ㊡無休 ㊞16万VND

店内には本格的な醸造設備が設けられていて、常にできたてのチェコビールが味わえますよ（祖川由佳さん）

ホア・ヴィエン・ラガー4万VND（右）とダーク・ラガー4万4000VND（左）

ビールタップがずらりと並ぶカウンター。常に10種類以上のビールから選べるのがうれしい（稲沢明日香さん）

6種の飲み比べセット FLIGHT OF 6 が人気! 38万5000VND

ブルワリー

ビールタップがずらりと並ぶカウンター。常に10種類以上のビールを提供している

若者を中心に人気のビールバー

ハート・オブ・ダークネス

HEART OF DARKNESS

自社のブルワリーをもつ大人気のクラフトビールバー。6種のビールを飲み比べできるセットとフードメニューが絶品だと評判。

ドンコイ通り周辺
▶MAP P.212 C-2
31D Ly Tu Trong, Q.1 ⊗市民劇場から徒歩7分 ☎090-3017-596 ⏲16:00～24:00※金～日曜は3階にてライブなどのイベント開催 ㊡無休 ㊞16万VND

ビアクルーズ

美しい夜景を見ながらお酒や食事を楽しめる、ちょっと豪華なナイトタイムを過ごせる。

船から眺めるノスタルジックな夜景

インドシナ号ディナークルーズ

Indochina Dinner Cruise

約2時間のディナークルーズでは、サイゴン川からホーチミンの夜景を眺め、ベトナム料理を味わうことができる。生演奏や踊りを楽しみながら、すてきな一夜を過ごそう。

市南部
▶MAP P.211 H-5
159/21 Bach Đang, Q. Tan Binh（事務所）、5 Nguyen Tat Thanh, Q.4（乗り場） ⊗市民劇場から徒歩15分 ☎028-38957438 ⏲17:30～21:30 ㊡無休 ㊞49万9000VND～

夜景とともに食べるベトナム料理は格別

夜景を眺めたり、エキゾチックなショーを観たり、楽しみ方いろいろ（祖川由佳さん）

ほっこり癒されるベトナム雑貨

#バッチャン焼 #ソンベー焼 #ライティウ焼
#レトロなデザイン #色彩も豊か #伝統工芸

ベトナム雑貨の代表 陶器

やわらかな風合いが魅力で、手作りのぬくもりが伝わってくるベトナム陶器。種類も多いので、じっくりと選びたい。

バッチャン焼

B **セラ・ストーリーの絵皿**
ベトナムの国花・ロータス（蓮の花）の絵皿
13万VND

B **セラ・ストーリーの陶器の壁掛け**
ベトナムの昔話を描いた壁掛け。かわいらしい絵柄が◎
16万8000VND

A **オーセンティックの小物入れ**
砂糖や塩など、調味料入れにぴったり！
各19万8000VND

E **キュー・ホームのカップ**
外側は無地だが、カップの内側に菊の花が描かれている
11万1000VND

C **スウォン・サムのコーヒーカップセット**
上段のコップの底に穴が開いていて、コーヒーをドリップできる
19万5000VND

シンプルで使いやすさ抜群

A **オーセンティックのコップ**
重ねやすいよう工夫されたデザインがすてき
各18万VND

シックな花が美しい

A **オーセンティックのお茶碗**
職人によるハンドメイドのお茶碗
15万VND

Take a Break ...

オリジナルアオザイを作ろう

キトがオリジナルで作成しているアオザイ風ワンピース。日本で日常的に着ても違和感ないデザインが秀逸!

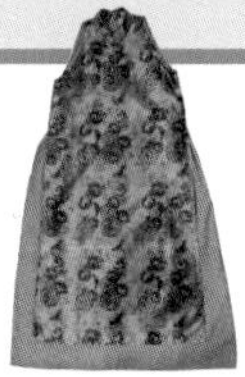

光沢ある生地に大きな花柄がきれいなワンピース
340万VND

細かな花がかわいいワンピース。夏場も涼しそう
210万VND

ソンベー焼

キトの丸皿 D
鮮やかな青色が印象的な丸皿
98万VND〜

クラシカルな花柄がすてき
キトのオーバル型の皿 D
クラシカルな絵柄が雰囲気たっぷりな人気のオーバル型の絵皿
65万VND〜

キトのアンティーク皿 D
中央の漢字が中国文化の影響を感じさせる
320万VND

キトのライティウ焼 D
手描きで書かれた花と模様が美しい丸皿。ライティウ焼
55万VND〜

バッチャン焼をモダンに進化

A オーセンティック AUTHENTIQUE home

店内に並ぶ商品は、すべて自社工房で作るオリジナル。特にモダンなデザインに進化させた新型のバッチャン焼が人気。

市北部 ▶MAP P.209 H-2
🏠68 Linh Trung, Thu Duc ⊗市民劇場から車で30分
☎028-38228052 ⊙9:00〜21:00 ㊡無休

古今東西の焼き物専門店

B セラ・ストーリー Cera Story

店内にぎっしり置かれた焼き物に圧倒される。食器から茶器、ツボ、花瓶などラインナップが豊富。

市北部 ▶MAP P.211 F-1
🏠159 Nguyen Van Thu, Da Kao, Q.1 ⊗市民劇場から車で10分 ☎037-9791266 ⊙9:00〜18:00 ㊡無休

オーナーのセンスが光る雑貨店

C スウォン・サム Xuong Xam

オーナーが仕入れた世界各国の焼き物がそろうショップ。スイスのワインなど幅広く扱う。

統一会堂周辺 ▶MAP P.210 C-5
🏠416 Vo Van Tan, Q.3 ⊗ベンタイン市場から車で10分 ☎094-5478000 ⊙14:00〜20:00(土日は9:00〜21:00) ㊡無休

雑貨ブームの草分け的存在

D キト KiTO

1階はオリジナルのアオザイや小物、バッチャン焼などが並ぶ。2階には南部陶器がそろっている。

トンタットティエップ通り ▶MAP P.213 C-5
🏠13 Ton That Thiep, Ben Nghe, Q.1 ⊗ベンタイン市場から徒歩10分 ☎028-38296855 ⊙9:00〜20:00 ㊡無休

モダンな食器が充実

E キュー・ホーム Q Home

ベトナムの人気食器ブランド、ミンロンの食器を豊富に扱うホーチミン最大のショップ。

パスター通り周辺 ▶MAP P.213 B-5
🏠4F Saigon Centre, 67 Le Loi, Q.1 ⊗ベンタイン市場から徒歩3分 ☎028-38218268 ⊙9:30〜21:30(金・土・日曜は〜22:00) ㊡無休

旅メモ ソンベー焼とはビンユン省でつくられた陶器のこと。素朴で落ち着いた色味と絵柄が特徴。

繊細でかわいい 刺繍小物

多彩な色の糸を使ったベトナムの刺繍は、雑貨の定番。

キュートな エスニック民族雑貨

鮮やかな色彩で知られるベトナムの民族雑貨。手作りのぬくもりが感じられる。

A **ティー・エー・エムのハンドバッグ**
花の刺繍がかわいいハンドバッグ。チェーン付きで肩かけにも　48万VND

独特の模様がかわいい

C **ミステルのバッグ**
ボンボンがかわいいポケット付きのバッグ
42万VND

ミステルのポーチ C
かさばらず使いやすいポーチ
16万1000VND

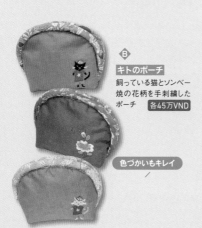

A **ティー・エー・エムのサンダル**
スエード地にオリジナルの花柄が鮮やかなサンダル　49万5000VND

C **ミステルのブレスレット**
鮮やかなパターンが美しいブレスレット
12万6500VND

B **キトのポーチ**
飼っている猫とソンベー焼の花柄を手刺繍したポーチ　各45万VND

色づかいもキレイ

C **ミステルのクッションカバー**
鮮やかな赤がインテリアのワンポイントに。クッションカバー
23万VND

プラス1コーデに ファッション雑貨

キラリと目を引くアクセサリーや手作りバッグなどベトナム小物でおしゃれ度アップ

Ⓓ
クォイ・スピリットのイヤリング
繭をイメージしたハンドメイドのイヤリング
125万VND〜

フォーマルで上品なピアス

Ⓔ
ハー・アクセサリーのピアス
結婚式などのお呼ばれシーンにぴったりな上品なピアス
10万VND

Ⓕ
ハナのバッグ
一番人気の竹の手持ちのプラかごバッグ
40万VND

Ⓕ
ハナの小物入れ
編みかごの小物入れ。やわらかい素材ながら丈夫な作り
20万VND

刺繍入りの靴や小物が多数

Ⓐ ティー・エー・エム T.A.M

刺繍入りの靴を中心に、バックなども並ぶ。すべてオーナーがデザインしている。

市北部 ▶MAP P.209 E-1
366/7H Chu Van An,Phuong 12,Binh Thanh ㊦歴史博物館から車で30分 ☎083-8388289 ⏰10:00〜21:00 ㊡無休

オーナーの奥様がデザイン

Ⓑ キト KiTO

日本語堪能なオーナーと日本人の奥様が経営する人気店。店内の服など、すべて奥様がデザイン。

トンタットティエップ通り ▶MAP P.213 C-5
13 Ton That Thiep,Ben Nghe,Q.1 ㊦ベンタイン市場から車で10分 ☎028-38296855 ⏰9:00〜20:00 ㊡無休

おしゃれな民族雑貨をセレクト

Ⓒ ミステル Mystère

モン族を中心とした、ベトナム北部の約10部族の民族雑貨を販売する。独特なデザインが魅力。

ドンコイ通り周辺 ▶MAP P.212 D-4
141 Đong Khoi,Q.1 ㊦市民劇場からすぐ ☎028-38239615 ⏰9:00〜20:00 ㊡無休

和の心を感じさせるデザインが魅力

Ⓓ クォイ・スピリット Cuoi Spirit

デザイナーのオーナーが開業した店。ベトナム伝統の竹細工やアクセサリーなどを、自作している。

市北部 ▶MAP P.211 F-1
3F 21B Nguyen Dinh Chieu,Phuong Da Kao,Q.1 ㊦歴史博物館から徒歩10分 ☎090-2320919 ⏰10:00〜21:30 ㊡無休

上品でおしゃれなアクセサリー

Ⓔ ハー・アクセサリー HER accessories

オーナーのダウさんのセンスが光るアクセサリーのセレクトショップ。シルバーやパールなどが並ぶ。

統一会堂 ▶MAP P.210 C-4
361/9A Nguyen Dinh Chieu, Q.3 ㊦ベンタイン市場から車で10分 ☎079-2884488 ⏰10:00〜20:00 ㊡無休

日本人に大人気のバッグ専門店

Ⓕ ハナ Hana

日本のツアーガイドをしていたエムさんが開いた手作りバッグ専門店。日本語が通じるので安心。

タオディエン地区 ▶MAP P.209 H-1
47/3 Quoc Huong,Thao Dien, Thu Duc ㊦市民劇場から車で21分 ☎090-8011836 ⏰10:00〜17:00 ㊡日曜

旅メモ ベトナムには50余りの少数民族がおり、民族ごとにデザインや色づかいが異なる。

ベンタイン市場を深掘り

Deep Dive

雑貨や食品、アクセサリーとあらゆるものがそろう市場。人々の熱気に包まれながら場内をぐるり。狙いを定めたら値段交渉開始！ お安くゲットしよう。
65

朝から晩まで熱気いっぱい

Must!

ベンタイン市場

Cho Ben Thanh

中心部に位置するホーチミン最大の市場。生鮮食品、衣類、サンダル、バッグ、家電を売る店などがひしめき合い、まるでおもちゃ箱をひっくり返したよう。値段はやや高めだが、やはりここは市場。現地の人とのコミュニケーションを取りながら、価格交渉しよう。

ベンタイン市場へようこそ！

ベンタイン市場マップ

ナイトマーケット
（夜のみ営業　★2023年12月現在休業中）

ベンタイン市場周辺 ▶MAP P.213 A-6

Cho Ben Thanh, Q.1　㊦市民劇場から徒歩12分　☎028-3829-9274
🕒6:00～19:00（店舗により異なる）　㊡無休

市場攻略マニュアル

午前中に行こう

午後は人が多くなり、さらに暑さが増すので、ゆっくり見られる午前中がおすすめ。

スリ多し！ 注意して

カバンは前に抱えておこう。狭い通路ではすれ違う際の被害が多く危険。

試す価値アリ！ 値段交渉

最近はFIXED PRICEと明記した定価販売の店も多いが、プライスカードのない商品の値段はすべて交渉で決まる。値段交渉に挑戦してみよう。

★電卓や紙で交渉　店の人に値段を示してもらったら、希望する値段を提示する。
★まとめ買いが有効　「〇個で〇〇にして！」と言うと、すんなりまけてくれることも多い。
★引き際が肝心　「じゃあいいです」と帰ろうとすると、引き止められ、まけてくれることも。

欲しいものの値段を確認したら、他店もチェックして相場を知ろう

↓

半額から3分の2くらいを目安に、こちらの希望額を紙や電卓などで伝える。何度か繰り返して価格が決まる

↓

15万VND
↓　DOWN
12万VND

Part 1 庶民派料理で腹ごしらえ

ベンタイン市場内の一角は、多くの飲食店が集まる食堂街。待ち合わせや休憩に利用しよう。

ローカルの人々の朝食スポットとしても人気の食堂街。値段も手ごろ

ハノイの名物料理ブンチャー5万VNDも食堂で提供している

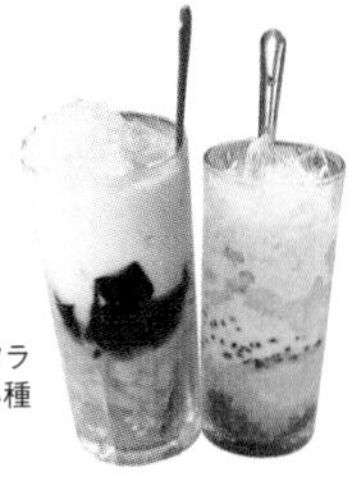

チェーやバインフランなどスイーツも種類豊富にそろう

バナナにココナツミルクをかけたチェー2万VNDは優しい甘さ

Part 2 欲しいものを値切ってGET!

おみやげに喜ばれる陶器や小物などのベトナム雑貨がそろう。まとめ買いをするのがおすすめ。

値札が貼ってある商品でも、交渉に応じてくれる場合もある

1 欲しい商品を探す

市場内の雑貨店には値段の記載がない店もある。店員に聞いて値段の確認を

2 電卓を使って値段交渉

交渉するときは、電卓に希望額を入力して店の人に見せてやり取りするとスムーズ

3 お得に商品をゲット!

最初に提示された金額の半額以下で買えることも。まとめ買いでさらにお得になることが多い

アオザイを着た女性の刺繍が施された巾着。色やサイズもさまざま

タッセル付きのバッグ。縫製もていねいな作り

Part 3
セミオーダーをしてみよう!

簡単にオリジナルのサンダルが作れるお店もある。見本から木型とベルトを選び、その場でわずか10分で仕上げてくれる。料金は20万VNDほど(交渉可)。

安くてすぐに自分好みの商品ができるよ。レッツトライ!

How to Order

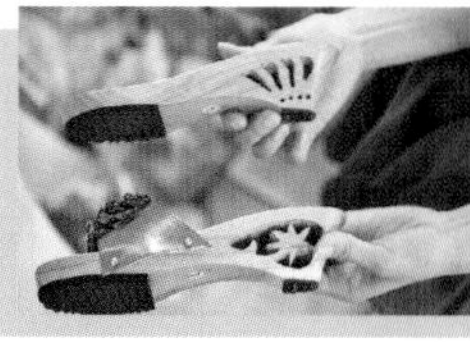

1 ソールを選ぶ

ソールには繊細な彫りがあるものも。サイズも異なるので、自分の足に合ったものを選ぼう

2 鼻緒を選ぶ

カラフルなビーズが縫いつけられたベルトを選ぶ。色もさまざまなので、好みのものを探そう

3 サイズや形を調整

ソールにベルトを釘で仮留めし、足の形やサイズに合わせて細かい調整をしてもらう

自分好みの仕上がりに!

4 完成

最初に交渉した値段を支払おう。完成したサンダルは袋に入れてもらえる

Topics!
周辺のマーケットも要Check!

壁一面のアートが見どころ

ベン・ゲー・ストリート・フードマーケット

Ben Nghe Street Food Market

リニューアルオープンしたフードコート。清潔な店内には、ベトナムの定番料理から、バーベキューやタイ料理までさまざまな屋台が集まっている。

▶ P.35

メニューは英語表記もあるので、安心して注文ができる

アートを楽しみながら食事ができる。生春巻きもおしゃれ

ベトナム定番のバインミー屋

大豆のチェー 8万VND

Gourmet

地下にある広大なマーケット

セントラル・マーケット・アジアン・フード・タウン

Central Market Asian Food Town

Shopping

9月23日公園に隣接しているマーケット。地下にフードコート2つとショッピングセンター、スーパーが入っている。フードはベトナム料理以外にも和洋中、さまざまな屋台があるので何を食べるか迷ってしまう。おみやげ物も売っていて、24時間営業の両替所もあり、とても便利。

▶ P.37

TAKA PLAZAというファッション市場も併設

アオザイやバラマキ用にぴったりなおみやげもあり、掘り出しものもあるかも

ダウンタウン・フードとアシアナ・フード・タウンの2つのフードコートがある

Part 4 掘り出しアイテムを発見!

編集部が見つけたかわいい、おしゃれアイテムを紹介。ぜひ、自分好みの一品を探してみて。

じゃあこの金額
でどう
もう少し
まけて!

ビーズの小物入れ。ネコや魚などがかわいい

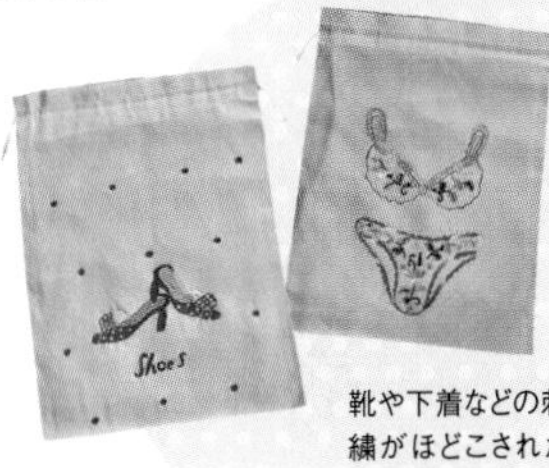

靴や下着などの刺繍がほどこされた袋は種類も豊富

市場内には少数民族のテキスタイルを使った雑貨店が多い

ベトナムらしいお花のピアスやヘアゴムはいくつあってもうれしい

刺しゅうを施した雑貨は女子へのおみやげにぴったり

好みの木型とベルトが選べる、セミオーダーのサンダル

ベトナムらしい古典的な柄は、ショップより市場が豊富

コーヒーを買ったら、ベトナムならではのドリッパーもぜひ

Walking Map "DONG KHOI"

ドンコイ通り

ホーチミンきっての目抜き通りには、
ファッション雑貨やみやげ物、
民族雑貨の店がたくさん。
すてきな外観のホテルや定番観光スポットなど
見どころが多い。

TIME
2時間

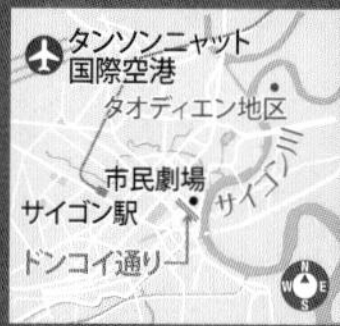

どんなエリア？

サイゴン川から聖母マリア教会までの約2kmの通り。ホーチミン最大の繁華街で、「ベトナムの銀座」とも呼ばれている。

注目のコスメショップ

おみやげにしたいコスメ

A ラポティケア

L'Apothiquaire

スパサロン「ラポティケア」がオープンさせたコスメショップ。オリジナルコスメやマルセイユ石けんなどがそろう。おみやげにも◎。

ドンコイ通り
▶MAP P.213 D-5
🏠41 Dong Khoi, Q.1
㊂市民劇場から徒歩7分
☎028-39325181
🕒9:00〜21:00 ㊡無休

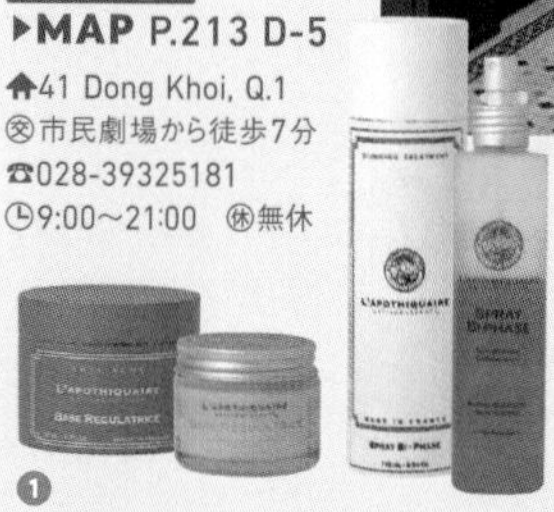

❶テカリを抑えるクリームRegulatrice 130万VND
❷脂肪燃焼に効果的なミストSpray Bi-Phase 120万VND

ドンコイ通りMAP

オリジナルの香水などが作れる

B ラポジー

L'Apogée

新鋭の香水ショップ。お店のタブレットで、60種類の香りから3〜6種類選び、オリジナル香水やボディソープを作成、購入できる。

ドンコイ通り
▶MAP P.213 E-5
🏠25 Dong Khoi,Ben Nghe, Q.1 ㊂市民劇場から徒歩8分 ☎083-3889909
🕒8:30〜20:30 ㊡無休

❶お店のオリジナル香水も。10ml 35万VND（右）、20ml 65万VND（左）
❷ボディソープ36万VND

センス抜群の雑貨店がたくさん

メイド・インベトナムの雑貨がそろう

C デシノ

Desino

自社生産の雑貨を扱うおしゃれな雑貨店。ベトナム産シルクを100%使ったブラウスや、バックやチャームなどの小物も充実。

ドンコイ通り ▶MAP P.212 C-4
🏠10 Nguyen Thiep,Q.1 ⊗市民劇場から徒歩3分
☎028-38220049 ⌚10:00～21:00 ㊡無休

イタリア産の革をつかったハンドバック400万VND、チャーム2万5000VND

肌ざわりがいいシルクのブラウス450万VND

大人かわいいシンプルなデザイン

E ノスビン・スタジオ

Nosbyn Studio

洗練された店内には、シンプルな色合いの洋服が陳列されている。オフィスやフォーマルの場でも着られるような大人女子向けの洋服が中心。オリジナルバッグも販売中。

ドンコイ通り
▶MAP P.213 D-5
🏠77 Mac Thi Buoi, Q.1
⊗市民劇場から徒歩5分
☎0902-602177
⌚9:00～21:00 ㊡無休

明るいイエローのトップス125万VND

落ち着いた雰囲気のブルーのドレス185万VND。パフスリーブでフェミニンな印象をプラス

フランス人デザイナーの布小物

D カトリーヌ・ドゥヌアル・メゾン

Catherine Denoual Maison

上質で高級な布を使った布小物は、フランス人オーナー・カトリーヌさんのセンスが光るものばかり。ポーチやキャンドルなどの雑貨も豊富にそろう。

ドンコイ通り
▶MAP P.212 B-3
🏠38 Ly Tu Trong, Ben Nghe,Q.1 ⊗市民劇場から徒歩7分 ☎028-38239394
⌚9:00～21:00 ㊡無休

バスケット(リネン内布)
106万VND～。サイズは5種類

Topics!

ブランド品からおみやげまで何でもそろう

デパート&ショッピングセンター

涼みながら買い物三昧

ヴィンコム・センター

Vincom Center

7フロアに250店以上が集まる大型ショッピングモール。特に国内外のアパレル用品が充実している

ドンコイ通り ▶MAP P.212 C-3
🏠72 Le Thanh Ton, Q.1 ⊗市民劇場から徒歩3分 ☎028-39369999
⌚9:30～23:00 ㊡無休

なんでも安いローカルショッピングセンター

サイゴンスクエア

Saigon Square

地元の人にも人気のショッピングセンター。3階に分かれており、数百の商店がひしめきあっている。洋服店が多いがベトナムみやげもあり、どれも安く買えてうれしい。

ドンコイ通り ▶MAP P.213 B-6
🏠77-89 Nam Ky Khoi Nghia St.Dist.1 ⊗ベンタイン市場から徒歩3分 ☎店舗によって異なる ⌚9:00～21:00 ㊡無休

旅メモ ドンコイ通りと交わる、マックティブイ通りにも、ショップやレストランがたくさんある。

トンタット ティエップ通り& レタントン通り

TIME 1時間

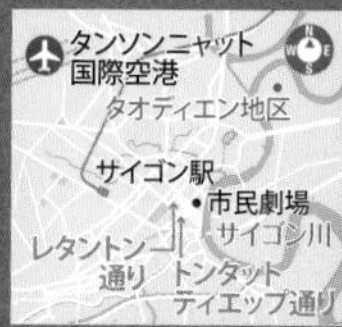

どんなエリア？

2つの通りはパスター通りでつながっているので、3つの通りをあわせて巡ってみても、おもしろい。

外国人オーナーの店が集まるトンタットティエップ通りと刺繍やアクセサリーの店が点在するレタントン通り。アートな雑貨やセンスの光る小物に出会えるはず。

Ton That Thiep St. トンタットティエップ通り

おしゃれなエリアにしようと、外国人オーナーたちが集まり、開拓してきたストリート。新しいショップが続々登場している

ショーウィンドウには、思わず足を止めて眺めたくなる魅力的なアイテムがいっぱい

❶外国人オーナーがつくった通りなので外国系の店が多い ❷通り沿いに、グリーンやピンクなどカラフルな外観のショップが軒を連ねる

雑貨ブームの草分け的存在

Ⓐ キト

KiTO

1階はオリジナルのアオザイや小物、バッチャン焼などが並ぶ。2階にはソンベー焼など南部陶器のアンティークが。保有数国内No.1のソンベー焼コレクションは一見の価値あり。

▶ P.51

飼っている猫とソンベー焼の花柄を手刺繍したポーチ45万VND

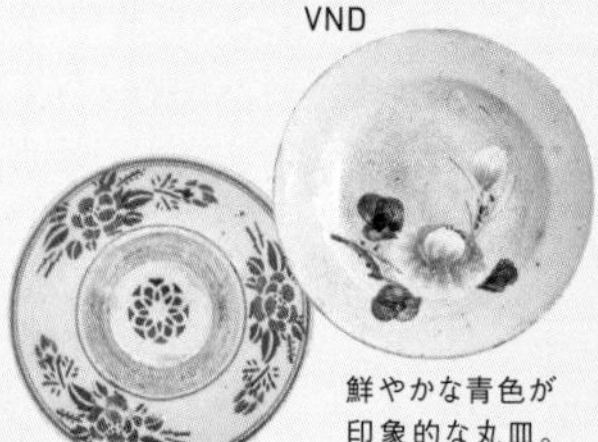

手描きで書かれた花と模様が美しい丸皿。ライティウ焼55万VND～

鮮やかな青色が印象的な丸皿。98万VND～

短い道だけど楽しいね♪

❶店内もキッチュ
❷人気のコースター5万VND～
❸プロパガンダアートのマウスパッド12万VND

西洋と東洋が融合

Ⓑ サイゴン・キッチュ

Saigon Kitsch

デザイナーはフランスとベトナムのハーフ。ベトナムテイストにフレンチエスプリを利かせた品々は独特の雰囲気。

トンタットティエップ通り
▶MAP P.213 C-5
43 Ton That Thiep, Q.1 ㊋市民劇場から徒歩8分 ☎083-38218019
8:00～22:00 ㊡無休

Le Thanh Ton St.
レタントン通り

パスター通りを挟んで西側には、刺繍やアクセのショップ、東側には日本人街があり、日系の店が建ち並んでいる

❶通りの東側には、政府機関の施設として利用されている人民委員会庁舎が。優雅な装飾が美しい　❷日本人街には、のれんや提灯がかかった日本風の居酒屋も軒を連ねる

トンタットティエップ通り&
レタントン通りMAP

キラキラのビーズアクセ

C レハン

Le Hang

スワロフスキーのビーズを使ったアクセサリー専門店。リングやブレスレットなどがそろい、オーダーメイドも可能。

レタントン通り
▶MAP P.212 B-4
🏠101 Le Thanh Ton, Q.1
㊚市民劇場から徒歩8分
☎083-38273596
🕒9:00～20:00　㊡無休

ピアスやイヤリング、ネックレスなどアクセがいろいろ

生活に彩りを添える刺繍の宝庫

D ハーフン・スーベニア・ショップ

Ha Phuong Souvenir Shop

ナプキンやテーブルクロス、枕カバーなど、生活に密着したアイテムが豊富。ベトナムらしい素朴なデザインがかわいい。

レタントン通り ▶MAP P.212 B-4
🏠87 Le Thanh Ton, Q.1　㊚市民劇場から徒歩8分　☎083-38245754
🕒9:00～19:00　㊡無休

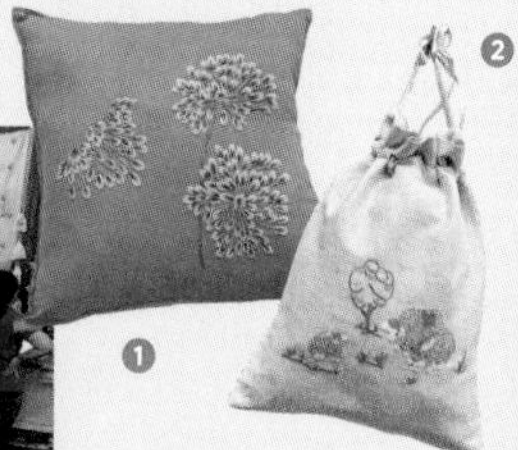

❶❷刺繍が映えるクッションカバーと巾着袋
❸オーダーメイドも可能

旅メモ　人民委員会庁舎はフランス人用のパブリックホールとして建てられたもの。散策途中で寄ってみては？

Walking Map "THAO DIEN"

タオディエン地区

TIME 2時間

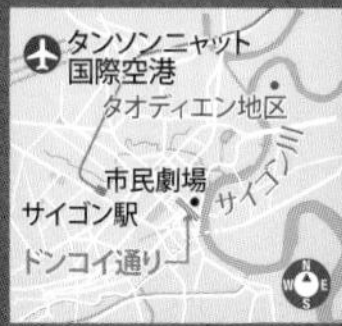

どんなエリア？

近年、おしゃれスポットとして注目を集めているサイゴン川向こうのエリア。ホーチミン在住の外国人が多く住む高級住宅街で、のどかな雰囲気が漂う。中心部からは車で約30分

サイゴン川を渡った向こう側はトゥドゥック市タオディエン地区。今おしゃれエリアとして注目を集めているスポット。川沿いの散策を楽しんだあとは、人気カフェやレストランを訪れよう。

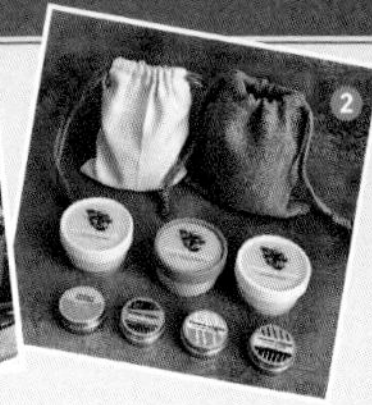

❶庭には大きなプールがついている。パラソルがあるので日差しが強い日も安心Ⓒ
❷美容効果のあるオーガニックココナツクリーム各19万5000VND～Ⓑ

緑豊かで落ち着いた雰囲気のタオディエン地区

テラス席は、遮るものがないパノラマビューⒶ

吹き抜けの店内は開放感抜群Ⓓ

タオディエン地区MAP

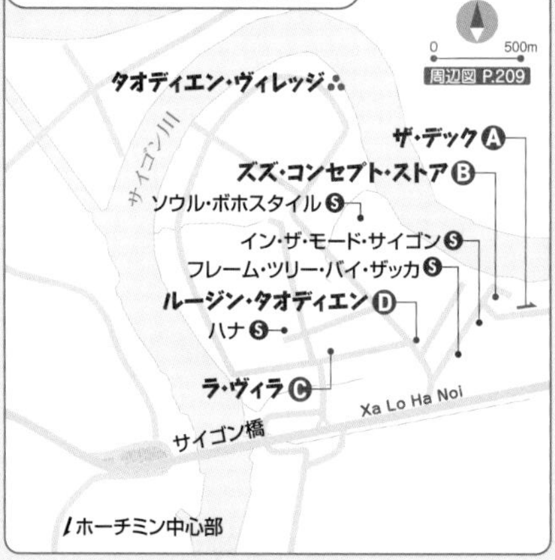

一日ゆったり過ごしたい

リゾートホテル

タオディエン・ヴィレッジ

Thao Dien Village

南国ホーチミンらしい開放的な雰囲気が漂うリゾートホテル。サイゴン川を望むプールもあり、喧騒から離れたリゾート感あふれるひとときを楽しめる。

タオディエン地区 ▶MAP P.209 H-1
197, 197/1 Nguyen Van Huong, Thu Đuc
市民劇場から車で30分　☎083-37442222

絶好のロケーションで
いただくフュージョン料理

Ⓐ ザ・デック

The Deck

ベトナム産の新鮮な素材にこだわった料理を提供するレストラン。サイゴン川にせり出したテラス席で、ロマンチックなサンセットタイムが過ごせる。要予約。

❶サイゴン川を見渡せる開放的な空間　❷前菜、メイン、デザートをそれぞれ選べるランチセットが人気

タオディエン地区 ▶MAP P.209 H-1

🏠38 Nguyen U Di, P.Thao Dien, Thu Đuc　㊌市民劇場から車で30分　☎083-37446632　🕒8:00～23:00　㊡無休

席数が多いのもうれしい

各種ベトナムみやげも扱うカフェ

Ⓑ ズズ・コンセプト・ストア

ZUZU Concept store

ベトナム中部の古民家を改装したカフェ＆ストア。レトロな雰囲気のなかでお茶やペストリーを楽しめる。オーガニックコスメや陶器なども販売。

タオディエン地区
▶MAP P.209 H-1

🏠48A Tran Ngoc Dien, P.Thao Dien, Thu Đuc　㊌市民劇場から車で20分　☎077-914-8390　🕒10:00～17:00　㊡火・水曜

❶オーガニックドライフルーツ3万5000VND～　❷オーガニックティーの茶葉はベトナム中部のダラットのもの　❸緑あふれる開放的なテラス

❶ワインは豊富なラインナップ。本格的なフランス料理と合わせて楽しめる　❷1・2階のほかにテラス席の用意もある。天気の良い日にはぜひ利用したい

南仏の伝統料理をヴィラ風レストランで味わう

Ⓒ ラ・ヴィラ

La Villa

ヴィラ1軒をまるごとレストランに改装。洗練された空間で、地元の食材を使った正統派フレンチを楽しめる。ランチは日替わりセットと2種コースから選べる。

タオディエン地区 ▶MAP P.209 H-2

🏠14 Ngo Quang Huy, P.Thao Dien, Thu Đuc
㊌市民劇場から車で20分　☎083-38982082
🕒11:45～23:30（火曜、水曜は18:00～）、ランチは11:45～13:30、ディナーは18:00～21:30　㊡月曜

カフェ併設のセレクトショップ

Ⓓ ルージン・タオディエン

L'Usine Thao Dien

人気のお店があつまるタオディエン通りにあるカフェ＆雑貨店。倉庫型の店舗は開放的な雰囲気で、1階にカフェ、2階は雑貨が並ぶ。フレンチスタイルのカフェで優雅な時間を過ごせる。

タオディエン地区 ▶MAP P.209 H-1

🏠24 Thao Dien, P.Thao Dien, Thu Đuc
㊌市民劇場から車で20分　☎083-38989111
🕒8:00～21:00　㊡無休

❶店内に描かれた絵もおしゃれ
❷伝統的なベトナムの家の床に描かれていた模様のコースター6枚60万VND　❸店のロゴが入ったオリジナルトートバッグ63万VND

旅メモ　タオディエン地区にはバイクがほとんど通らない。市街中心部と対照的にのどかな時間が過ごせる。

スーパーでGETしたい！

おすすめ バラマキみやげ

現地で愛されている味や日用品はおみやげに最適！リーズナブルだからまとめ買いしよう

調味料・食材

保存がきくインスタントものやライスペーパー、調味料が人気

ライスペーパー（300g）

生春巻を本場の皮で。いろいろなサイズがある Ⓐ

1万8300VND

レモン塩胡椒

魚介との相性がいい、レモンの風味が利いた塩胡椒 Ⓑ 7300VND

チキンヌードル（左）
エビ&ライム風味ヌードル（下）

うまみが詰まった鶏味と、ベトナムらしい酸っぱ辛いエビライム味のカップラーメン Ⓑ

各7300VND

ココナツミルク

ココナツの名産地・ベンチェーで作られたココナツミルク Ⓑ

2万500VND

カシューナッツ

ビールのお供に最適。300gのパッケージ入りで、お酒好きの人へのおみやげに Ⓑ

7万1000VND

フォーボースープの素

定番の牛肉フォーの味わいを家庭で簡単に再現することができる Ⓐ

1万800VND

ブンボーフエスープの素

中部料理・ブンボーフエのスープの素 Ⓐ

6600VND

お菓子

日本ではなかなか見ない、ちょっと珍しいお菓子がたくさんある

ココナツクッキー

保存料無添加の玄米を使ったココナツクッキー。ほのかな甘さが絶妙 Ⓑ

2万8500VND

ミックス・ドライフルーツ

パインやバナナ、マンゴーなど、程よい甘さのドライフルーツ Ⓐ

5万1000VND

カプチーノコーヒーピーナツ

カプチーノ味をまとったピーナツ。やさしい甘さで、地元っ子にも人気のお菓子 Ⓑ

1万9500VND

フルーツ入りホワイトチョコ

パッションフルーツやクランベリー入り Ⓐ

3万8500VND

スイートポテトチップス

スナック感覚で食べられるさつまいものチップス Ⓐ

6万1200VND（250g）

お茶・飲料

ビールやお茶はもちろん、
南国らしいものも豊富にそろう

蓮茶

ベトナムの伝統茶がティーバッグでお手軽に味わえる（20パック入り）Ⓐ

3万2000VND

ツバメの巣ジュース

高級食材であるツバメの巣が入った甘いジュース。白キクラゲ入りⒶ 9200VND

コーヒーフィルター

粉タイプのコーヒー用。ゆっくりと時間をかけてドリップするのがベトナム流Ⓑ

2万2000VND

サイゴンスペシャルビール

フルーティで軽い口あたりが、ローカルっ子に人気Ⓐ 1万3500VND

アーティチョーク茶

中部高原の特産、アーティチョークを使ったお茶。ほんのりとした苦みと甘みが特徴Ⓑ 2万4500VND

砂糖＆ミルク入りインスタントベトナムコーヒー

ベトナムコーヒーでは定番のチュングエン社のものⒶ

5万4700VND

日用品

美容や健康に気を使う
ベトナム女性にも人気の品に注目

美容パック

種類も豊富な香り付きのシートマスクⒷ

各1万1000VND

ハンドローション

伸びがよく、つけごこちの良いハンドローションⒶ

1万7400VND

除菌手洗いジェル

東南アジアで支持される除菌ジェルⒷ

3万2000VND

ホーチミンでおすすめのスーパー

ベトナムの老舗スーパー

Ⓐコープ・マート

Co.opmart

ホーチミン市内だけで30店以上を展開する大手スーパー。食料品や日用品が幅広くそろい、価格もリーズナブル。

デタム通り周辺 ▶MAP P.210 C-5

189C Cong Quynh, Q.1 ㊋ベンタイン市場から車で5分 ☎028-38325239 🕒7:30～22:00 ㊡無休

時間がないときにも安心

Ⓑウィン・マート

Win Mart

ヴィンコム・センターの地下にあるスーパー。同系列のコンビニも合わせると国内に2600店以上展開。生鮮食品や調味料、シャンプーなどの日用品、お酒まで幅広く取り扱っているので、生活必需品やおみやげをまとめて購入できる

レタントン通り ▶MAP P.212 C-3

72 Le Thanh Ton, Q.1 ㊋市民劇場から徒歩6分 ☎097-5033288 🕒10:00～22:00 ㊡無休

Architectural walk to feel France

フランスを感じさせる建築さんぽ

#フレンチコロニアル #人民委員会庁舎
#市民劇場 #聖マリア教会 #芸術的な装飾

ココに注目

時計台下の彫刻

19世紀にフランスで流行していた豪華なレリーフで飾るアンピール様式が取り入れられている。躍動感のある2匹の虎や女性、天使の像はどれもきめ細かな造形

コロニアル建築を象徴するような建物

Must!

優雅な装飾と存在感に圧倒

人民委員会庁舎

Toa Nha UBND T.P.

フランス人用のパブリックホールとして建てられたもので、現在は政府機関の施設として利用されている。

ベンタイン市場周辺
▶MAP P.212 B-4
86 Le Thanh Ton, Q.1 ⊗市民劇場から徒歩3分 ◷9:30～19:00 ㊡見学自由(内部の見学は不可)

夜はライトアップされ、建築の美しさがひき立つ

コロニアル建築って何?

19世紀後半から、ホーチミン(当時はサイゴン)はフランスの統治下におかれていました。この仏領インドシナ時代に、フランスの建築家が建てた数々の建築物をコロニアル建築(フレンチコロニアル)という。アーチ状の天井やアイアンワークが施された窓、白や黄色といった鮮やかな外壁が代表的な特徴です。

ココに注目

ファサードの壁画

装飾デザインはフランス第三共和政時代の様式の影響を受けている

クリーム色の外観が愛らしいドンコイ通りのランドマーク

ココに注目

ステンドグラス

ステンドグラスは戦争中に破壊され、現在は復元されたものが飾られている
※修復工事中は見学不可

レンガなどの建材はフランス本土から運び込まれた

ホーチミンのランドマーク

市民劇場

Nha Hat Thanh Pho

フランス統治時代にオペラハウスとして造られた建物。現在は各種イベントが行われる市民の娯楽の場となっている。

ドンコイ通り周辺
▶MAP P.212 C-4

🏠7 Cong Truong Lam Son, Q.1 ⊗ベンタイン市場から徒歩12分 ☎028-38299976 ⓛプログラムにより異なる ㊡無休 ㊕プログラムにより異なる

AOショーを鑑賞すると、ふだんは見られない内部も見学できる

フランスの建材を使用

聖マリア教会

Nha Tho Đuc Ba Sai Gon

精巧に積み上げることで模様を形作る赤レンガの外壁と、優美な2つの尖塔が目をひくネオ・ゴシック建築の教会。現在修復工事中で、終了は2025年末の予定。

結婚の記念にウエディングドレス姿で記念撮影をするカップルもいる

ドンコイ通り周辺 ▶MAP P.212 B-2

🏠1 Cong Xa Paris, Q.1 ⊗市民劇場から徒歩10分 ☎028-38294822 ⓛ工事期間中は内部見学不可 ㊡無休 ㊕無料

ベトナム随一のパフォーマンスショー

AOショー

AO Show

伝統の音楽、竹や籠などベトナムの文化を取り入れたアクロバット、ダンスなどのパフォーマンスが堪能できるサーカス・ショー。ホーチミンの新しいエンタメとして大人気。スケジュールはHPで確認しよう。要予約。

ドンコイ通り周辺
▶MAP P.212 C-4

🏠7 Cong Truong Lam Son, Q.1 ⊗市民劇場内 ☎084-518118 ⓛ18:00～ ㊡不定休 ㊕A席70万VND、O席115万VND、W席160万VND

旅メモ ホーチミンは「東洋のパリ」と呼ばれ、ドンコイ通りは「ベトナムのシャンゼリゼ通り」と呼ばれる。

フランスを感じさせる建築さんぽ

外壁に繊細な飾りが施されている

ココに注目

アーチ型天井

ヴォールトといわれるアーチ型の天井様式が美しい局内。もともとパリの駅舎だったオルセー美術館をモデルに造られている

壁の装飾が美しい

中央郵便局

Buu Đien Thanh Pho

19世紀末のフランス統治時代に建てられた貴重な建築物。ガラス張りの天井はアーチ状になっており、壁面には近郊の地図などが描かれている。

壁にある
1936年の南ベトナムと
カンボジアの
電信網図

ドンコイ通り周辺 ▶MAP P.212 B-2

🏠2 Cong Xa Paris, Q.1 ⊗市民劇場から徒歩10分 ☎028-38221677 ⓛ7:30～18:00(土・日曜は8:00～17:00) ㊡無休

ココに注目

内部もピンク!

教会内部に入れるのはミサの時間のみ。内装もピンクになっておりステンドグラスもキレイなので一度は入ってみたい

街なかに突然あらわれるピンク教会。日中は多くの観光客でにぎわっている

ひときわ目を引くピンクの教会

タンディン教会

Genic!

Nha Tho Tan Đinh

フランス統治時代に建てられたホーチミンで2番目に大きい教会。バロック風の彫刻や美しいステンドグラスなども見ごたえあり。

市北部 ▶MAP P.210 D-1

🏠289 Hai Ba Trung, Q.3 ⊗統一会堂から車で7分 ☎028-38290093 ㊢ミサ5:00、17:30(日曜は5:00～19:00の間に7回) ㊡無休 ㊮無料

クリスマスから
新年に行われる
ライトアップも◎

Topics!

大人気の美麗寺院を訪ねる。エスニックなヒンドゥ建築にも注目

スリ・タンディ・ユッタ・パニ

Genic!

Sri Thenday Yuttha Pani

1880年に造られたベトナムでは珍しいヒンドゥ寺院。内部は静かで落ち着いた雰囲気。内部には極彩色の彫刻も飾られる。

トンタットティエップ通り周辺 ▶MAP P.213 C-5

🏠66 Ton That Thiep, Q.1 ⊗市民劇場から徒歩10分 ☎なし ⓛ6:00～19:00 ㊡無休 ㊮無料

エンボスタイルが現地でも有名な写真映えスポット

パステルグリーンの壁から床、装飾まですべてが美しい

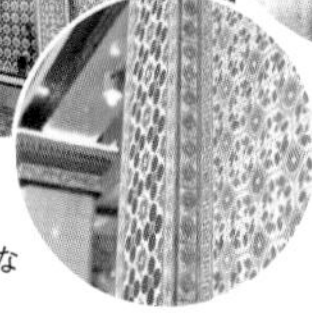

壁や床のタイルはなんと日本製のもの

歴史と文化に触れる

博物館・美術館

美術館や博物館をめぐり、ベトナムやホーチミンの複雑な歴史や文化を学ぼう。建物が見どころの博物館もあるので要チェック。

戦争の傷あとを今に伝える

戦争証跡博物館

Bao Tang Chung Tich Chien Tranh

ベトナム戦争中に実際に使用された武器や、傷あとをとどめた写真や資料などを収蔵。戦場カメラマン・石川文洋の作品も展示されている。

展示から戦争の悲惨さと残酷さを実感する

統一会堂周辺 ▶MAP P.210 D-3

28 Vo Van Tan, Q.3　㊋統一会堂から徒歩12分
☎028-39306664　🕒7:30～18:00　㊡無休　㊕4万VND

革命家の生涯をたどる

ホーチミン博物館

Bao Tang Ho Chi Minh

ホー・チ・ミンにまつわる品物を展示している。革命家としての記録や生涯をたどることができる。博物館周辺は広い庭園で、若かりし頃のホー・チ・ミンの銅像が建てられている。

観光客だけでなく多くのベトナム人も訪れる

統一会堂周辺 ▶MAP P.213 E-8

1 Nguyen Tat Thanh, Q.4　㊋市民劇場から車で10分　☎028-38255740
🕒7:30～11:30、13:30～17:00　㊡無休　㊕無料

市内屈指のコレクション

美術博物館

Bao Tang My Thuat

19世紀から現代までのベトナムと周辺国の美術品を展示。絵画、仏像、彫刻などが鑑賞できるほか、地下にはアートギャラリーもある。建物も興味深く、建築・美術関係の観光をするなら必見。

富豪が暮らした邸宅を利用。豪華な外観に注目

ベンタイン通り周辺 ▶MAP P.213 B-7

97A Pho Đuc Chinh, Q.1
㊋ベンタイン市場から徒歩5分
☎028-38294441
🕒8:00～16:30　㊡無休
㊕3万VND

ベトナム建築界の第一人者、ゴー・ヴィエット・トゥの設計

戦争終結のシンボル

統一会堂

Hoi Truong Thong Nhat

1975年、解放軍が戦車で突入した、ベトナム戦争終結決定への象徴的な場所。会議室、大統領の応接室など100余りの部屋がある。

内閣会議室。ガイドツアーにて内部見学を行っている

統一会堂周辺 ▶MAP P.211 E-3

135 Nam Ky Khoi Nghia, Q.1　㊋ベンタイン市場から徒歩10分
☎028-38223652　🕒8:00～15:30　㊡無休　㊕4万VND

宮殿のような建築も必見

ホーチミン市博物館

Bao Tang Thanh Pho Ho Chi Minh

1890年建造の宮殿風の建物内に、自然・考古学に関するものから、独立戦争の資料まで幅広く展示している。ベトナム共和国初代大統領ジェムが潜伏していた場所としても有名。

地下には統一会堂への秘密通路もある

ドンコイ通り周辺 ▶MAP P.212 B-4

65 Ly Tu Trong, Q.1
㊋市民劇場から車で10分
☎028-38299741　🕒8:00～17:00　㊡無休　㊕3万VND

歴史と文化に触れる

歴史博物館

Bao Tang Lich Su

旧石器時代からベトナム共産党誕生までの歴史的展示物のほか、メコン・デルタ流域の芸術や50以上にも及ぶベトナム少数民族の衣装なども展示されている。敷地内にはサイゴン動植物園がある。

コロニアル建築だが、アジアの雰囲気が漂う

市北部 ▶MAP P.211 G-1

2 Nguyen Binh Khiem, Q.1
㊋統一会堂から車で5分　☎028-38298146　🕒8:00～11:30、13:30～16:30　㊡無休　㊕3万VND

Watch traditional performing arts in Ho Chi Minh

演劇&舞踊&音楽…伝統芸能を堪能する

#水上人形劇 #伝統舞踊&音楽 #陶芸体験
#鉄板エンタメ #不思議な音色 #言葉が分からなくても楽しめる

水上人形劇

人形たちのユーモラスな表情や激しい動きに思わず夢中

ホーチミン唯一の劇場

ロンヴァン水上人形劇

Nha Hat Mua Roi Nuoc Rong Vang

短いストーリーが次々と演じられる。言葉はベトナム語のみだが、農民の生活風景や、ベトナムの伝説などを面白おかしく演じるので、観ているだけで話の筋は理解できる。観劇には予約が必要。

統一会堂周辺 ▶MAP P.211 E-3
55B Nguyen Thi Minh Khai, Q.1
㊋統一会堂から徒歩7分 ☎028-39302196
㋫火・金・日曜の18:30～（上演時間45分）
㊡月・水・木・土曜 ㊎30万VND

ある日のプログラムをチェック

1. 祭りの旗上げ
2. テウさんのナレーション
3. 龍の踊り（4匹の火を噴く龍の共演）
4. 水牛とフルートを吹く子ども
5. 田植え作業
6. カエル採り
7. アヒル農法と狐狩り
8. 釣り
9. 獅子舞
10. 不死鳥（鳳凰）の舞い
11. レロイ王、ホアンキエム湖の伝説
12. 水遊び
13. ボートレース
14. 獅子のボール遊び
15. 仙女の舞い
16. 4匹（龍、獅子、鳳凰、亀）の共演

◀ 人形の声や音楽は舞台袖の演者がその場で担当。舞台をひき立てる

▶ ホアンキエム湖がテーマの物語。船が浮かぶ舞台が本物のよう

◀ 最後に人形たちを操っていたスタッフが登場し、あいさつ

舞踊&音楽

伝統的な舞と音色に酔いしれる

ベトナム北部の山岳地帯に暮らす、モン族の踊りが見どころ

ベトナム固有のさまざまな楽器で演奏され、また民族ごとに独自の伝統音楽がある。楽器は琴や箏、石琴、竹笛、太鼓など種類も多く、素朴で美しい音色を奏でる

夕食と芸能を一緒に楽しむ

ホアマイ・レストラン

Hoa Mai Restaurant

コロニアル調の建物が目をひくレックス・ホテルのショーレストラン。毎晩19時半から独特な民族楽器を使った伝統音楽の生演奏と華麗な民族舞踊が行われ、ベトナム伝統料理を食べながら鑑賞ができる。

ドンコイ通り周辺
▶MAP P.212 C-4
5F 141 Nguyen Hue, Q.1（レックス内）
㊋市民劇場から徒歩3分
☎028-38292185
6:00～23:00 ㊡無休
㊕Ⓓ55万VND～

36本の弦を張り、バチで叩く打弦楽器、ダンタムタップルック

Take a Break ...

陶芸教室で器作り!

1994 セラミック

1994 Ceramic

講師のレクチャーによって初心者でも、マグカップや茶碗などの作品が1.5時間～3.5時間ほどで作れる。

ろくろを使った本格的なコースも

店内では各種陶器も販売している

市南部 ▶MAP P.208 C-5
9 Xom Chi, Phuong 10, D.5 ㊋市民劇場から徒歩3分 ☎0941-705094 9:00～12:00、13:30～16:30
㊡日曜 ㊕15万VND～

Beauty in Ho Chi Minh

スパ&エステでごほうびタイム

#ホテルスパ #1棟まるごとスパ
#コンセプトスパ #こだわりの天然素材

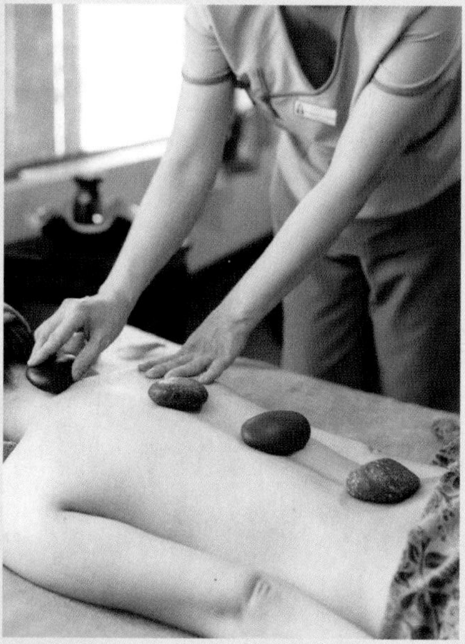

アジアンテイストの静かな施術室。友達やカップルで利用できる個室や、プライベートジャグジーの付いたVIPルームもある

ビルが丸ごとスパ

セン・スパ

SEN SPA

メニューごとに専用のフロアを設けている大型スパ。熟練のスタッフが施すトリートメントは、フットなどの手軽なものから3時間を超えるコースもあり、好みのコースが見つかるはず。スタッフはすべて女性のため、安心して施術を受けられる。

ドンコイ通り周辺 ▶MAP P.212 E-1
🏠10B1 Le Thanh Ton,Q.1 ㊋市民劇場から徒歩13分
☎0907959395 ⏱9:30〜21:00 ㊡無休

日系ホテルで極上スパ

レン・スパ

Ren Spa

5つ星ホテルのホテル・ニッコー・サイゴン内にあるスパ。レンはベトナム語で蓮を意味し、心と体、精神の浄化のシンボル。5つの個室はアロマの香りに包まれ、やわらかな光と落ち着いた雰囲気のなかでリラックスできる。トリートメント製品は、100%オーガニック。日本語メニューもあるので安心。宿泊者は10%割引になるのがうれしい。

市南部 ▶MAP P.208 D-4
🏠235 Nguyen Van Cu,Q.1
㊋ホテル・ニッコー・サイゴン内（→ P.78）
☎028-3925-7777 ⏱13:00〜21:00
㊡無休

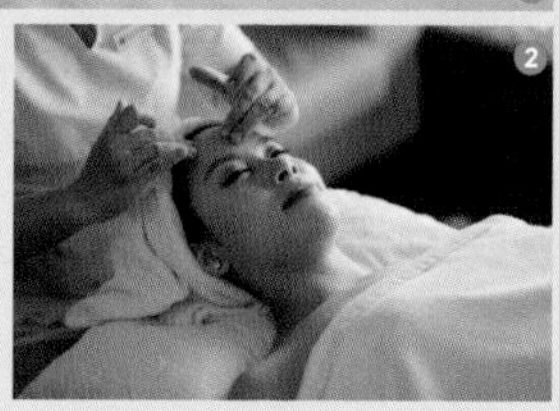

❶蓮・スパスペシャルパッケージは2時間30分250万VND ❷フェイシャルマッサージは4コース各60分140万VND

充実のメニューでトータルケア

スアン・スパ

Xuan Spa

高級ホテル内にあるスパ。植物名がついた各メニューのなかでも、バンブー・トリートメントはカッピングや伝統マッサージなどのベトナムスタイルを取り入れている。そのほか、アーユルヴェーダのコースもある。

ドンコイ通り周辺
▶MAP P.212 D-3
🏠2 Lam Son Sq., Q.1
Ⓧパーク・ハイアット内(→P.79)
☎028-35202356
🕒10:00〜22:00 ㊡無休

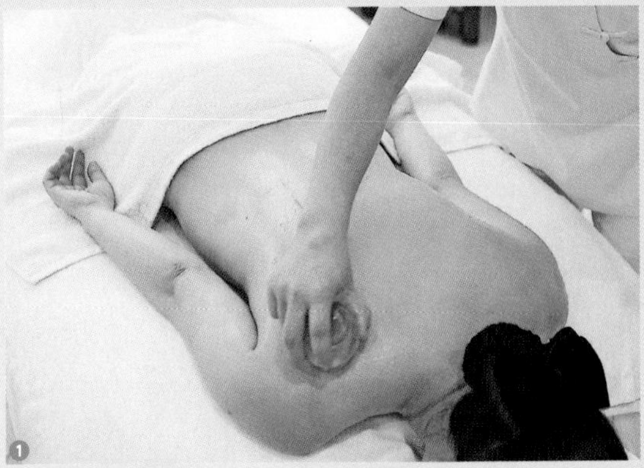

❶伝統のカッピングは、炎でカップ内を真空にして気圧を下げ、血行促進することで老廃物を流す ❷5つ星ホテル内のスパは質も高く、安心 ❸自然光が入るシンプルな部屋

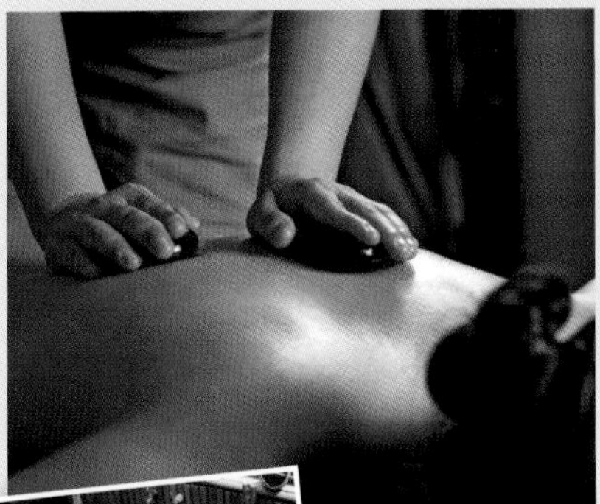

人気のホットストーン60分48万VND。思わず眠ってしまう気持ち良さ

暗い室内で五感が高まる

ノアール・スパ

Noir Spa

コンセプトはノアール（黒）。施術室は間接照明だけの暗い中で、盲目のセラピストが頭からつま先までマッサージしてくれる。優しい香りのする室内で、日々の生活や旅の疲れを癒そう。日本語メニューもあり安心。

市北部 ▶MAP P.211 E-1
🏠178B Hai Ba Trung, Da Kao, Q.1 Ⓧ市民劇場から車で8分
☎0933-022626 🕒10:00~20:00 ㊡無休

白亜のヴィラで極上の時間を

ラ・メゾン・ド・ラポティケア

LA Maison de L'apothiquaire

1950年代に建てられた、白亜のフレンチヴィラ風の優美なサロン。庭にはデッキや、プールが備えられており、街の喧騒を忘れてくつろげる。アラカルトメニューも豊富だが、パッケージメニューを選んで長時間過ごすのがおすすめ。要予約。

市北西部 ▶MAP P.210 C-2
🏠64A Truong Đinh, Q.3 Ⓧ統一会堂から車で10分
☎028-39325181 🕒9:00〜18:00(閉店は21:00) ㊡無休

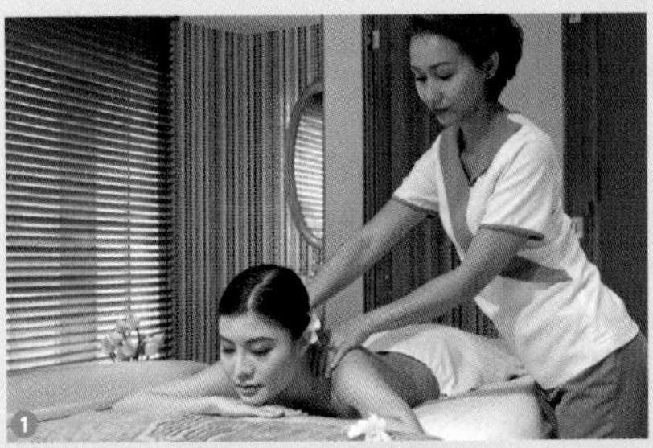

❶オリジナルオーガニックコスメを使って全身をもみほぐしていく ❷フット・マッサージスペース。アンティーク風のイスが愛らしい

Beauty in Ho Chi Minh

ちょっとひと息パーツケア

#フットマッサージ #ヘアスパ
#ネイルサロン #こだわりの天然素材

フットマッサージ

周りを気にせずゆっくり

スパ・ギャラリー

Spa Gallery

フットはもちろんボディ、ホットストーンマッサージなどもあり、30〜120分まで選べる。料金は全てチップ、ハーブティー込み。施術後はハーブティーでリラックスしよう。

ドンコイ通り周辺
▶MAP P.212 D-2

15 Bis Thi Sach, Q.1
市民劇場から徒歩5分
028-66569571
10:00〜23:30 (休)無休

おすすめMENU
フットマッサージ
90分／48万VND

マッサージで使われるオイルやクリームは販売もしている

ていねいな施術とここちよさで人気

ミウミウ 2号店

miumiu2

リーズナブルな料金で、在住日本人にもファンの多いマッサージ店「miumiu」の2号店。清潔でここちよい雰囲気、接客と施術のていねいさが評判。事前にオーダー表に要望を記入するので、言葉が通じなくても好みの施術が受けられる。

ドンコイ通り周辺
▶MAP P.212 D-1

2B Chu Manh Trinh St. Q1 市民劇場から徒歩13分 028-66802652
9:30〜22:00(閉店は23:00) (休)無休

おすすめMENU
フットマッサージ
70分／36万VND
90分／45万VND
120分／56万VND

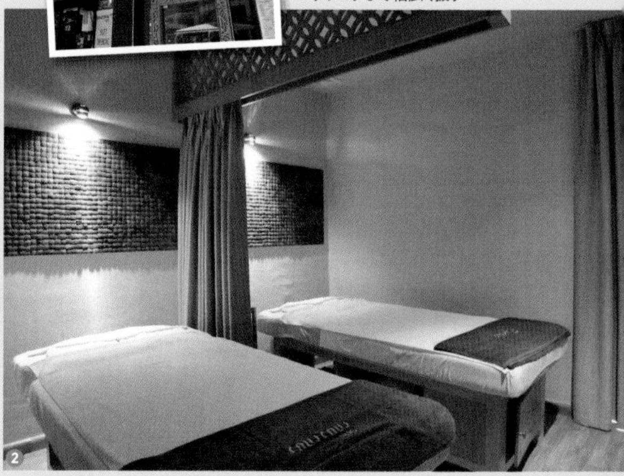

❶レタントン通りに近く、在住日本人に愛されている ❷指圧からハーブマッサージまで幅広く扱う

ヘアスパ

高い技術をもつ日系ヘアサロン

アッカ

Hacca for Hair

日本人オーナーが営むヘアサロン。ヘアセットはもちろん、確かな技術に基づいたヘッドスパやトリートメントが受けられるとあって、現地在住の日本人からも高い評価を受けている。特に漢方ヘッドスパは美容効果も高い。

ベンタイン市場周辺
▶MAP P.213 A-5
3F, 122 Le Thanh Ton, Q.1
ベンタイン市場からすぐ　☎07-96776848
10:00～20:00（日曜は9:30～19:30）
㊡月曜

おすすめMENU
ヘアセット
50万VND～90万VND

❶暑いホーチミンの街を散策したあとのリフレッシュに最適　❷スパにはオリジナルの漢方クリームを使用

ネイルサロン

色とりどり、柄もさまざまなネイル見本も用意されており、ここからデザインを選べる

トレンドネイルをリーズナブルに！

フェイム・ネイルズ

Fame Nails

ベトナム在住の欧米人に人気のネイルサロン。ベトナム人オーナーのローカル店だが、英語が通じるので安心。スタッフの技術は確かで、手ごろな価格で満足のいくネイルが手に入る。

ドンコイ通り周辺 ▶MAP P.212 D-4
45 Mac Thi Buoi, Q.1　市民劇場から徒歩3分
☎028-62671188　9:00~18:30（閉店は19:00）　㊡無休

おすすめMENU

クラシックマニキュア	スパマニキュア
30分／11万VND～	60分／18万VND～

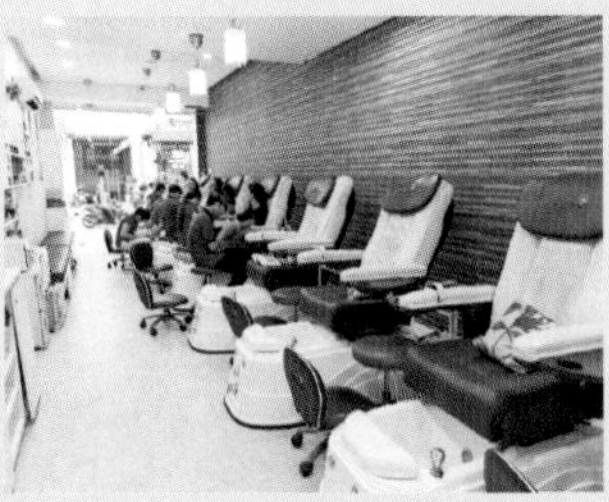

赤と白のインテリアが印象的な店内

Stay in Ho Chi Minh

歴史あるコロニアルホテルで過ごす

#著名人も宿泊 #白亜のホテル
#伝統あるホテル #ラグジュアリーステイ

芸術的なデザインが
随所に見られる

著名人にもこよなく愛される
憩いの空間

コンチネンタル

Hotel Continental Saigon

かつてのオペラハウス（現在の市民劇場）を訪れた人々の社交場として愛されてきた、ベトナムでもっとも古いホテル。フランス映画『インドシナ』の舞台になったことでも知られている。

ドンコイ通り周辺
▶MAP P.212 C-4
🏠132-134 Dong Khoi, Q.1
㊋市民劇場からすぐ
☎028-38299201
㊊Ⓢ US$112～ Ⓣ US$138～（早期予約割引あり）
※料金には、別途付加価値税（VAT）10%と、サービス料5%がかかります。

❶1880年にフランス人により設計されたコロニアル建築の傑作。街のなかでもよく目立つ ❷著名人に愛された中庭のカフェもすてき ❸木の温もりがここちよい客室。ゆったりと落ち着いた時間が過ごせる ❹メインダイニングの雰囲気も◎

Take a Break ...

ホテルのランチビュッフェもおすすめ

ソフィテル・サイゴン・プラザのランチビュッフェではおいしいフレンチが味わえる。なかでも、自家製パンは絶品。営業は11:30～14:30なので、予定を合わせていこう。

サイゴン川沿いの優雅なホテル

マジェスティック

Hotel Majestic Saigon

1925年創業、1995年に改装した老舗ホテル。白亜の外観と時代を物語るアールデコ調のたたずまいは、だれもがあこがれる異空間。古きよき時代に思いを馳せながら、ゆっくりとした時を過ごしたい。

ドンコイ通り周辺 ▶**MAP** P.213 E-5

1 Dong Khoi, Q.1　㊝市民劇場から徒歩10分

☎028-38295517　㊗Ⓢ Ⓣ US$137～

サイゴン川を一望できる 抜群のロケーション

❶アーチ形のエントランスなど、美しい曲線を特徴とした風格のある雰囲気。街歩きの起点にもなる　❷中庭にはプールもあるので水着を持参しよう　❸木肌の温もりが、癒しの空間を演出　❹長い歴史を感じさせる木製のら旋階段

かつての役所を利用 王冠マークのグッズが人気

❶コロニアルホテルとして有名だったレックスがリニューアル。カースペースも広くなり、より快適に　❷シンプルでモダンなヨーロッパスタイルの客室

伝統を重んじた威厳あるホテル

レックス

Rex Hotel Saigon

グエンフエ通りとレロイ通りが交差する一角に建つ、黄金色に輝く王冠を掲げたホテル。モダンなヨーロッパスタイルの外観で、風格あるたたずまい。サービスも一流。

ドンコイ通り周辺 ▶**MAP** P.212 C-4

141 Nguyen Hue, Q.1　㊝市民劇場から徒歩3分

☎028-38292185　㊗Ⓢ Ⓣ US$227～(早期予約割引あり)

旅メモ　階数表記はイギリス式の場合があり、1階が「GF」、2階が「1F」となるので注意。

Stay in Ho Chi Minh

贅沢なホテルで過ごす最高のひととき

#安心の日系ホテル #コロニアル様式 #ベトナム随一のホテル
#屋上の眺望が最高 #高級ホテルなら間違いなし

サービスが行き届いた
快適な日系ホテル

ホテル・ニッコー・サイゴン

Hotel Nikko Saigon

優雅で洗練された日本の「おもてなし」を体感できる日系ホテル。朝・夕にインターナショナルビュッフェを提供しているレストランやスパ、フィットネスセンターなどが館内にあり、日本人観光客やビジネスマンにも人気。日本語スタッフも常駐。

市南部 ▶MAP P.208 D-4
235 Nguyen Van Cu, Q.1
ⓧベンタイン市場から車で8分
☎028-3925-7777
㊕ⓈⓉUS$150~

❶5階にはプールがある。都会の真ん中でリゾート気分を味わおう ❷デラックス・ダブル・ルーム。白く清潔な客室 ❸2階にあるオールデイダイニングの「ラ・ブラッセリー」(→ P.38)。国際色豊かなフードがそろう

目を見張る高層ホテル

カラベル

Caravelle Saigon

24階建ての高層階にあるバーからの眺望はホーチミン随一。レストランからはライトアップされた市民劇場を眺めることができ、宿泊しなくても訪れたい。

ドンコイ通り周辺 ▶MAP P.212 D-4

🏠19-23 Lam Son Sq., Q.1 ⊗市民劇場からすぐ ☎028-38234999 料ⓈⓉUS$179～ 日本予約FREE0120-557537（ワールドホテルズ）

ドンコイ通りとレロイ通り沿いにあり、買い物や観光には申し分ない立地

ハイセンスな客室で多くのファンをもつ

パーク・ハイアット

Park Hyatt Saigon

最新設備を備える高級ホテル。トロピカルガーデンに囲まれた屋外プールはリゾート気分満点。ホテル内の「スアン・スパ（→P.73）」も人気。

ドンコイ通り周辺 ▶MAP P.212 D-3

🏠2 Lam Son Sq., Q.1 ⊗市民劇場からすぐ ☎028-38241234 料ⓈⓉUS$330～ 日本予約☎0120-923-299

ホーチミンの中心部、ラムソンスクエアにあるコロニアル様式のホテル

ラグジュアリーな滞在を楽しむ

インターコンチネンタル・サイゴン

InterContinental Saigon

モダンな客室には最新設備が配され、いごこちがいい。中華やイタリアンとさまざまなレストランがそろう。

ドンコイ通り周辺 ▶MAP P.212 B-1

🏠Corner of Hai Ba Trung, Q.1 ⊗市民劇場から徒歩10分 ☎028-35209999 料ⓈⓉUS$209～

観光名所に近く、アクセスが便利

屋上レストランからの眺めが自慢

プルマン・サイゴン・センター

Pullman Saigon Centre

ベンタイン市場など観光スポットの近くにある高級ホテル。306ある客室は快適さと使いやすさを兼ね備える。屋上レストランでは街の景色を眺めながら、おいしい料理が味わえる。

市南部 ▶MAP P.209 E-4

🏠148 Tran Hung Dao, Q.1 ⊗市民劇場から車で10分 ☎028-38388686 料ⓈⓉUS$135～ 日本予約FREE00531-61-6353（アコー予約サービス）

都会的で洗練された雰囲気の5つ星ホテル

サイゴン川を望む贅沢な場所

ロッテ・ホテル・サイゴン

Lotte Hotel Saigon

ホスピタリティの高さを感じる韓国系の有名ホテル。プールやジム、滞在中にうれしいランドリー設備などサービスも充実している。

ドンコイ通り周辺 ▶MAP P.212 E-3

🏠2A-4A Ton Đuc Thang, Q.1 ⊗市民劇場から徒歩15分 ☎028-38233333 料ⓈⓉUS$155～

ドンコイ通りが徒歩圏内の大型ホテル

豪奢な装飾が自慢のアジア最高級ホテル

ザ・レヴェリー・サイゴン

The Reverie Saigon

ベトナム随一のゴージャスホテル。 最高峰のイタリアンデザインを取り入れた豪華な装飾を誇る。

ドンコイ通り周辺 ▶MAP P.213 D-5

🏠Times Square 22-36 Nguyen Hue, Q.1 ⊗市民劇場から徒歩6分 ☎028-3823-6688 料ⓈⓉUS$325～

豪奢な装飾が自慢のアジア最高級の6つ星ホテル

旅メモ ベトナムのホテルには窓のない部屋がある。窓のある部屋を希望するなら予約時に伝えよう。

ホーチミンから足をのばして

情趣あふれるメコン・デルタの街を訪ねる

#三角州　#ワイルドなクルーズ体験　#ベトナム戦争の遺構も

中国から南シナ海に注ぐメコン川。ホーチミンから約2時間ほどで、その雄大な大河に出会えます。水の都に住む人々の暮らしにふれてみませんか？

メコン川に沈みゆく美しい夕日。船の行き交う様子は古きよきベトナムの風景

メコン・デルタって何？

メコン・デルタは世界第12位の長さを誇る大河が、長い年月をかけて生み出した三角地帯。平均標高2mと非常に平坦な地形が特徴で、常に水量が多く、動植物を育んでいる。

MAP P.207 B-5

カントー

Can Tho

カントーはメコン・デルタ最大の街。ここではぜひ、早朝から開かれる水上マーケットへ。ベトナムの日常の風景や地元の人々の熱気を体感できる。

水上マーケット

メコン・デルタMAP

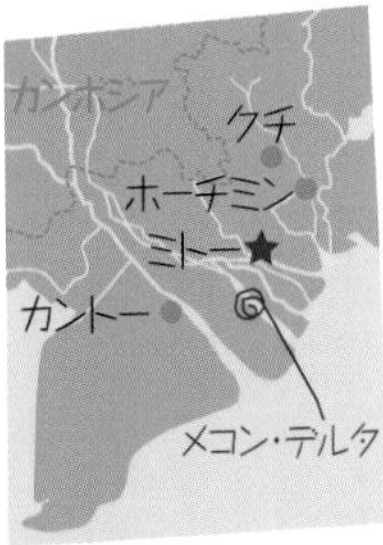

カントーのメインストリートに立つホー・チ・ミン像

水上に建てられた家も見どころ

活気あふれる水上マーケット。野菜や果物、めん類までさまざまなものが売られている

ミトー

My Tho

メコン・デルタの一郭にある川辺の街ミトー。ここで人気なのは、デルタに浮かぶ中州の島へのクルーズツアー。ベトナムの自然を満喫できる。

ジャングルクルーズ

\ START /

1 ヴィンチャン寺を見学

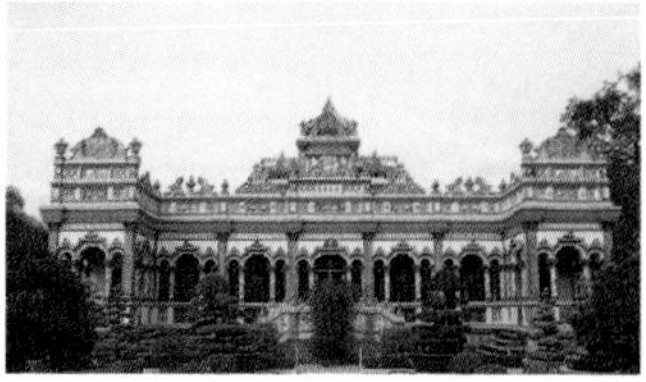

まずはミトー近郊の仏教寺院を見学。1849年に開かれたフランス装飾寺院で、その美しさは必見。

2 中州の島をのんびり散策

島にはライスペーパー工場、果樹園、ココナツキャンディ工場などがあり、見学＆試食も可能。

島には美しい花が咲き乱れている

3 いよいよジャングルクルーズへ出発！

ハイライトは手こぎボートでのクルージング。メコン川の風と豊かな緑を体感できる。

4 ランチではメコン川名物を味わう

ランチにはベトナムではおなじみの象耳魚をいただく。クセのないあっさり味が特徴。

クチ

Cu Chi

ベトナム戦争当時、「鉄の三角地帯」と呼ばれていたクチ。地下に張りめぐらされたトンネルの長さはなんと約250km。戦争の記憶を今に伝える、重要な観光スポットのひとつ。

トンネルを探検

待ち伏せに使った縦穴。ちょっと見ただけでは分からない

しゃがんだままでないと移動できないトンネル内部

忠実に再現された会議室。奥にホー・チ・ミンの写真も

遺棄されたままの戦車

ベトナム戦争をおさらい

第1次インドシナ戦争後、南北に分断されたベトナムはアメリカの介入により第2次インドシナ戦争（ベトナム戦争）に突入。その後、南ベトナム解放民族戦線のゲリラ戦や、アメリカ軍の空爆などで泥沼化。アメリカは世界の世論から非難され、1975年に終戦となった。

ホーチミン中心部から足をのばして

市内唯一の中華街チョロンでお買い物

#活気あふれる街 #まとめ買いならここ #リーズナブルな雑貨がたくさん

ホーチミン唯一のチャイナタウン、チョロン地区。メインストリートのチャンフンダオ通りの周辺は問屋街になっており、活気あふれた店が並ぶ。

どんなエリア?

ホーチミンの中心から南西へ5kmほど行ったところにある地区。18世紀頃に多くの華僑が移住し始め、中国色の濃いエリアとなる。中国系の寺院や教会など、観光スポットも多い。

MAP P.208 B-5

ビンタイ市場の食器や食品を扱う区画。格安で大量に販売

2階建てで、各フロアの端から端まで店がいっぱい

チョロン地区最大の市場

ビンタイ市場

Cho Binh Tay

チョロンの西側にある問屋街の中心にある市場。食器や服飾、生活雑貨、食品、ベトナムみやげなど、さまざまな商品をまとめ売りしている店が集まる。

小皿は1万5000VND(10枚)。大半の商品はセット販売

MAP P.208 B-5

57A Tran Muoi, Q.6 ㊋ベンタイン市場から車で20分

☎028-8571512

5:00～19:30(日曜は20:00、店舗により異なる) ㊡無休

ナッツやドライフルーツなどの食品も大量にそろう

アクセサリーパーツの宝庫

ダイクアンミン・モール

Cho Đai Quang Minh

ビーズやタッセル、リボンやチェーンなどを扱う店が集まる手芸市場。狭いモール内に大量の商品が積まれ、まるで宝探しをしている気分に。日本では高い商品も格安で手に入る。

MAP P.208 B-5

31, 33, 35 Chau Van Liem, Q.5 ㊋ベンタイン市場から車で15分 8:00～18:00(店舗により異なる) ㊡無休

❶無造作に積まれた商品のなかから、お目当てのものを見つけて ❷小袋に入った美しいラインストーンなどもお得 ❸店にもよるがビーズやストーンは1袋約3万VND～。色もサイズも豊富

花柄のプラかごバッグ6万VND。さわやかな色合い

かわいいプラかごがたくさん

チートゥ Chi Tu

店内にはカラフルで多彩なデザインのプラかごが所狭しと並べられている。宝探し感覚でお気に入りを見つけたい。制作期間約10日～1か月で好みの色でのオーダーも可。

MAP P.208 B-5

21 Le Quang Sung, Q.6 ㊋ベンタイン市場から車で20分 ☎028-38551670

6:00～17:00 ㊡無休

何を楽しむ?

HA NOI

KEYWORD

早わかり

KEYWORD

グルメ

KEYWORD

ショッピング

KEYWORD

観光スポット

KEYWORD

スパ&エステ

KEYWORD

ステイ

OTHERS!

PICK UP AREA

Ha Noi

Tourist spots in Ha Noi

多くの緑と湖があり、
穏やかな時間が流れている

Take a leisurely stroll through
this historic town that is steeped in legend.

木々に囲まれたホアンキエム湖の中
心にある玉山祠。ライトアップされた
姿は昼間とは違った印象を受ける

ベトナム風の甘辛つけ麺ブンチャー。試したいローカルグルメのひとつ

Ha Noi,Quick Guide

ハノイ早わかり

細い路地が入り組んだ旧市街が、観光のメインエリア。ホテルやレストランなどもホアンキエム湖周辺に集中している。ホーチミン廟周辺での歴史散策もおすすめ。

どんな街？

首都でありながら、多くの緑と湖があり、穏やかな時間が流れているハノイは、アジアの喧騒とのんびりとした時間が交じり合う魅力的な街。旧市街での買い物や名物グルメなどハノイの日常を楽しもう。

人口 約844万人(2022年)
面積 約3360k㎡

奇岩が浮かぶ神秘の世界

Genic!

ハロン湾 Ha Long Bay

世界遺産に登録されているハロン湾。時間によって表情を変える絶景を贅沢にのんびりと満喫しよう。▶P.136

バッチャン焼誕生の村

バッチャン Bat Trang

小さな村には100軒ほどの工房があり、村民のほとんどが陶器作りを行っている。さまざまな陶器がそろうので、じっくり探してお気に入りを見つけよう。▶P.138

ベトナム伝統の木版画を作る村

ドンホー Dong Ho

16世紀頃から、伝統の木版画が制作されてきたドンホー村。今も残る希少な伝統工芸を探しに行こう。▶P.139

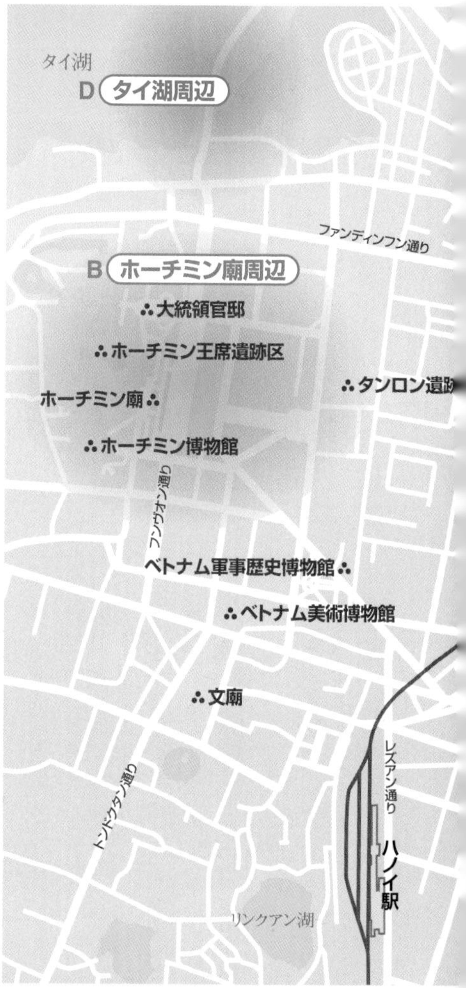

地元の人たちの憩いの場として定着

A ホアンキエム湖周辺

Ho Hoan Kiem

ホアンキエム湖周辺にはハノイの最旬ブティックが点在。センスのよいファッション雑貨が手ごろな価格で手に入るので、観光客に人気のエリアとなっている。湖沿いのベンチでまったりしても◎。▶P.122

歴史的な施設が集まるハノイ随一の観光名所

B ホーチミン廟周辺

Lang Chu Tich Ho Chi Minh

タイ湖の南には、ベトナムの歴史に関わる施設が点在している。ホーチミンの家や墓所、ベトナム初の大学跡となる文廟、タンロン遺跡など、歴史さんぽを楽しもう。▶P.122

職人が集まる通りで匠の技を見学

Must!

C 旧市街 Khu Pho Co

細い道が入り組み、独特の情緒が漂うエリア。36業種の職人たちが、それぞれの職種ごとに通りに分かれて住んでいたことから別名「36通り」とも。職人が店先で作業をする様子が見られる。▶P.118

悠然とした景色が魅力的と評判!

D タイ湖周辺 Ho Tay

周囲約14kmのハノイ最大の湖、タイ湖を中心としたエリア。湖周辺は高級ホテルやセンスのよいショップ、セレブレストランが点在。価格帯は高めながら洗練された店が多い。

IN HA NOI

3NIGHTS 5DAYS

3泊5日王道モデルプラン

Day 1

ハノイ初日は大教会周辺を散策♪

南国フルーツを使ったものや冷たいケムなどハノイっ子も大好きなスイーツを楽しもう

3

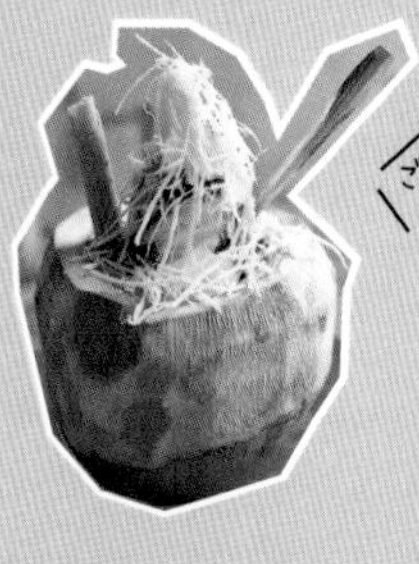

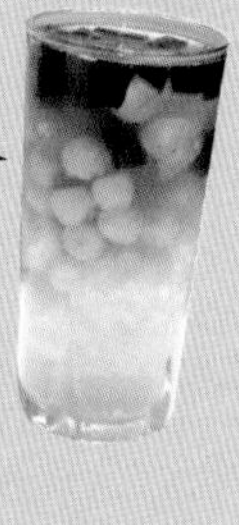

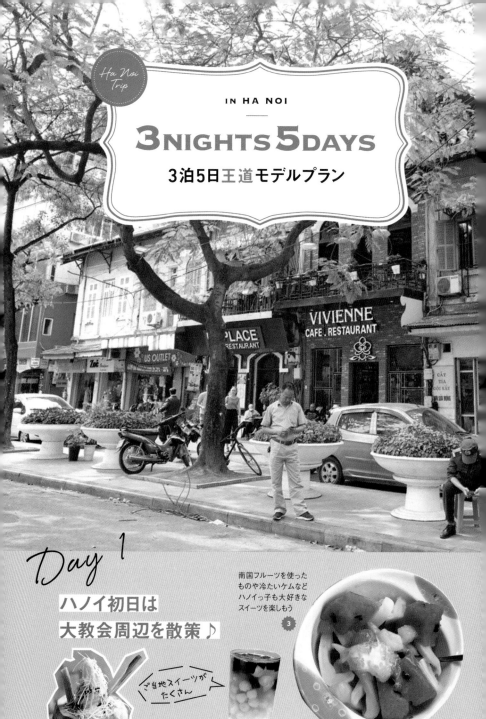

旧市街にあるビスポーク・トレンディ・ホテル・ハノイは観光拠点に最適

15:30 **到着したらホテルへGO!** ▶P.134

空港からホテルまではタクシーで約40分。ハイセンスなホテルにチェックイン。 (1)

16:00 **大教会周辺をぶらぶら散策♪** ▶P.112

おしゃれにリノベーションした個性派ショップやカフェが集まるエリア。散策しながらかわいい雑貨をゲット♡ (2)

17:00 **ちょっとお腹が減ったら ローカルスイーツ** 付録▶P.13

いろんなところにストリートスイーツ店がたくさん。散策でお腹が減ったら試してみよう。 (3)

19:00 **夕食はハイフォン名物 バインダークア** ▶P.98

初日の夕食は港町ハイフォンが起源の名物麺を。だしが染み込んだ赤茶色の平麺に大満足!! (4)

大教会周辺には雑貨やカフェがたくさん。散歩するだけでもハノイの雰囲気を味わえる

ハイフォン料理を提供するアン・ビエンのバインダークア

大教会周辺にあるタンミー・デザインには日常で使える雑貨が多い。色も柄もよりどりみどり

3NIGHTS
5DAYS
王道
モデルプラン

Day 2
ハノイらしいカフェやスポットを堪能

あっさりとした味と野菜多めのフォーは朝食に◎

08:30 朝食はお腹に優しいフォー ▶P.96

ハノイといったらフォーはマスト。すっきり優しいスープが寝起きの体に染みわたる～。

10:00 旧市街で掘り出し物をGET ▶P.118

職人が集まり独特な雰囲気が漂う旧市街へ。のんびり散策を楽しもう。 ❶

12:00 ランチは老舗店のブンチャー ▶P.109

旧市街の中にある人気店、ダックキムで甘辛い味付けのベトナム風つけ麺を食べよう。 ❷

13:30 カメラ片手にコロニアル通りへ ▶P.124

インスタ映えスポットとして人気のコロニアル建築が並ぶ通り。周辺にはおしゃれなバースポットも点在する。

14:30 テラス席が気持ちいい古民家カフェでひと休み 付録▶P.8

築100年以上の古民家を使ったカフェでひと休み。屋上のオープンテラスから、ホアンキエム湖を眺めてゆっくりと過ごしたい。 ❸

16:00 伝統芸能の水上人形劇を鑑賞 ▶P.140

ハノイ発祥の伝統エンターテインメントを鑑賞。生きているような躍動感に目が離せない。 ❹

19:00 夕食は野菜がたっぷりオンした名物フォーチエン ▶P.99

フォーを揚げた料理。チュックバックの名物なので、ハノイに来たら一度は食べるべし! ❺

❸ ホアンキエム湖を望むオープンカフェが人気のカフェ・フォーコー。のんびりブレイクタイムしたい

❶ 旧市街は通りごとに同じジャンルの職人が店を構えていて、何を買いたいかで通りを選ぼう

❺ 細く切る前の麺をそのまま揚げたフォー。専門店のフォーク・オン31が人気

❷ 創業55年以上の老舗ダックキムのブンチャー。麺は店で作っている

ベトナムの民族雑貨ホーローもおみやげにおすすめ

カフェ・フォーコーのエッグ・ミルク・コーヒー（手前）。絶景とともに味わう名物コーヒーは最高

4

タンロン水上人形劇場はホアンキエム湖すぐにある。ベトナムの神話や人々の生活を人形たちが生き生きと表現

3NIGHTS 5DAYS
王道
モデルプラン

ハロン湾クルーズはツアーで申し込むのが簡単

08:00 雄大な景色を堪能!
ハロン湾ツアーに参加 ▶P.136

世界遺産に登録されているハロン湾をクルージング。時間によって表情を変える絶景をのんびり満喫しよう。 1

19:00 元米大統領も来店した店で
揚げ春巻きを楽しむ ▶P.97

オバマ元米大統領が来店し、世界的に有名なブンチャー・フォン・リエン。「コンボ・オバマ」セットを堪能しよう。 2

20:30 ここちよい空間で
ベトナムコーヒーを味わう 付録▶P.9

ベトナムの代表的なコーヒーといえばエッグコーヒー。ホイップした卵との相性が◎! 3

1

ハロン湾クルーズは約4時間。見渡す限りの絶景を思う存分楽しめる

クリーミーな味わいのエッグコーヒーは、一度は試したい

3

75年以上続くザン・カフェは、エッグコーヒー発祥の店

Day 3

ハノイからの小旅行で人気の高いハロン湾。奇岩の海を贅沢にクルーズ

世界遺産!
ハロン湾クルーズを満喫

2

ブンチャー・フォン・リエンの揚げ春巻き。ヌクマムベースのさっぱりたれをつけて召し上がれ

コロニアル建築の大劇場は、
パリのオペラ座を模している

Day 4

最終日はアオザイを着て歴史散歩をEnjoy♪

③ ブンダウにつけるマムトムは
クセがある個性的なタレ。
レッツチャレンジ!

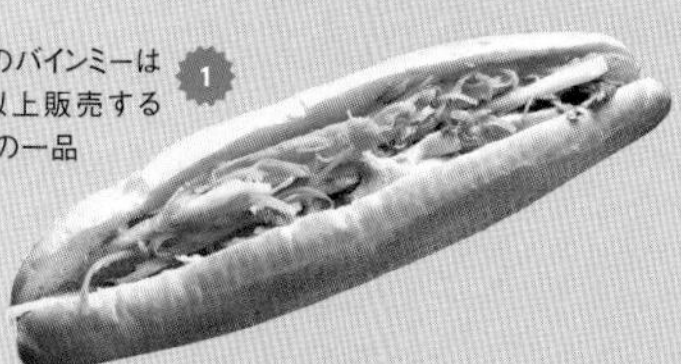

① バインミー25のバインミーは
1日400個以上販売する
地元でも人気の一品

④ おみやげのブックカバー
はおそろで!

08:00 朝カフェでバインミー ▶P.121

人気のバインミー25でふんわりしたパンが特徴のバインミーを、ベトナムコーヒーと一緒に食べよう。①

↓

10:00 歴史スポットはアオザイを着て行こう! ▶P.124

アオザイをレンタルしよう。そのまま歴史スポットを散策するのもおすすめ。②

↓

12:30 オープンエア席でブンダウランチ ▶P.98

屋台のような雰囲気が楽しめるクアンアンゴンへ。素材のうまみを感じられる絶品ブンダウを。③

↓

15:00 大教会周辺でおみやげ探し! ▶P.112

帰り時間ギリギリまでお買い物! 初日に気になっていた刺繍小物をゲット。④

↓

19:00 最後の晩餐は名物鍋チャーカー ▶P.99

最終日はハノイ生まれの名物鍋を。これぞベトナム!といった味を楽しみつつ、思い出話に花を咲かせよう。

↓

24:00 深夜便で帰国、早朝日本着

BOOK CAFE

ハノイでベトナムの歴史を学ぶ

長い間、中国やフランス、日本の占領下にあったベトナム。その歴史的背景は現在も色濃く残っている。歴史を知ればもっとベトナムの魅力を感じられ、旅行も楽しくなるはず！

#ベトナム最初の長期王朝「李朝」

唐代末期の混乱期を経て、ベトナム人独立の動きが高まり、1009年、李公蘊（リ・コン・ウアン）が李朝を興す。国号は大越国を用い、都はハノイ。ベトナム最初の長期王朝となった。当時はタンロン（昇竜）と呼ばれ、世界遺産にもなっているタンロン遺跡（→P.123）は、王城の中枢部にあたる。1802年の阮朝成立まで、タンロンは歴代ベトナム王朝の首都として繁栄する。

1070年に設立されたベトナム最古の大学・文廟は李朝時代に設立

#独立を回復したレ・ロイ王

ホアンキエム湖の名前は、レ・ロイ王の伝説が由来になっている

15世紀になると再び中国がベトナムに侵攻したが、占領は長く続かず、1428年、レ・ロイ王が反乱を起こし、黎朝を建て再度独立を果たす。

#内乱時代を経て阮（グエン）朝が誕生

16世紀になると有力な将軍が各地で台頭し、長期内乱の時代に突入。そんななか、1802年、フランス人ピニョーの援助を得て阮福暎（グエン・フック・アイン）が阮（グエン）朝を興す。都は中部のフエ（→P.166）。その後、タンロン（昇竜）はハノイ（河内）に改められ、阮朝は清から越南国としてベトナム統治を認められ、朝貢関係を築いた。

阮朝王宮は人気の観光スポット。太和殿は中国の紫禁城を模した建物で必見

前207	チョウ・タ（趙陀）が南越王国を建国
前111	南越王国は前漢武帝により征服され、以後およそ1000年間、中国の支配下に
939	ゴ・クエン（呉権）によって約1000年ぶりに中国の支配から脱出
1009	李朝の誕生　李公蘊が李朝を設立。翌年タンロン（現ハノイ）に遷都。ベトナム最初の長期王朝
1225	陳朝の誕生　李朝の女帝・昭皇が退位し、チャン・タイ・トン（陳太宗）に譲位。陳朝が成立
1428	黎朝誕生　中国（明）軍を撃退したレ・ロイ（黎利）が即位、黎朝が成立。首都をトンキン（東京）に改称、国号をダイ・ヴィェト（大越）とする
1497	黎朝第5代国王レ・タイン・トンの死後、黎朝は弱体化
16世紀	南北分裂　ベトナムは南北に分裂状態となる。北部は鄭氏、南部は阮氏の支配
1773	西山党の乱。阮氏三兄弟らが反乱を起こす
1778〜1802	西山党の乱の領袖であった阮恵は、鄭氏の北部と阮氏の南部を統合、西山朝を築くが政権弱体、国内混乱
1802	阮朝誕生　阮福映が、ベトナム最後の王朝である阮朝建国。中部のフエに都を置き、ベトナムの南北を初めて統一

#フランス統治時代

阮朝はフランスとの関係が深く、王朝成立を助けたピニョー以来、フランスはカトリック布教を進めた。1858年にフランスはベトナムに出兵、ベトナム南部を占領。1882年にはハノイを占領した。フランス領インドシナ（ベトナム、カンボジア、ラオス）の首都はハノイに定められ、統治拠点となった。

1901年から10年かけて建築された大劇場（オペラ・ハウス）。パリのオペラ座を模している

フランス統治時代に広まったバインミー

CHECK

もっと歴史を学ぶなら博物館へ！

美しい建造物も見ごたえあり

歴史博物館

Bao Tang Lich Su

先史時代から近代までのベトナム史の資料を、各時代に分けて展示。農具などの貴重な歴史的資料を所蔵する。なかでもドンソン文化時代の青銅製品コレクションは必見。トンダン通り沿いにあった革命博物館と統合され、見どころも増えた。

ホアンキエム湖周辺 ▶MAP P.215 G-3

🏠1 Pham Ngu Lao, Q. Hoan Kiem ⊗大劇場から徒歩5分 ☎024-38252853 🕒8:00〜12:00、13:30〜17:00 ㊡第1月曜 ㊎4万VND、子供2万VD

#第二次世界大戦と日本の進駐

世界は第二次世界大戦に突入し、フランスが敗北を認めたのち日本軍がベトナムに進駐。日本は東アジアと東南アジアへ勢力を拡大。日本の進駐は、日本が第二次世界大戦に敗北する1945年まで続いた。

ホイアン旧市街には、来遠橋（日本橋）など、日本統治下由来の建造物が多く残っている

#ホー・チ・ミン主席「ベトナム民主共和国」独立宣言

終戦後の1945年9月、ホー・チ・ミンが独立を宣言、フランスからの独立を目指した3次にわたるインドシナ戦争が勃発。その後、南北分離、アメリカとのベトナム戦争などを経て、1976年に南北が統一した「ベトナム社会主義共和国」が成立。南ベトナムの首都サイゴンは、1975年5月にホー・チ・ミン国家主席にちなんで「ホーチミン」と改称された。

愛用の時計や机が飾られた書斎

ホーチミン王席遺跡区は、ホー・チ・ミンが暮らしていた高床式住居。

2010年	ハノイ建都1000年記念
1976年7月2日	ベトナム社会主義共和国樹立、翌年9月20日、国連加盟
1960年	ベトナム戦争勃発。南北ベトナムが対立
1954年7月21日	ジュネーブ協定により北緯17度線で南北に分断される
1946年	インドシナ戦争（〜1954）。旧宗主国フランスはベトナムの独立を認めず、ベトナムと戦う
1945年9月2日	ホー・チ・ミンが「ベトナム民主共和国」独立宣言
現代ベトナム	
1945年3月9日	日本軍が仏領インドシナのフランス軍を武装解除。バオダイ帝が「ベトナム」の独立宣言
1930年2月3日	ホー・チ・ミンが香港でベトナム共産党結成
1887	フランス領インドシナ連邦成立。フランスは阮朝をフエに存続させながら、ハノイにインドシナ総督府を置く
1884	第2次フエ条約。ベトナム全土がフランスの植民地となる
フランス統治時代	
1858	仏越戦争（〜1862）。フランス人宣教師迫害を口実にナポレオン3世がスペインと共同でベトナムに出兵。サイゴン（ホーチミン市）を占領。以後、フランスの侵攻が続く
1804	清から「越南」（ベトナム）国王に封じられる。清朝により「越南」の称号を与えられる

local Gourmet in Ha Noi

ハノイで本場のローカルグルメを食す

#フォー #ブンチャー #揚げ春巻き #バインダークア
#ブンダウ #チャーカー #フォークオン

Must!

フォー
Pho

ハノイ自慢の定番麺料理

こってり濃厚な牛肉のフォー6万VND。脂がのった牛肉がねぎと相性抜群

地元の人で混む人気店

フォー・ティン

Pho Thin

メニューは牛肉のフォーのみだが、ひっきりなしに客が訪れる人気店。オプションで揚げパン(クアイ)1万VNDと生卵5000VNDが追加可能。

ホーチミン廟周辺
▶MAP P.215 E-2
🏠35 Hung Vuong, P.Dien Bien Q, Ba Đinh ㊋ホーチミン廟から徒歩11分
☎096-6657997
🕒6:30～21:00
㊡無休
㊕8万VND～

行列が絶えない有名店

フォー・ザー・チュエン

Pho Gia Truyen

麺はフォーボーのみで、チン(煮込み牛肉)とタイ(軽く湯通しした半生の牛肉)、タイ・ナム(半生+煮込み)の3種類。オプションもある。

旧市街 ▶MAP P.219 A-5
🏠49 Bat Đan, Q.Hoan Kiem
㊋大教会から徒歩13分 ☎なし
🕒6:00～11:00、17:00～21:30
㊡無休 ㊕5万VND～

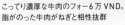

時間をかけて煮出したさっぱりした牛骨スープに、半生の牛肉スライスがたっぷり! 5万VND

Take a Break ...

ブンチャーの食べ方 How To?

細い米麺ブンと、炭火で焼いた豚肉と肉団子、たけのこなどが入った甘酸っぱいスープ、さらにハーブ類がセット。この食べ方を参考に美味しくいただこう。

1

茶碗にブンを取り分け、好みで野菜やハーブを入れる。さらにチャーを加える

2

甘い汁をかける。シェアをしない場合はつけ汁に麺や野菜を入れてもよい

3

テーブル上にある唐辛子やにんにくなどを入れながら、自分好みの味に調整

オバマ元大統領も食べたブンチャーの店

ブンチャー・フオン・リエン

Bun Cha Huong Lien

ブンチャー Bun Cha ベトナム風の甘辛つけ麺

オバマ元米大統領が2016年、ここでブンチャーを食べ、世界的に有名に。炭火で焼いた豚肉が入ったつけ汁はうまみたっぷり。揚げ春巻きも人気だ。

ホアンキエム湖周辺 ▶MAP P.217 D-8
24 Le Van Huu, Q.Hai Ba Trung
大劇場から車で5分 ☎024-39434106
8:00～20:00 休 無休 料 5万 VND～

ブンチャー4万VND。炭火焼きの肉団子が入ったつけ汁にブンと野菜をつけて食べる

庶民的な雰囲気の店内は、地元の人で常ににぎわっている

揚げ春巻き Nem Ran 魚介や豚肉など具だくさんの春巻き

春雨、キクラゲ、パクチーなどが入ったヘルシーな揚げ春巻き。16万VND

200種類以上のベトナム料理が楽しめる

コム・ヴィエット

Com Viet

政府の要人も会食に訪れる高級レストラン。伝統料理から芸術的な創作料理まで、なんでもそろう。屋外フロアでは伝統音楽を演奏するバンドも。

タイ湖周辺 ▶MAP P.215 F-1
63 Pham Hong Thai, Q.Ba Dinh 交 ホーチミン廟から車で7分
☎024-36255566 24時間 休 無休 料 Ⓛ20万 VND～Ⓓ40万 VND～

幻想的な店内は雰囲気◎

旅メモ フォーなど麺類の最後の味付けは、自分好みでライムや香草などで完成させる。入れすぎに注意！

バインダークア
Ban Da Cua
ハイフォン名物田ガニだしの麺料理

港町ハイフォンの伝統料理を

アン・ビエン

An Bien

ハノイから車で約3時間のところにある港町ハイフォンの料理が街なかで楽しめる。ハイフォンは海に面した立地から、魚介料理が多く、カニを使ったバインダークアなどが名物。

ホアンキエム湖周辺 ▶MAP P.215 G-4
111 Trieu Viet Vuong, Q. Hoan Kiem ㊌大教会から車で5分
☎024-39740571 ⏱7:00～21:30 ㊡無休 ㊮10万VND～

麺が見えないほど具がたくさん入ったバインダークア6万5000VND。小サイズは4万5000VND。汁なし、汁ありが選べる

ブンダウ
Bun Đau
豆腐を個性的なたれと一緒に

ブンダウ・マムトム8万VND～。淡泊な豆腐とマムトムのうまみが合う

地元民が集まる路地裏の名店

ブン・ダウ・コー・トゥエン

Bun Dau Co Tuyen

ホアンキエム湖の南側の路地を進んだ先にある地元で人気の店。メニューはマムトム一種類だが、豚の腸などトッピングが豊富。価格も良心的で◎。

ホアンキエム湖周辺 ▶MAP P.217 D-5
29/31 Hang Khay, Trang Tien, Q. Hoan Kiem ㊌大教会から徒歩7分
☎034-8599436 ⏱7:00～19:30
㊡無休 ㊮18万VND～

▲ 昼前から多くのひとでにぎわい、店外で待つ人も

ブンダウ5万VND。一皿にブンやダウ、マムトムが盛られ、軽いランチにもぴったり

定番からスイーツまでベトナムの味を一度に

クアンアンゴン

Quan An Ngon

屋台村形式の大型レストランで、ベトナム全国の郷土料理が一度に味わえる。屋台で調理しているところが見られる1階のオープンエア席がおすすめ。

ハノイ駅周辺 ▶MAP P.217 A-5
18 Phan Boi Chau, Q. Hoan Kiem
㊌ハノイ駅から徒歩7分
☎090-2126963 ⏱6:30～22:00
㊡無休 ㊮5万VND～

◀ 屋台の雰囲気を味わえるのに清潔感がある

チャーカー
Cha Ca

ハノイ旧市街で生まれた名物鍋

チャーカーハノイ12万VND(1人前。注文は2人前～)店の人が焼いてくれる

日本人客も多い地元の名店

チャーカータンタン

Cha Ca Tan Tan

ねぎやディルなどと一緒に炒め揚げして食べるカーランというナマズ科の川魚は、ターメリックなどで下味をつけているため、臭みがなく食べやすい。

ホアンキエム湖周辺 ▶MAP P.217 C-5

15 Trang Thi, Q. Hoan Kiem 大教会から徒歩5分 ☎024-39342591 9:00～14:00、17:30～21:00 休無休 料12万VND～

△ 店内には日本人客が多いので安心

◁ ブンチャー18万VND。魚の臭みをとる香草のディルと、ブン、魚を合わせて味わう

△ スターシェフによる料理教室も開かれている

アイアンシェフのいる名店

ズォン・レストラン

Duong's Restaurant

伝統のベトナム料理を現代風にアレンジしたフュージョン料理の名店。シェフはベトナム版料理の鉄人など、様々なコンテストで入賞経験があり、味も確か。毎日、料理教室も開かれている。

大教会周辺 ▶MAP P.219 B-7

27 Ngo Huyen, Old Quarter, Hoan Kiem
大教会から徒歩5分 ☎024-36364567
11:00～21:00(閉店は23:00) 休無休
料Ⓛ24万VND～Ⓓ60万VND～

北部名物の巻きフォー専門店

フォー・クオン 31

Pho Cuon 31

フォークオン専門店が並ぶグーサー通りの人気店。巻きフォーなど、フォーを使ったメニューが豊富で、揚げフォーにあんをかけたフォーチエンが絶品。

タイ湖南周辺 ▶MAP P.215 F-1

31 Ngu Xa, Q. Ba Dinh
大教会から車で13分
☎024-37153679
9:00～22:30 休無休
料Ⓛ5万VND～Ⓓ10万VND～

△ 専門店が並ぶ通りにあっても大人気

フォーチエン
Pho Chien

チュックバックの名物といえばコレ

フォーチエン5万VND。油で揚げたフォーがサクッとした食感で美味

Gourmet in Ha Noi

おしゃれなフレンチヴィラレストラン

#フランス料理 #コロニアル #モダン・ベトナム料理 #フランス統治時代の影響 #一流シェフ

こだわり素材とワインが魅力

カズンズ・トゥ・ゴック・ヴァン

Cousins to Ngoc Van

静かな街の一角に位置する人気のフレンチレストラン。野菜はダラットの高原野菜などを使用し、肉や魚はフランスなどから直輸入。ボルドーやブルゴーニュなど、バリエーション豊かなフランスワインの品ぞろえも◎

タイ湖周辺
▶MAP P.214 B-3
🏠So 15 Ngo 45 To Ngoc Van, Q. An, Tay Ho
㊋ホーチミン廟から車で12分 ☎083-8670098
🕒11:00～14:00、17:00～22:00 ㊡無休

❶タイホー地区にあるオシャレなヨーロピアンヴィラ ❷オーストラリア産子牛のすね肉を6時間煮込んだオッソ・ブーコ49万VND ❸フランス産牡蠣6個68万VND ❹バイ貝のガーリックマヨネーズ添え36万VND ❺テラス席でいただく食事は格別 ❻シンプルでモダンな店内

Take a Break ...

本場に劣らないフレンチベトナミーズ

東洋のパリと呼ばれるベトナムの首都ハノイは、フランスの統治時代の面影を残すフレンチヴィラの素敵なレストランがいくつもあって、フランス料理は勿論のこと、モダンなベトナム料理も食べられる。本場仕込みのシェフたちが活躍するベトナムのフランス料理は「フレンチベトナミーズ」とも呼ばれ、地元の食材やスパイスを取り入れている個性派レストランが多いのも特徴。

フランス人シェフが腕をふるう人気店

ラ・バディアン

La Badiane

在住外国人に人気の店で、吹き抜けの明るいテラス席に座ると、まるでヨーロッパのお店に来ているかのよう。店のマークにはスパイスの八角をあしらっているが、料理もアジアンスパイスやハーブを利かせたフレンチフュージョンが人気となっている。要予約。

ハノイ駅周辺 ▶MAP P.217 A-5
10 Nam Ngu, Q. Hoan Kiem
ハノイ駅から徒歩7分　☎024-39424509
11:30～14:00、18:00～22:00　㊡無休

❶太陽光が降り注ぐ開放的なアプローチ　❷植物が飾られた店内　❸メイン料理、サラダ、パスタから好きなメニューを選べるランチコース（前菜、デザート付）。39万5000VND

路地裏の
素敵なベトナム料理店

ホーム

HOME

黄色い外観のヴィラを改装したおしゃれな雰囲気のなか、洗練されたベトナム料理が味わえる。素材にこだわり、シーフードはニャチャンから、野菜はハノイ近郊から取り寄せている。要予約。

市南部 ▶MAP P.215 F-5
a75 Nguyen Đinh Chieu, Le Dai Hanh, Hai Ba Trung
大教会から車で10分
☎024-39588666
11:00～14:00、17:00～22:00
㊡無休

❶ベトナムらしい開放的な空間　❷黄色の外観が目印　❸揚げた魚を香草と食べるハノイの名物、チャーカー27万5000VND

旅メモ　オール・デイ・コーヒー（▶付録P.8）の建物もフランス統治時代のものを利用している。

Gourmet in Ha Noi

北部の家庭料理でほっこり

#ベトナム北部料理 #素朴でシンプル #家庭料理
#配給所を再現 #港町の伝統料理

レトロでおしゃれな北部料理

モッチンボンサウ

1946

骨董のベトナム陶器や凝った盛り付けで、定番の北部料理をおしゃれに演出。魚介や野菜など、近隣地域の素材を生かしたシンプルな味付けで、日本人の口にもよく合う。

タイ湖周辺 ▶MAP P.215 F-1
So 3, Ngo Yen Thanh, 61 Cua Bac, Q. Ba Dinh
ホーチミン廟から車で5分 024-62961946
9:00〜22:30 休 無休

❶奥から、タガニ鍋28万5000VND(L)、空心菜の炒め物5万VND、バナナの花サラダ9万5000VND ❷❸食事どきは、すぐ満席に

港町ハイフォンの伝統料理を

アン・ビエン

An Bien

ハノイから車で約3時間の所にある、港町ハイフォンの料理が楽しめる。海に面した立地から、魚介料理が多く、カニを使ったバインダークアやネム・クア・ベイなどが名物。

市南部 ▶MAP P.215 G-4
111 Trieu Viet Vuong, Q. Hoan Kiem
大教会から車で5分
024-39740571
9:30〜21:30
休 無休

❶日本のテレビ番組でも取り上げられたことのあるバイン・ダー・クア・ヌォック8万5000VND ❷改装されてさらに快適になった店内 ❸ハイフォン産の菊茶6万VND

Take a Break ...

ベトナムの配給制とは?

ベトナム戦争終結後も長らく食料配給制をとったベトナム。国民は配給券を手に配給所に並び、政府から支給される食料のみで苦難の時代を乗り切ってきた。
配給切符は、高級幹部が「特A票」、大臣レベルが「A票」、次官レベルが「B票」、各局・部門・研究所のトップが「C票」などに分かれていた。また、水をくむのも公共の場所で列に並ばなければならなかった。

ノスタルジックムード漂う配給レストラン

クア・ハン・アン・ウオン・マウ・ジック So 37

Cua Hang An Uong Mau Dich So 37

1975〜85年、食料配給時代のMau Dich(配給所)を再現したレストラン。店内には当時の配給券や写真、手紙など、貴重な品々が展示。料理は川魚やタイ湖産タニシ、おこげといった、素朴な北部料理が楽しめる。

タイ湖周辺 ▶**MAP** P.215 E-1
158 Tran Vu, Truc Bach, Q. Ba Đình
大教会から車で15分 ☎024-37154336
9:00〜22:00 休無休

私の制服も
配給時代を
再現してるの

❶奥から時計回りに、川魚の煮付け6万5000VND、タニシの肉詰生姜の葉風味蒸し12万VND(10個)、おこげ3万5000VND
❷静かな雰囲気
❸貴重な品が並ぶ

Gourmet in Ha Noi

多種多様な巻き物グルメ

CARROT

#地方ごとの巻き物 #生&揚げ春巻き #巻きフォー
#クレープ状もある #ヘルシーな巻き物 #カラシナ巻き

北部

B

バイン・クオン

Banh cuon 4万5000VND

米粉をクレープ状にした蒸し春巻き。モチモチ食感の皮で野菜を巻いて、最後に乾燥豚肉をオン

北部

D

揚げ春巻き

Nem Ran(Nem Hanoi) 16万VND～

ハノイで"春巻き"といえば、一般的には揚げ春巻き。カニや豚肉、春雨、キクラゲ、ハーブなどが入る

北部

E

ネム・クア・ベー

Nem cua be 9万5000VND

ハイフォンの揚げ春巻き。中身はカニ、キクラゲ、春雨、モヤシの4層構造に分かれ、味がよくわかる

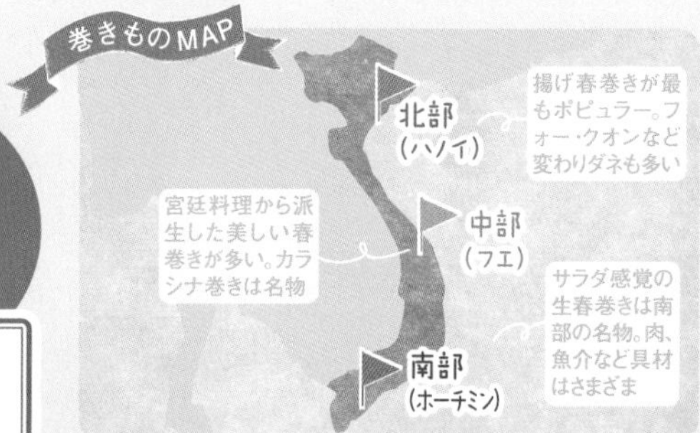
巻きものMAP
北部
(ハノイ)
揚げ春巻きが最もポピュラー。フォー・クオンなど変わりダネも多い
中部
(フエ)
宮廷料理から派生した美しい春巻きが多い。カラシナ巻きは名物
南部
(ホーチミン)
サラダ感覚の生春巻きは南部の名物。肉、魚介など具材はさまざま

C

フォー・クオン

Pho cuon 8万5000VND

ハーブや牛肉など、カットしていないフォーで巻いたもの。生地がぽってり厚く、モチモチ。ランチに最適

北部

南部

A

ボー・ビア

Bo bia 5万VND

ベトナムサラミや錦糸卵、干しエビ、ドクダミなどの香草をライスペーパーで包んだ、甘辛い味の生春巻き

A カラシナ巻き
Cuon diep 3万5000VND/2本
カラシナで豚肉、エビ、ブンなどを巻いた野菜の春巻き。カラシナのピリッとした辛みが味のアクセントに

A 精進揚げ春巻き
Cha gio chay 5万9000VND
豆腐、春雨、キクラゲ、ニンジンが入った揚げ春巻き。ハーブや野菜、ブンと一緒に揚げ春巻きを食べる

D 生春巻き
Goi cuon 12万VND
薄いライスペーパーは口当たりがソフト。みずみずしい生野菜とエビの食感が生きている

ベトナム全土の春巻きが食べられる

A ラップ&ロール Wrap & Roll

ホーチミン発の春巻き専門店。ベトナム各地の伝統料理をほぼ網羅している。カジュアルな雰囲気でひとりごはんにも◎。

ホアンキエム湖周辺 ▶MAP P.219 D-6
🏠33 Dinh Tien Hoang, Q. Hoan Kiem
㊋大教会から徒歩9分 ☎024-39261313
🕒10:30～22:30 ㊡無休

蒸したて、巻きたてを朝食に

B タイン・ヴァン Thanh Van

店頭で蒸した米粉をクレープ状に成形して、くるりと具を巻いて提供。できたてなので、モチモチ感が◎。朝食に食べる人が多い。

旧市街 ▶MAP P.218 A-3
🏠12～14 Hang Ga, Q. Hoan Kiem
㊋大教会から徒歩15分 ☎024-38280108
🕒7:00～13:00、17:00～21:00 ㊡無休

もっちりフォーで巻いた野菜&ハーブ

C フォー・クオン 31 Pho Cuon 31

フォー・クオン専門店が集まるグーサー通りの人気店。具材を蒸しフォーの生地で巻いたモチモチの巻きもの。揚げフォーも絶品。

タイ湖周辺 ▶MAP P.215 F-1
🏠31 Ngu Xa, Truc Bach, Q. Ba Dinh
㊋大教会から車で13分 ☎024-37153679
🕒9:00～22:30 ㊡無休

要人も訪れる名店

D コム・ヴィエット Com Viet

200種類以上のベトナム料理が楽しめる高級レストラン。伝統料理から芸術的な創作料理まで、なんでもそろう。屋外フロアでは、生バンドによる伝統音楽の演奏も。

タイ湖周辺 ▶MAP P.215 F-1
🏠63 Duong Pham Hong Thai, Q. Ba Dinh ㊋ホーチミン廟から車で7分 ☎024-36255566 🕒24時間 ㊡無休

ハイフォン名物のカニ揚げ春巻きを

E アン・ビエン An Bien

港町ハイフォンの旧称「アンビエン」の名で、2011年から続くハイフォン料理の専門店。食材から基本レシピまで 徹底的にハイフォンにこだわっている。

市南部 ▶MAP P.215 G-4
🏠111 Trieu Viet Vuong, Q. Hoan Kiem ㊋大教会から車で5分 ☎024-39740571 🕒9:30～21:30 ㊡無休

旅メモ チュックバック湖の出島のような部分にあるグーサー通りには、フォー・クオンの店が並んでいる。

Gourmet in Ha Noi

ハノイのブレイクタイムはお茶タイム

#チャー・チャイン #蓮茶 #ベトナム茶文化
#正しい飲み方 #ライム+砂糖 #お茶の淹れ方

❶ハノイでは、ライム風味のチャー・チャインが流行中 ❷食後のデザートも◎

チャー・チャインってなに?

ハノイの人々にとってお茶は、昔ながらの一般的な飲み物。そんなお茶に、ライム+砂糖というフレイバーを足し、一気に若者のドリンクとしてブレイクしたのが、チャー・チャイン。ハノイの街角にはチャー・チャインが飲める店があちこちに登場した。なかでも人気は、元祖チャー・チャインと大教会前の店。

伝統の蓮茶もぜひ

ひとつひとつ手作業で摘まれた蓮の花びらと花粉を使って、茶葉に香りづけして作られる蓮茶。リラックス効果があるといわれ、食後の一杯にはコーヒーよりお茶を好む人が多いといわれる。きちんとした作法で淹れるお茶は格別。茶館でゆっくりいただこう。

❸友人たちが集まったら茶館でゆったり
❹正式な作法で淹れてもらえる

Take a Break ...

上手な蓮茶の淹れ方

①急須に茶葉を約3gを入れ、熱湯を注ぐ。蓋をして急須にも熱湯をかける。
②湯飲みにも熱湯を入れ、急須にかけるように捨てる。お茶を注ぐ。
③均等にお茶を注いでいく。最後の1滴まで残さず注ぐこと。

チャー・チャイン発祥のカフェ

チャー・チャイン

Tra Chanh

ジャスミンで香りづけされた元祖チャー・チャインは、ライムの酸味が利いてすっきりした味わい。朝から夜まで男女を問わずにぎわっている。お茶とともに人気なのが3種のチェー。専門店に負けない味とかわいらしさがウリ。

旧市街 ▶MAP P.218 D-4

🏠31 Dao Duy Tu, Q. Hoan Kiem ⊗大教会から徒歩20分 ☎なし 🕒7:00〜23:00 ㊡無休

❶上から時計回りに、ほの甘いコーンのチェー、タロイモのチェーはココナツミルクとよく合う。揚げバナナのチェー各1万5000VND ❷ジャスミンの芳香とライムのさっぱり感は食後の一杯に◎。1万5000VND

❶スタッフが伝統作法にのっとって淹れてくれる蓮茶6万VND〜(ティーポット)。香りが素晴らしい ❷自家製ブレンドのお茶は購入も可能。蓮茶100万VND〜/100gのほか6種 ❸昔ながらの隠れ家的な雰囲気

ベトナム茶文化の牽引役

ヒエン・チャー・チュオン・スアン

Hien Tra Truong Xuan

ベトナム茶文化の第一人者として知られるのが、この茶館のオーナー。ここで飲めるお茶は、蓮茶やジャスミン茶など、約40種。4万本ある巨木のうち、たった3本からしかとれない巨木茶や山雪茶など、珍しいお茶も飲める。

ハノイ駅周辺 ▶MAP P.215 E-3

🏠13 Ngo Tat To, Van Mieu, Q. Dong Da ⊗文廟から徒歩2分 ☎024-39110104 🕒7:00〜23:00 ㊡無休

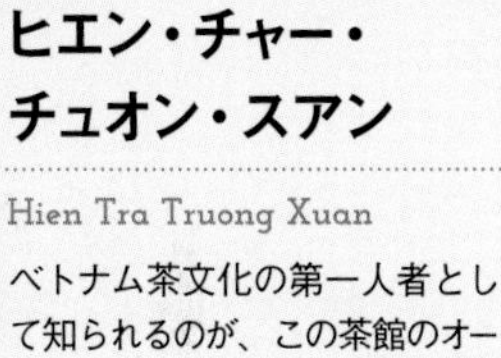

Gourmet in Ha Noi

わいわいみんなで楽しむハノイの居酒屋

#居酒屋はビアホイ #少数民族の地酒
#地ビール #乾杯は「モッハイバー、ゾー!」

What's ビアホイ

地ビールが楽しめる庶民派居酒屋がビアホイBia Hoi。ビールもつまみも低価格。ぜひお試しあれ!

❶ビアガーデン感覚のビアホイ。涼しくなった夕方の一杯は最高　❷暗くなってからが、ビアホイの本番　❸中ジョッキより少し小ぶりのビアホイグラス。1杯9000VND　❹夜が更けるほどににぎわいを増す

豚足の塩漬け

臭みはゼロ。タレにはワサビも付く。15万VND

牛肉と高菜炒め

高菜の塩気でビールが進む。15万VND

イカフライ

カリカリの食感で止まらない。15万VND

Take a Break ...

ビアホイで使えるベトナム語講座

○すみません!
Anh oi!(アン オーイ/男性に)
Chi oi!(チ オーイ /女性に)

○ビールをもう1杯ください。
Cho toi mot coc bia.
(チョートイ モッ コッ ビア)

○どの料理がおいしいですか?
Mon nao ngon?
(モン ナオ ンゴン?)

2階まである巨大なビアホイ

ハイ・ソム　Hai Xom

ハノイにはいくつもビアホイがあるが、そのなかでも、2階建て+オープンエアの席もある巨大な店。ビール1杯1万VNDという価格のほか、ビアホイフードの充実度が人気の理由で、2名で3品ほど頼めば、おなかいっぱいに。

ホアンキエム湖周辺 ▶MAP P.217 E-8
22 Tang Bat Ho, Q. Hai Ba Trung　㊋大劇場から徒歩12分
☎090-3432016　10:00〜23:30　㊡無休

少数民族の地酒を楽しもう

ハイウェイ4

Highway4

在住欧米人やベトナム人でにぎわうレストラン＆バー。人気の地酒は少数民族の伝統的な製法を用いており、もち米やクランベリー、パッションフルーツなど27種類の味が楽しめる。店で購入することも可能。多彩なベトナム料理も好評。

旧市街 ▶MAP P.219 E-5

🏠5 Hang Tre, Q. Hoan Kiem ⊗大教会から徒歩20分

☎024-39264200 ⏱10:00～22:00 ㊡無休

❶テーブル席のほか、座敷の席もある ❷地酒は瓶ごと運ばれてきて、飲んだ分だけ支払うシステム。クランベリーなどの果実酒が飲みやすい ❸揚げ魚入りの生春巻き8万VND

活気あふれる老舗人気店

ダックキム

Đac Kim

1966年創業の人気店。つけ汁には甘辛いハンバーグのような豚肉と焼いた豚の2種類入り。カニ肉入りの揚げ春巻、ネムクアベー（2個）とのコンボ9万VNDもおすすめ。

旧市街 ▶MAP P.219 B-6

🏠1 Hang Manh, Q. Hoan Kiem ⊗大教会から徒歩7分

☎024-38285022 ⏱8:00～21:00 ㊡無休 ㊞7万VND～

❶ブンチャー6万VND。麺は店で作ったものを使い、野菜やハーブなどは10種類以上 ❷旧市街の中にあるので観光の合間に立ち寄ろう

旅メモ ハノイは治安がいいとはいえ、夜の居酒屋帰りはタクシー利用がおすすめ。スタッフに呼んでもらおう。

おもわずはまる

ベトナム料理 おいしさのヒミツ

ハーブや香辛料が利いて
とってもおいしい
ベトナム料理。その
秘密を探るよ♪

山と川に囲まれたハノイは食材の宝庫

約1000年間支配をしていた中国、19世紀末から約100年にわたり植民地として統治していたフランス。ベトナム料理は、中国の影響で米が主食という食の基本ができあがり、フランスがもたらしたコショウやシナモンなどのスパイスが味を広げたといわれている。

ヒミツ 1 多種多様なハーブが料理にたっぷり

ハーブはベトナム料理と切っても切れない関係。コリアンダーやバジル、ミントなど、さまざまなハーブが料理に合わせて添えられ、味のポイントとなっている。

コリアンダー(ラウムイ)

Rau mùi

中国語で香菜、タイ語でパクチー。独特の風味が特徴で、麺類やサラダ、炒め物に用いられる

ノコギリコリアンダー(ゴーガイ)

Ngò gai

ふちがギザギザしているハーブ。コリアンダーと似た香りで、フォーやカインチュアに添えられる

ディル(ティーラー)

Thi là

おもに魚のスープや、トマトのスープなどに入れられる。魚や貝類の臭み消しに用いる

バジル(フンクエ)

Húng quế

ほのかな甘みと渋みが特徴。ライスペーパーの料理やフォーなど麺料理で使われる

ミント(バッハ)

Bac hà

すっきり爽快な香りは日本でもおなじみ。たっぷりの生野菜が添えられる料理には必ず入っている

シソ(ティアト)

Tía tô

片面が青で、片面が赤。日本のシソの中間のような色合い。サラダなど生で食べる料理に

ドクダミ(イエップカー)

Diếp cá

強烈な香りとほのかな酸味が特徴。ほかのハーブとともに味わうと、味に深みが生まれる

タデ(ラウラム)

Rau rm

殺菌作用があり、薬味としてよく用いられる。貝料理のほか、南部ではサラダに入っていることも

ヒミツ 2

米、デンプン、緑豆etc…
奥深い麺ワールド

日本と同様、ベトナムは米が主食。米粉で作ったフォーやブン、ライスペーパーなど、多彩な食材が、さまざまな食感で食べられる。米原料以外に、緑豆からできた麺などもある。

フォー

Pho

米粉で作った幅広の麺。舌触りがよく、やわらかな食感だが、蒸しているためコシはない

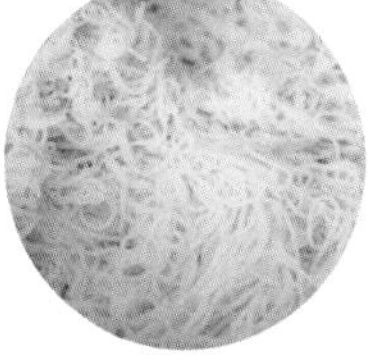

ブン

Bún

少し発酵した米から作った押し出し麺。麺料理、生春巻き、スープなどに使われる万能麺

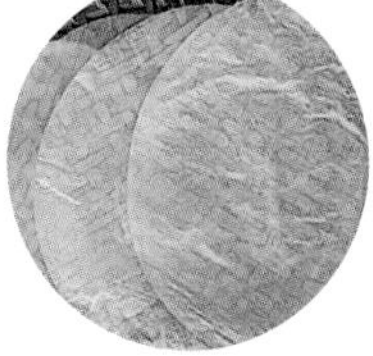

ライスペーパー(バインチャン)

Bánh tráng

米粉を水で溶き、乾燥させたもの。おかずと野菜などをライスペーパーで包んで食べる

カオラウ

Cao lầu

米粉にアルカリ水を入れて練り、蒸し、切り出すため、コシが強いのが特徴。食べごたえも十分

バイン・ダー・ドー

Bánh đa đo

フォーと同じ生地を蒸す前に、サトウキビの液を加えて、茶色く色をつける

ミエン

Miến

緑豆から作るベトナム風春雨。半透明で日本の春雨よりややコシがある

フーティウ

Hu tíêu

ベトナム南部の半乾麺。米粉で作るが天日干しするのでコシがある

バイン・カイン

Bánh canh

米粉に、タピオカ粉を加えて作っているので、もっちりした食感の麺

ヒミツ 3

最後の味の決め手は
多彩な調味料

魚醤のヌクマム、エビの発酵味噌など、ベトナムの調味料には独特の風味をもつものが多く、それが味に深みを与えている。日本では手に入りにくい調味料も多い。

魚醤(ヌクマム)

NuÓc mǎm

小魚を発酵させた魚醤。タイのナンプラーと味が似ている。

チリソース(トゥオン オット)

Tuong Ót

トウガラシ入りの辛い調味料。フォーのトッピングにもよく合う。

コショウ(ティウ)

Tiêu

ベトナム産は香りが強くスパイシー。粒のまま、あるいは食前に粉にして使う。

ベトナム大豆醤油(シーザウ)

XÌ dầu

大豆が原料のベトナム醤油に砂糖、香辛料を加えたもの。

アミの発酵味噌(マムズオック)

Mǎm ruÓc

アミ(小さなエビ)の味噌。発酵させているので臭みがある。豚肉に合わせることが多い。

タマリンド(メー)

Me

酸味の強いマメ科の植物。甘酸っぱい料理に用いることが多く、レモンよりも梅干しに近い酸味。

Shopping in Ha Noi

かわいいベトナム雑貨に胸キュン

#おみやげにおすすめ #刺繍小物 #ホーロー #バッチャン焼 #ベトナムモチーフ

繊細な刺繍小物

ボトル用巾着
11万4000VND
ワインなどやお酒を入れる巾着。プレゼント用に

ストール
US$70
巻くだけでコーディネートがセンスアップ!

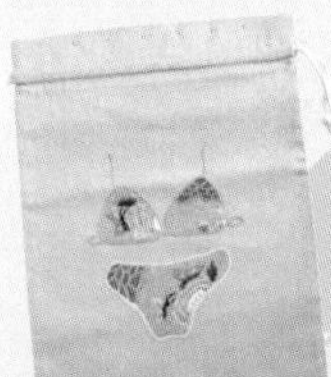

刺繍入り巾着
14万VND
ランジェリーの刺繍がかわいい

エスニックなホーロー

ミニサイズのカップ
11万~12万VND
キッチンをかわいく彩る

スープボウル
20万VND
金魚鉢のような形がかわいい。色合いもすてき

ハイセンスな刺繍や雑貨がそろう

タンミー・デザイン

tanmy design

ハノイの老舗刺繍専門店から始まり、今ではオリジナルの刺繍製品はもちろん、国内のハイセンスなセレクト雑貨を扱っている。刺繍アイテムを探すなら2階へ。

旧市街 ▶MAP P.219 C-6
61 Hang Gai, Q. Hoan Kiem ⊗大教会から徒歩8分 ☎024-39381154
🕒8:00〜20:00 ㊡無休

ホーロー雑貨の有名店

ハイフォン・ホーロー&アルミウエア

Nhom Hai Phong

旧市街の、ホーロー雑貨専門店。小さな店内に高く積まれたホーロー食器は、シンプルながらかわいいデザインで人気。

旧市街 ▶MAP P.218 A-2
38A Hang Cot, Q. Hoan Kiem
⊗大教会から徒歩20分
☎024-38269448
🕒7:30〜17:30 ㊡無休

伝統陶器のバッチャン焼

猫の形の箸置き
各3万5000VND
バリエーション豊富な箸置き。魚の形もある

マグカップ
12万VND
細い青のストライプがシンプルながらかわいい

絵皿と小鉢
小5万2000VND、中9万VND、大20万VND
見た目も鮮やかで食卓が華やぐ

カラフルなニューバッチャン焼

セレンダー・セラミックス

Cerender Ceramics

バッチャン出身のオーナーが独学で作り出した、モダンなデザインのバッチャン焼雑貨が店内に所狭しと並ぶ。価格帯も安く、おみやげにぴったり。

ホアンキエム湖周辺
▶MAP P.217 C-5
11a Trang Thi, Q. Hoan Kiem
大教会から徒歩5分　☎098-8595858　9:00〜21:00　㊡無休

ベトナムモチーフ雑貨

ベトナム版テディベア
US$13〜
ノンラーを被ったテディベア。オリジナルの服も作ってくれる

パスポートケース
US$10
飛行機や星空の刺繍がロマンチック

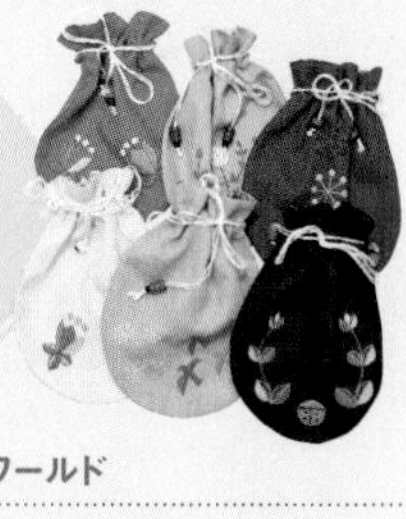

全6色の花柄ポーチ
各7万2000VND
5つ購入すると1つプレゼントがうれしい

癒しのナチュラル雑貨ワールド

ナグ・ショップ

Nagu Shop

ベトナムらしい素朴なかわいさのデザイン雑貨が豊富。人気のテディベアには、名前の刺繍を入れられるほか、制服などを持ち込めば、テディベア用に同じ服を作ってくれる。

大教会周辺
▶MAP P.219 B-7
78 Hang Trong, Q. Hoan Kiem
大教会から徒歩5分　☎024-39288020　9:00〜19:00　㊡無休

旅メモ　陶器が好きな人はバッチャン(▶P.138)に買い付けに行ってみては?　ハノイからタクシーで30分ほど。

テキスタイルが魅力の少数民族アイテム

#山岳地帯の少数民族 #伝統の織物文化
#手織り #藍染め製品 #民族ごとに違う模様

藍染めと刺繍のポーチ
各12万6000VND

藍染めのドットがキュートなオーガニック麻のティッシュケース 46万VND

着ごこち抜群のワンピース 168万VND

素朴で風合いのいい、藍染め製品の店

インディゴ・ストア

Indigo Store

自家栽培されたオーガニック原料に、ベトナム北部の少数民族の伝統的な草木染め、刺繍を施した高品質のアイテムを販売。カバンやポーチなどの小物類のほか、涼しげなスカートなどウエア類もそろう。店内では、染め物教室も開催している。

ハノイ駅周辺 ▶MAP P.215 E-3
🏠33A Van Mieu, Q. Dong Da ⊗文廟から徒歩2分 ☎024-37193090 🕒8:00～19:00 休無休

20以上の少数民族のアイテムを用意

少数民族のテキスタイルを組み合わせた名刺入れ
11万5000VND

縞のランチョンマットはターイ族の製品
18万4000VND

左からダオ族やロロ族、モン族のしおり 各2万3000VND

ターイ族の美しい伝統柄をモチーフにした財布
34万5000VND

北西部の少数民族のアイテム

チエ・ハンドメイド

Chie Handmade

ベトナム北西部に住む、ターイ族やラオ族のアイテムを販売。安価な材料を使わず、ていねいな手仕事で仕上げているうえ、デザインが日本人好みとあって人気が高い。ストールやバッグなども手ごろな価格で手に入る。

大教会周辺 ▶MAP P.219 B-7
🏠66 Hang Trong, Q. Hoan Kiem
⊗大教会から徒歩5分 ☎024-39387215
🕒9:00～21:00 休無休

広くはない店内だが、アイテム数は豊富にそろう

Take a Break ...

少数民族の染め物教室

インディゴ・ストアでは、店舗内で自然染めや琉球藍染の染め物体験教室を行なっています。雨で観光できない日にもぴったり。料金はUS$10(1～10人で1週間前までに要予約)。

❶少数民族の生地をあしらったクッション類はバリエーション豊富。25～35万VND ❷インテリアのポイントになる水牛の置物

少数民族を支援するNPOのお店

クラフト・リンク

Craft Link

モン族やザオ族など、少数民族の手工芸品を扱うNPO法人が運営。高品質のベトナム雑貨が手ごろな価格で購入できる。

ハノイ駅周辺 ▶MAP P.215 E-3

51 Van Mieu, Q. Dong Da
㊌文廟から徒歩2分 ☎024-37336101
9:00～12:15、13:15～18:00 ㊡無休

品質の良い漆塗りや陶器など、生活雑貨も豊富に揃う

手ごろな民族雑貨を探すなら

サパ

Sapa

ベトナム全土にある少数民族の専門店。テキスタイルを用いたグッズが所狭しと並ぶ。バッグや靴など服飾雑貨が中心で価格も手ごろ。

旧市街 ▶MAP P.219 B-6

108 P. Hang Gai, Hang Gai, Q. Hoan Kiem ㊌大教会から徒歩7分 ☎097-6869807 8:30～20:30 ㊡無休

ファッションから小物まで、幅広い品ぞろえ

オレンジ色が鮮やかな山岳民族のバッグ 89万VND

チャームがいろいろ付いたネックレス

山岳民族が織った生地で作った靴 57万VND

厳選メイド・イン・ベトナムみやげ

#大切な人への贈り物 #かわいい見た目
#品質も確か #ベトナムならでは #少数民族の手作り

バラのぜいたくな香りを楽しめる

D
Sofitel Legend Metropole Hanoiのローズティー
オリジナルティーのなかでも、No.1人気なのがローズティー
38万7000VND

ひかえめな甘さがお茶請けにぴったり

Hien Bao 家のケオラック A
ドゥンラム村のヒエンバオ家の伝統レシピで作られたおこし
5万8000VND

国花・蓮のお茶はおみやげに◎

B
Chie Handmadeのお茶
オリジナルの蓮花の紅茶。パッケージもかわいい
15万VND

産地の違うカカオで風味もそれぞれ

Marouのグルメチョコレート
1枚につき、1つの産地のカカオしか使わないため特有の風味が楽しめる（右上コラム）
各10万VND

芳醇な香りが贅沢なお茶

C
Huong Senの蓮茶
100gの茶葉に蓮の花100輪以上を用いるぜいたくなお茶
64万VND/100g

素材も着色料も天然のものを使用

B
少数民族が作った鍋つかみ
パッチワークでおしゃれな柄の鍋つかみ
25万VND

Take a Break ...

Marouのハノイ店でデザートを

ベトナム発のグルメチョコレートとして話題のMarou。ハノイには直営カフェ「メゾン・マルゥ・ハノイ」があり、種類豊富なチョコが購入できるほか、デザートも食べられます。**MAP** P.217 C-7

伝統的な民族模様デザインが独創的

Ⓔ
Mountain's Colorの布製ポーチ
カップルを意味する渦巻2つ模様が入ったポーチ。ペアで買うのもアリ　**15万VND**

コーヒー本来の香りが楽しめる

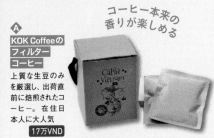

Ⓐ
KOK Coffeeのフィルターコーヒー
上質な生豆のみを厳選し、出荷直前に焙煎されたコーヒー。在住日本人に大人気
17万VND

味がある手作りのぬいぐるみ

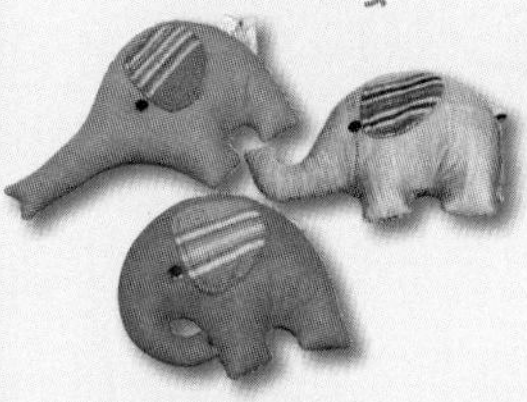

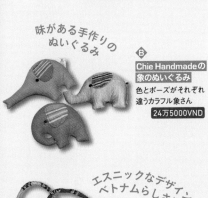

Ⓑ
Chie Handmadeの象のぬいぐるみ
色とポーズがそれぞれ違うカラフル象さん
24万5000VND

エスニックなデザインがベトナムらしさ満載

Ⓔ
Mountain's Colorのアンクレット
100%天然素材を使い、すべて手作り。フェアトレードにも協力している
1つ5万VND

定番ギフトから、入手困難な一品まで

Ⓐ スター・ロータス Star Lotus

かごバッグからグルメまで、日本人人気の高いおみやげを扱うショップ。2階ではベトナム原産ルビーを使ったジュエリーを販売。

市南部 ▶**MAP** P.215 G-4
🏠111 Mai Hac De, Q. Hai Ba Trung　㊋大教会から車で10分
☎024-39749710　🕒9:30〜21:00　㊡無休

完全ハンドメイドのアイテム

Ⓑ チエ・ハンドメイド Chie Handmade

ベトナム北西部に住む、ターイ族やラオ族のアイテムを販売。すべて手作りで、優しい色合いのデザインが人気。日本のJICAやNGOも商品開発に携わっている。

▶P.114

老舗の香り高い蓮茶

Ⓒ フオン・セン Huong Sen shop

代々蓮茶を作り続ける店。王侯貴族や富豪でも祭事にしか飲めなかった蓮茶は、高山性の茶木の茶葉を使っており、カフェインレス。

旧市街 ▶**MAP** P.219 A-5
🏠15 Hang Dieu, Q. Hoan Kiem　㊋大教会から徒歩12分
☎024-38246625　🕒8:00〜18:30　㊡無休

セレブ御用達ホテルのオリジナルティー

Ⓓ ソフィテル・レジェンド・メトロポール・ハノイ

Sofitel Legend Metropole Hanoi

創業1901年、ベトナム初の5つ星ホテル。モダンな造りのオペラ・ウイングのほか、スパ、レストラン&バーなどがある。オリジナルのお茶も人気。

ホアンキエム湖周辺 ▶**MAP** P.217 E-5
🏠15 Ngo Quyen, Q. Hoan Kiem　㊋大劇場から徒歩5分
☎024-38266919

少数民族を守るフェアトレードを推進

Ⓔ マウンテンズ・カラー Mountain's Color

山岳部に住む少数民族が作った雑貨を扱うお店。麻や布の雑貨、指輪などのアクセサリーも手作り。優しい色づかいと民族の模様が新鮮。

大教会周辺 ▶**MAP** P.219 B-7
🏠46 Hang Trong, Q. Hoan Kiem　㊋大教会から徒歩5分
☎0986-138831　🕒9:00〜22:00　㊡無休

旅メモ　ベトナムのスタールビーはその希少性で世界的にも注目。スター・ロータスで扱っている。

Sightseeing in Old Quarter

旧市街をぶらり散策

#36本の職人通り　#かつて宮廷への貢ぎ物を作る職人が集まっていた　#職人の手作り品が買える

Must!

東河門

旧ハノイ城の城門跡。全部で16あったとされるが現存するのは、ここのみ

旧市街って何?

ホアンキエム湖の北に広がる古い地区が旧市街。網の目状に広がった細い路地には、独特の情緒が漂う。旧市街の別名「36通り」とは、かつて通りごとに同業種の職人たちが店を構えており、その通りが36本あったことに由来。ブリキやハンコなど一部の店では、今でも職人の手仕事が見られる。

ハンガイ通り

シルク通り。服、雑貨など、シルク製品が並ぶ

ハンボー通り

手芸通り。リボンや糸、雑貨など。手芸好きなら必見!

① ハンマー通り

Hang Ma

紙や紙細工、冥器などの専門店が軒を連ねる通り。繊細な模様、中国柄など、多種多様な紙が山積みとなっている。

①紙で作ったカラフルな飾りが目立つ店舗 ②こんなかわいい紙に、ハノイみやげを包んで渡してみては?

② ハンチェウ通り　Hang Chieu

ラタン製のクッションやシックなテイストのかごなど、天然素材の涼しげな雑貨が手に入る。女性へのおみやげに喜ばれそう。

大人っぽいかごやゴザが手に入る。コンディションも◎

おすすめショップ

チェン・ムイ

Thinh Mui

旧市街

▶MAP P.218 C-3

🏠74B Hang Chieu, Q.Hoan Kiem
☎085-4448189
🕒8:00〜19:00 ㊡無休

Take a Break ...

ドンスアン市場も注目!

卸売市場としてにぎわい、食材からフルーツ、布や生活雑貨など、なんでもそろう。周囲の建物も一体となって市場になっているので、あちこち見て回りたい。

旧市街 ▶MAP P.218 B-2

🏠Cho Dong Xuan, Q. Hoan Kiem
㊋大教会から徒歩23分　☎024-38282170
🕔5:00～17:00　㊡無休

朝から人でにぎわう。人混みでは荷物をしっかり持って歩こう

❸ ガム・カウ市場

Cho Gam Cau

キッチュでかわいい食器や、ガラス製品が手ごろな値段で手に入る。セット売りが基本。ドンスアン市場の裏手にある穴場スポット。

❶蓮の花模様のグラスはおちょこサイズ。4万VND（セット）　❷カフェでもよく見かける水玉のグラス5万VND(6個)　❸金平糖など入れたい足付きの入れ物　❹ガム・カウ通りにあるガラス製品の市場

❹ ハンコアイ通り

Hang Khoai

ドンスアン市場前にあり、食器や鍋などの台所用品がぎっしり。無造作に掘り出し物が置かれているので、じっくり歩きたい。

❶ベトナム独特の台所用具もあり、見ているだけでも面白い　❷2～3人分のコーヒーが入れられる業務用ドリッパー　❸ドラゴンフルーツ形のフルーツピック

❺ ハンカン通り

Hang Can

文具の通り。レトロなノートやペンなどの筆記用具から、日本に荷物を送りたいときの段ボールなどの梱包材まで、ここで調達できる。

❶文具好きならぜひ掘り出し物探しを楽しんで　❷厚手カバーのレトロな大学ノート

おすすめショップ

ミンディエップ Minh Điep

旧市街 ▶MAP P.218 B-4

🏠26 Hang Can, Q. Hoan Kiem　☎024-39230663　🕔7:30～18:30　㊡無休

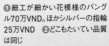

❶細工が細かい花模様のバングル70万VND。ほかシルバーの指輪25万VND　❷どこもたいてい品質は同じ

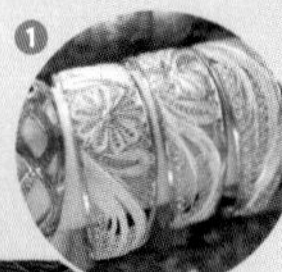

❻ ハンバック通り Hang Bac

銀製品の通り。銀は重さで値段が変わるので、複雑なデザインや輸入物でなければ、店による品質の差は少ない。

7 ハンクアット通り

Hang Quat

もとは祭事用に彫られていたハンコも今ではすっかり名物みやげ。好みのサイズやデザイン、材料を選べば、あとはできあがりを待つだけ。

❶絵柄も素材もさまざま。こだわりの一品をゲット!6万VND～　❷店先で木彫り職人がハンコや菓子型を作る姿も

日本語もOKだから、気軽に相談してね!

おすすめショップ

フックロイ・スタンプ

Phuc Loi Stamp

旧市街 ▶MAP P.219 B-5

6 Hang Quat, Q. Hoan Kiem
☎090-4415148　7:30～19:00
㊡無休

TOPICS

ハンコオーダーメイドに挑戦

1. サンプルから好きなデザインを選ぶ。文字を入れる場合は紙に書いて、視覚的にしっかり伝えるのがコツ

2. デザインが決まったら彫ってもらう。木製の小さなものなら1時間ほどでできるので、その間は旧市街散策へ

3. できあがったハンコは紙袋に入れてくれる。その際、紙袋に押されている印で出来栄えを確認しよう

\完成/

8 ハンガイ通り

Hang Gai

間口1mくらいの小さな店から4階建ての大型店までが道の両側に並び、反物や服、バッグ、サンダル、雑貨小物など、シルク製品が並ぶ。

❶シルク製品やおもちゃ屋、ハンコ屋など、いろいろな店が軒を連ねて楽しい道　❷シルク製品がお手ごろ価格で入手できる

9 ルオンヴァンカン通り

Luong Van Can

店舗内には地元っ子向けのアオザイやブラウスなどの衣類が並び、路上には肉まんの蒸し器が並ぶ。買い物に食に、いろいろ楽しみが見つかる。

アオザイのオーダーメイドもできる

おすすめショップ

ヴィンチャック

Nha May Gia Truyen Vinh Trach

旧市街 ▶MAP P.219 C-5

8 Luong Van Can, Q.Hoan Kiem
☎098-9091910　9:00～19:30　㊡無休

10 ハンボー通り

Hang Bo

通りには、手芸女子もワクワクする商品がずらりと並んでいる。ショップ用の卸売り専門の店も多いが、比較的規模の小さい店であれば小売り対応してくれるので、断られてもメゲずに何軒かあたってみよう。

おすすめショップ

ヴァンアインラン

Shop Van Anh Lan

旧市街 ▶MAP P.219 B-5

40 Hang Bo, Q. Hoan Kiem
☎090-56859980
8:00～18:30　㊡無休

リボンやレースは乙女心をくすぐる

掘り出し物が見つかるかも

旧市街の立ち寄りスポット

レトロな商店の間に最新トレンドを感じるお店を発見。
ハノイ発のおしゃれなショップやカフェも行ってみたい!

行列が絶えない旧市街の人気店

バインミー25

Banh Mi 25

旧市街 ▶MAP P.218 B-3
25 Hang Ca, Q. Hoan Kiem
㊇大教会から徒歩15分
☎097-7668895 ⏲7:00〜21:00(日曜は〜19:00) ㊡無休
㊊2万5000VND

ハンカー通りにあり、一日中行列が絶えない人気店。豚、鶏、牛、野菜と幅広いメニューから選べる。

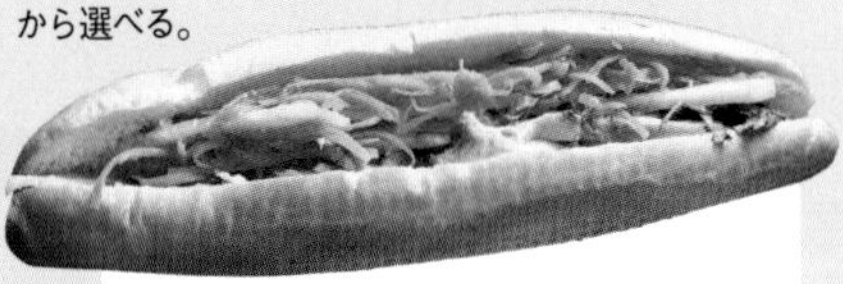

バインミー Banh Mi

食べやすいサイズのもっちりとした食感が人気のバインミー。1日400個以上販売するという人気メニュー

掘り出しものに出会える

ドラゴンフライ

Dragonfly

食器やインテリア小物がリーズナブルに手に入る生活雑貨店。パステルカラーなど、ほかの店ではあまり見かけない色合いのアイテムが多い。

旧市街 ▶MAP P.219 C-5
10 To Tich, Q. Hoan Kiem ㊇大教会から徒歩10分 ☎097-3274956
⏲9:00〜19:00 ㊡無休

❶竹食器のボウル各7万VNDはサラダなどに ❷大きめのスプーンとフォークはセットで15万VND

おしゃれで清潔感ある外観

絵画に囲まれまったり食事

シン・クァン47バット・ダン

Sin Quan 47 Bat Dan

旧市街の中心にあるおしゃれ居酒屋。店内に飾られている絵画はオーナーが一目ぼれした画家に特注で描いてもらったもの。オリジナルメニュー「エビとボウの鍋」はヘルシー&うまみたっぷりで◎。

旧市街 ▶MAP P.219 A-5
47P. Bat Dan, Cua Dong, Hoan Kiem ㊇大教会から徒歩13分
☎091-1523993 ⏲10:00〜翌3:00
㊡無休 ㊊13万8000VND〜

❶店内にある絵は地元の人たちにも評判 ❷入口に吊るされたランタンが幻想的

エビとボウの鍋59万9000VND(写真は小、大は69万9000VND)

老舗チェー店

チェー・ボン・ムア

Che Bon Mua

地元の人たちに大人気の老舗店。スタンダードなチェーから、蓮の実入りのチェーまで、多様な品揃え。店外のイスに座って、旧市街の雰囲気とともに楽しみたい。

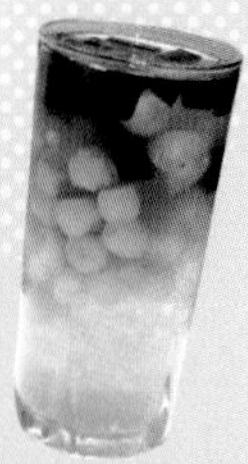

旧市街 ▶MAP P.218 B-4
4 Hang Can, Q. Hoan Kiem ㊇大教会から徒歩15分 ☎098-4583333
⏲10:00〜23:00 ㊡無休 ㊊2万VND

栗に似た食感の蓮の実と、甘くてほろ苦い仙草ゼリーとの相性Good! 2万VND

子どもからお年寄りまでローカルの人たちで店内はにぎわっている

旅メモ 旧市街散策でトイレに行きたくなったときは、カフェやレストランを利用するのがきれいでおすすめ。

Historical Tour of the Ancient City

古都の歴史めぐり

#伝説の湖 #タンロン王朝の城跡 #ホーチミンのお墓 #レストランもある #最古の大学

Genic!

ココに注目

玉山祠

湖上の小島に建つ祠は、13世紀に創建。1968年にホアンキエム湖で発見された250kgの亀がはく製にされ、伝説の亀として展示されている

街の中心にある伝説の湖

❶ ホアンキエム湖 Ho Hoan Kiem

ハノイの中心にある湖。黎朝を開いたレ・ロイ王が、亀から授かった宝剣で明軍を撃破し、亀に剣を奉還したという伝説がホアンキエム（＝還剣）湖の由来。湖上の島には聖人ラートーなどを祀った玉山祠がある。

ホアンキエム湖周辺
▶MAP P.219 D-7

⌂Ho Hoan Kiem, Q. Hoan Kiem ⊗大教会から徒歩15分 ◷玉山祠7:00～18:00 ㊕玉山祠3万 VND

知ってる？

ホー・チ・ミン（1890～1969年没）

Ho Chi Minh

ベトナム民主共和国の初代主席。民族解放と独立を目指し、ベトナム革命を指導した。慈愛に満ちた風貌、腐敗を嫌う性格から、市民に愛され、親しみを込めて「ホーおじさん」と呼ばれる。

建国に尽力した英雄が眠る

❷ ホーチミン廟

Lang Chu Tich Ho Chi Minh

1975年の建国記念日に合わせて建立された、ホー・チ・ミンの遺体を安置する廟。ガラスケースの中に横たわる遺体の見学は1日1回のみで、内部では私語や写真撮影は厳禁。廟前のバーディン広場は、1945年9月2日にホー・チ・ミンが独立宣言を読み上げたことで有名。

ホーチミン廟周辺
▶MAP P.215 E-2

⌂2 Hung Vuong, Q. Ba Ñinh ⊗大教会から車で10分 ☎024-38455128 ◷7:30～10:30（土・日曜は～11:00）、11～3月は8:00～11:00（土・日曜は～11:30） ㊡月・金曜、6月15日～8月15日※メンテナンス期間は変更される場合あり ㊕無料

常に厳粛な雰囲気のホーチミン廟。荷物の持ち込み、写真撮影は禁じられているので注意

ホー・チ・ミンの人柄を感じる住宅跡

❸ ホーチミン王席遺跡区

Khu di tich chu tich, Ho Chi Minh/Tai phu chu tich

1954～1969年の間、ホー・チ・ミンが生活していた2階建ての高床式住居。廊下から書斎や寝室の様子を見ることができる。質素な生活を好んだ彼の人柄が表れた造りで、ジャスミンなどの木々や鯉が泳ぐ池も残っており、見応え充分。

ホーチミン廟周辺 ▶MAP P.215 E-2

🏠1 Bach Thao, Q. Ba Dinh ⓧホーチミン廟から徒歩7分 ☎08044529 🕒7:30～11:00、13:30～16:00(11～3月は8:00～11:00、13:30～16:00) ㊡月曜の午後 ㊕4万VND

❶質素な造りの高床式住居 ❷窓にはレースカーテンがかけられ、センスの良さがうかがえる ❸愛用の時計や机が飾られた書斎

❹1階のリビングには金魚も ❺❻ギフトショップにはホーおじさんグッズがずらり。ペーパーウエイト、ホーチミン廟のマグネット、ポストカードなど

蓮の花のように池に立つ寺院

❹ 一柱寺

Chua Mot Cot

御堂内に小さな観音像を安置している

李王朝時代の皇帝・リータイトン(李太宗)が1049年に建立。夢に現れた蓮の花の上に立つ観音菩薩の姿をイメージしており、1本の柱の上に3m四方の仏堂が重なるユニークな形をしている。

ホーチミン廟周辺 ▶MAP P.215 E-2

🏠Chua Mot Cot,Q.Ba Dinh ⓧホーチミン廟から徒歩3分 🕒24時間 ㊡無休 ㊕無料

ベトナム最古の大学

❺ 文廟

Van Mieu

1070年に孔子を祀るために建立。別名、孔子廟。1076年にベトナム初の大学として開校し、約800年間多くの優れた人材を輩出した。

ハノイ駅周辺 ▶MAP P.215 E-3

🏠58 Quoc Tu Giam, Q. Dong Da ⓧホーチミン廟から徒歩20分 ☎024-38235601 🕒8:00～17:00 ㊡無休 ㊕7万 VND

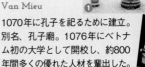

❶境内では、ベトナム伝統音楽の演奏も行われる ❷進士題名碑。官吏登用試験である科挙の合格者名が刻まれた亀趺(きふ)碑が並んでいる

フードもサービスもハイレベル

❻ コト

KOTO

文廟に面したレストラン。4階にわたったフロアはそれぞれ雰囲気が異なり、ベトナム＆西洋料理が味わえる。

ハノイ駅周辺 ▶MAP P.215 E-3

🏠35 Van Mieu, P. Van Mieu, Q. Ñong Ña ⓧ文廟から徒歩2分 ☎024-66867736 🕒10:00～22:00 ㊡無休

❶雰囲気のいい店内 ❷人気のブン・ボー・ナンボ13万VND ❸スタッフは職業訓練校の生徒。サービス◎

ハノイ市内にある世界遺産

❼ タンロン遺跡

Imperial Citadel of Thang Long

2002年に国会議事堂の建て替えの際に発見された7～19世紀の遺跡群。11～19世紀に栄えたタンロン(ハノイの旧称)王朝を中心とする、各年代の城跡などが重層的に発掘された。2010年にベトナムで6番目のユネスコ世界遺産に登録。

ホーチミン廟周辺 ▶MAP P.215 E-2

🏠19C Hoang Dieu, Q. Ba Đinh ⓧホーチミン廟から徒歩10分 ☎024-37345427 🕒8:00～16:30(閉館は17:00) ㊡月曜 ㊕3万 VND

現在も発掘調査中の場所が多々ある

旅メモ ホーチミン廟前のバーディン広場では毎朝6時に国旗掲揚式が行われている。

Photogenic spot in Ha Noi

写真を撮るならここ! フォトジェニックスポット

#ウォールアート #コロニアル建築 #セラミックアート #レトロな鉄橋 #絶景カフェ

トリックアートのような壁画が続く道

Genic!

ベトナムと韓国の合同作品

フンフン通り

Phung Hung

ハノイ駅とロンビエン橋をつなぐアーチ形の石積みが続く通り。壁画はベトナムと韓国の友好条約締結25周年を記念して、両国の美術家が集まり完成させたもの。ベトナムの伝統的な街並みが描かれる。

旧市街
▶MAP P.218 A-2

❶トリックアートのような立体的な壁画もたくさんある ❷まるで絵と一体化しているみたい ❸路上販売と一緒にパチリ

3

Genic!

通称コロニアル・ストリート

グエン・クアン・ビッチ通り

Nguyen Quang Bich

ハンザ・ギャラリアからも近く、フォー味のカクテルなどが楽しめるモヒートバー＆ラウンジや、ビスポーク・トレンディ・ホテル・ハノイ（→P.134）などが並ぶ通り。パリを思い起こさせるコロニアル建築の家々は必見。

旧市街 ▶MAP P.216 B-3

1

2

❶普通の民家も絵になる ❷鮮やかな色彩の扉が何ともすてき ❸ヨーロッパ風の建物が並ぶ通りはどこでも撮影スポット

さまざまなアートが次々描かれているので、歩きながら眺めるだけでも楽しい

Genic!

ギネス記録の陶器アート

セラミック・ロード

歩道がない場所もあるので気をつけて

Ceramic Mosaic Mural

全長約7kmに及ぶ世界一長いモザイク画。2010 年に「ハノイ遷都1000 年」を記念して作られた。細かなバッチャン焼の陶器が無数に重ねて作られており、ベトナムの風景、歴史、歳時記などさまざまなテーマのアートが描かれている。

ホアンキエム湖周辺 ▶MAP P.216 E-4

フンフン通りのウォールアートと一緒に橋を写して

歴史を感じるさびついた鉄橋

Genic!

ロンビエン橋

Cau Long Bien

1902年完成の、ホン川に架かる長い鉄橋。ベトナム戦争時には爆撃を受けて破壊されるも、そのたびに修復されてきた。往年の歴史が詰まった人気フォトスポットだが、線路内への立ち入りは禁止されているので注意。

タイ湖周辺 ▶MAP P.215 H-1

🏠 Ngoc Thuy, Long Bien　㊋ドンスアン市場から徒歩15分　☎なし　㊊見学自由

ロンビエン橋を眺められる最高のカフェ

涼しげなテラス席からのんびり名物コーヒーを楽しもう

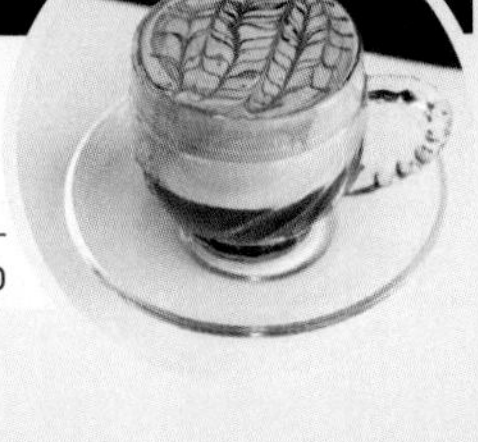

エッグ・コーヒー
9万5000VND

ハノイの街を一望できるすてきカフェ

セレイン・カフェ&ラウンジ

Serein Cafe Lounge

ロンビエン橋に親しみをもってもらいたい、という理由で開店したカフェ。店内はシックな造りでファンも多い。テラス席からはロンビエン橋の全景を望める。名物のエッグ・コーヒーを飲みながらシャッターを切ろう。

旧市街 ▶MAP P.218 C-1

🏠 16 Tran Nhat Duat, Q.Hoan Kiem
㊋大教会から車で11分　☎093-6446221
🕒8:00～22:30　㊡無休　㊊15万VND～

1

歴史を感じさせるカトリック教会

Genic!

大教会

Nha Tho Lon

ハノイの街のシンボル的教会。荘厳な雰囲気の建物をバックに写真を撮る観光客も多い。入場は無料で、内部の美しいステンドグラスや宗教画も必見。

大教会周辺 ▶MAP P.219 B-8

🏠 Nha Tho, Q. Hoan Kiem　㊋大劇場から徒歩20分　☎024-38285967
🕒ミサ5:30、18:30（日曜は5:00～20:00の間に6回）　㊡無休　㊋無料

2

❶教会前の広場でベストショットを。観光客用の入り口は正面左手にある　❷ステンドグラスの美しい教会内部

パリに比べて規模は小さいが、存在感は十分。夜にはライトアップもされる

フランス統治時代の面影を残す劇場

Genic!

大劇場

Nha Hat Lon

美しい黄色の外観が目を引くオペラハウス。パリのオペラ座を模しており、規模こそ小さいものの、内外観の美しい装飾が評判。

ホアンキエム湖周辺
▶MAP P.217 E-6

🏠 1 Trang Tien, Q. Hoan Kiem　㊋大教会から徒歩20分　☎024-39330113
🕒20:00～22:00　㊡㊋演目により異なる

Beauty in Ha Noi

日常を離れてごほうびスパ&エステ

#高級スパ #最新設備が揃うスパ
#エビアンのスパ #フットマッサージ

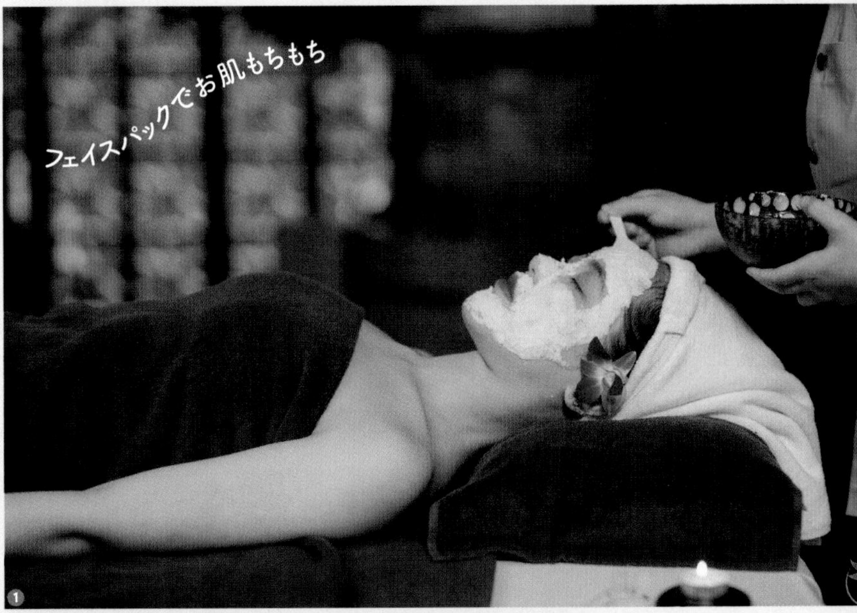
フェイスパックでお肌もちもち

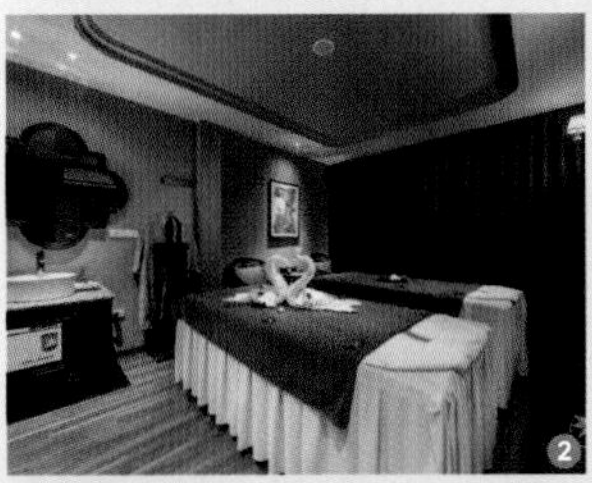

金箔入り
アロマオイルが
贅沢

❶セラピストはベトナムやタイでマッサージの技術を習得した熟練ぞろい ❷落ち着いた店内には個室も5室ある ❸ハノイでは珍しいカッピングも。美肌、冷え性・肩こり・疲労の回復など ❹室内には半露天風呂があり、バラの入ったミルクバスが楽しめる ❺アロマオイルは植物エキスなどの天然成分で作られている

旧市街散策中に立ち寄れる高級スパ

セレーナ・スパ 2号店

Serene Spa

にぎやかな旧市街の中にある高級感あふれるスパ。ウェルカムドリンクに自家製のお茶がふるまわれる。オリジナルオイルやバラのお風呂、金箔入りのアロマオイルなど、贅沢な時間を堪能できる。

旧市街 ▶MAP P.218 D-4
58 Duong Ma May Q. Hoan Kiem
㊋大教会から徒歩5分
☎0933-883368
🕒9:00～21:00 (閉店は22:30)
㊡無休

❶体と心も癒すがコンセプト　❷❸人気メニューのオーシャン・ボヤージュでは、体の部位ごとに異なるジェット水流を当てるハイドロテラピーを体験

最新設備とマシンがそろう

アマドラ・ウェルネス&スパ

Amadora Wellness & Spa

ヴィンコム・シティ・タワーズから近い、ラグジュアリースパ。5フロアにスパルームが14部屋あり、ヘア・トリートメントルームやハノイ唯一のハイドロテラピープールがある。

市南部
▶MAP P.215 F-4
🏠250 Ba Trieu, Q.Hai Ba Trung
㊋大教会から車で8分
☎024-39785407
🕘9:00〜20:00　㊡無休

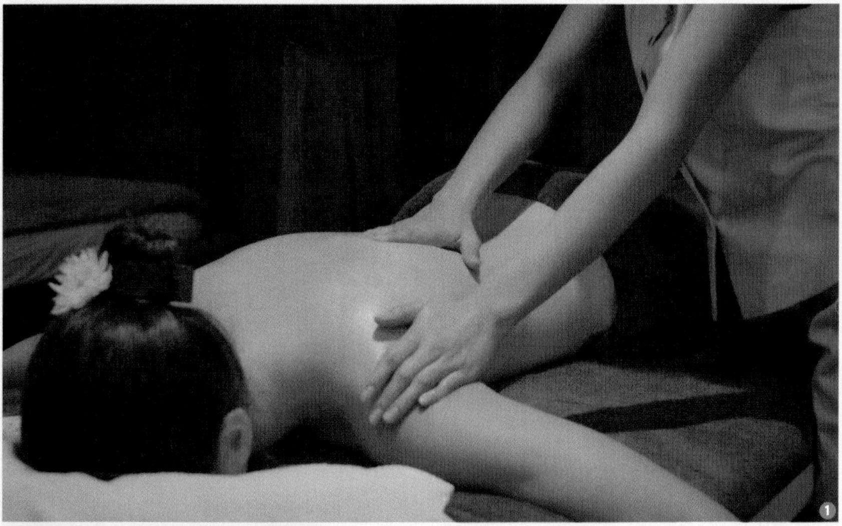

❶マッサージの強弱などを伝えて自分好みの施術にしよう　❷ジャクジー付きVIPルームで優雅な時間を

確かな技術とサービスで人気

アーバン・オアシス・スパ

Urban Oasis Spa

旧市街にある人気のスパ。7階建ての建物すべてがスパになっており、ジャグジーとサウナが付いたVIPルームもある。スウェーデン式、タイ式など多彩なメニューが用意されている。

ホアンキエム湖周辺 ▶MAP P.219 C-6
39A Hang Hanh,Q.Hoan Kiem　㊗大教会から徒歩8分
☎024-33543333　🕒9:00〜23:00　㊡無休

天然ハーブと神秘的な音に癒される

ソン・スパ

Song Spa

グランド・メキュール・ハノイにあるスパ。伝統的なベトナム式マッサージや天然のハーブを使ったハーブボディマッサージなどが人気。伝統のベルを使った音の癒しも。ジャグジーもあり、観光後のリフレッシュに最適。事前予約が必要。

ハノイ駅周辺 ▶MAP P.215 E-3
グランド・メルキュール・ハノイ内(→P.133)
㊗美術博物館から徒歩5分　☎024-32115757
🕒10:00〜20:00　㊡無休

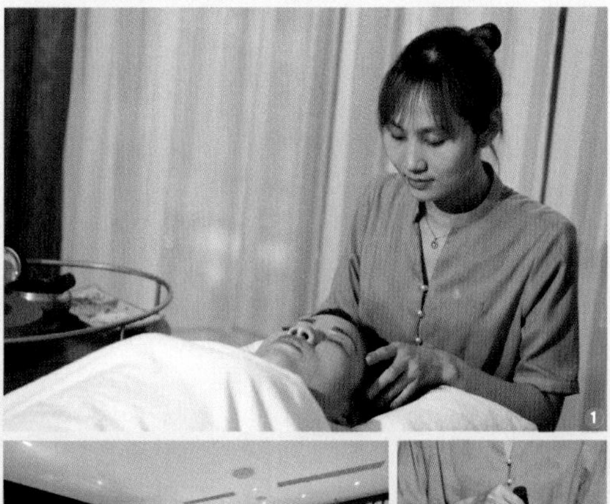

❶アロマテラピーは3種類のオリジナルアロマから香りを選べる　❷伝統工芸の竹細工を模したデザインの受付　❸魂から癒す音色といわれている

❶スパ利用者専用のプール　❷水のボトルが飾られたレセプション　❸ハノイの街が一望できる　❹友達と一緒に施術を受けることも可能。VIPルームもある

エビアンが手がける贅沢スパ

エビアン・スパ

evian Spa

ミネラルウォーターで知られる「エビアン」によるスパ。ジャクジーやプールにはエビアンウォーターを使用。ボディやフェイシャルなどメニューの種類も多い。

市西部 ▶MAP P.214 C-3

🏠34〜35F Lotte Hotel Hanoi, 54 Lieu Giai, Q. Ba Dinh　⊗ホーチミン廟から車で10分
☎024-3333-1000　🕒10:00〜22:00（最終受付はコースにより異なる）　㊡無休

疲れた足も軽くなる極楽マッサージ

ヴァン・スアン

Van Xuan

ハノイ女子も通うマッサージ店。足マッサージは、まず薬草で足をキレイにしてから、足を重点的に、さらには背中や肩への施術もサービスしてくれる。終わったあとは体がすっきり軽くなる。

大教会周辺 ▶MAP P.219 B-7

🏠28C Ly Quoc Su, Q. Hoan Kiem
⊗大教会から徒歩3分
☎024-22188833
🕒10:00〜23:30
㊡無休

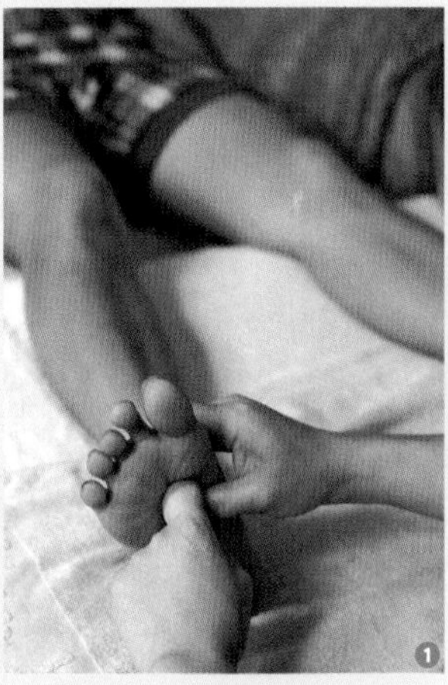

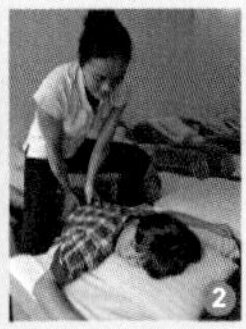

❶イタ気持ちいいツボ押しで健康的な体に　❷足マッサージにサービスしてくれる背中のマッサージ

Stay in Ha Noi

ハノイステイを彩る優雅なホテル

#ベストサービス賞受賞ホテル #デザイナーズホテル
#アジアンテイスト #ドラマティックなインテリア

ホスピタリティあふれる
高級ホテル

使い勝手の良い
コンテンポラリーホテル

プルマン

Pullman Hanoi Hotel

ベトナムのホテルアワードで、ベストサービス賞を受賞した高級ホテル。フレンドリーなスタッフ、モダンアートのようなオブジェなど、コンテンポラリーな雰囲気が漂う。客室は広めの造りで、居ごこちも抜群。朝食レストランも評判がいい。

タイ湖南 ▶MAP P.214 D-3
🏠40 Cat Linh, Q. Dong Da
㊦ホーチミン廟から車で7分
☎024-37330808
㊙ⓈⓉ US$110～135（時期により変動） 日本予約 FREE 00531-61-6353

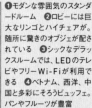

❶モダンな雰囲気のスタンダードルーム ❷ロビーには巨大なリンゴとハイチェアが。随所に驚きのオブジェが配されている ❸シックなデラックスルームでは、LEDのテレビやフリーWi-Fiが利用できる ❹ベトナム、西洋、中国と多彩にそろうビュッフェ。パンやフルーツが豊富 ❺1階のMint Barはオープンな雰囲気のカフェバー ❻モダンな雰囲気

❶高級感漂う吹き抜けのロビー　❷屋上のプールは開放感抜群　❸琥珀色のフローリングなどクラシカルな雰囲気のデラックススイート　❹バー「Van」ではオリジナルカクテルも提供　❺各国料理を提供する「ロクアリー」とエスニック料理の「シグネチャーレストラン」2つのレストランがある

豪華で快適な旅の拠点

グランド・メルキュール・ハノイ

Grand Mercure Hanoi

2022年にオープンした5つ星ホテル。客室はアジアンテイストのインテリアや天蓋付きベッド、ガラス張りのバスルームなどで「リゾート空間」を演出。屋上プールからは市街が一望できる。

ハノイ駅周辺 ▶MAP P.215 E-3

🏠9 Cat Linh, Quoc Tu Giam, Q. Dong Da　⊗美術博物館から徒歩5分
☎024-32115757　㊊ⓈⓉ US＄200～

Stay in Ha Noi

快適な旅の拠点ハノイホテルコレクション

#スタイリッシュなホテル #立地が最高 #日本テイスト #ブティックホテル

19世紀のフランスを
イメージしたインテリアが◎

大劇場から徒歩すぐの好立地

ホテル・ドゥ・ロペラ・ハノイ　Mギャラリーコレクション

Hotel de l'Opera Hanoi MGallery Collection

19世紀フランスのデザインに影響を受けたという、ゴージャスでスタイリッシュな5つ星ホテル。大劇場からは徒歩3分と利便性の高い立地がうれしい。各客室にはヨーロッパ家具に上質のリネンが備えられ、壁や明かりにいたるまで凝っている。

ホアンキエム湖周辺 ▶MAP P.217 E-6
29 Trang Tien, Q. Hoan Kiem　㊋大劇場から徒歩3分
☎024-62825555
㊮ⓈⓉUS$250～400（時期により変動）
日本予約 FREE 00531-61-6353

❶ドラマティックなインテリアが、乙女心をくすぐる
❷中心地にありながら静かで落ち着ける環境
❸華やかな気分にさせてくれるバスルーム

レストランはスタイリッシュで開放的。窓からは街並みが見える

ホスピタリティもここちよいホテル

ビスポーク・トレンディ・ホテル・ハノイ

Bespoke Trendy Hotel Hanoi

旧市街にある立地も部屋のデザインも魅力のブティックホテル。高いホスピタリティで欧米人観光客にも人気がある。作りたてのオムレツやフォーがいただける朝食ブッフェも好評。

旧市街 ▶MAP P.216 B-3
12 Nguyen Quang Bich, Q. Hoan Kiem　㊋大教会から徒歩12分　☎024-39234026、4027、4029
㊮Ⓢ US$80～Ⓣ US$85～

インターコンチネンタル・ハノイ・ウエストレイク

InterContinental® Hanoi Westlake

夕日の美しさでも知られるタイ湖に面し、まるで浮かんでいるような高級ホテル。インテリアはアジアンテイストでまとめられ、全室からタイ湖が望める。客室とレストラン棟は桟橋で結ばれ、別棟のサンセット・バーも人気。

タイ湖周辺
▶MAP P.214 B-4
🏠5 Pho Tu Hoa, Q. Tay Ho
㊋ホーチミン廟から車で15分
☎024-62708888
㊕ⓈⓉ US$200～
日本予約 FREE 0120-455-655

くれたけイン キンマー 132

KURETAKE INN KIM MA 132

日本語を話せるスタッフが常駐しており、日本にいるような安らぎを感じられる。最上階には露天風呂があり、ハノイの街を見渡すことができる。メニュー豊富な朝食バイキングも人気。

市西部 ▶MAP P.214 D-3
🏠132-138 Kim Ma, Q. Ba Đinh
㊋ホーチミン廟から車で5分
☎024-39877777
㊕Ⓢ US$55～Ⓣ US$66～

パン パシフィック ハノイ

Pan Pacific Hanoi

タイ湖に面して建っている高級ホテル。寝ごこちのよいオリジナルベッドを配した客室はモダンで快適。タイ湖に沈む夕日が見られるルーフトップバー、ザ・サミットも、その雄大な眺めで人気がある。Wi-Fiも無料。

タイ湖周辺
▶MAP P.215 E-1
🏠1 Thanh Nien, Q. Ba Dinh
㊋大教会から徒歩12分
☎024-39343343
㊕ⓈⓉ US$120～
日本予約 FREE 0120-001-800

メルキュール・ハノイ・ラ・ガール

Mercure Hanoi La Gare

街の中心にあり便利なロケーション。ハノイ駅にも徒歩5分と近いため、中部のフエやホイアン、サパなどへ足をのばす際に便利。シンプルで機能的な客室は広めの造りで、カラフルにまとめられている。

ハノイ駅周辺
▶MAP P.217 A-5
🏠94 Ly Thuong Kiet, Q. Hoan Kiem
㊋ハノイ駅から徒歩5分
☎024-39447766
㊕ⓈⓉ US$90～
日本予約 FREE 00531-61-6353

メリア Melia Hanoi

市内中心部にあり、ランドマーク的存在。全室バスタブ付き。

ホアンキエム湖周辺
▶MAP P.217 C-6
🏠44B Ly Thuong Kiet, Q. Hoan Kiem
㊋大教会から徒歩12分
☎024-39343343 ㊕ⓈⓉ US$120～

モーヴェンピック Mövenpick Hotel Hanoi

ヨーロッパ風で高級感があり、ビジネス客が多い。

ハノイ駅周辺 ▶MAP P.217 A-6
🏠83A Ly Thuong Kiet, Q. Hoan Kiem
㊋ハノイ駅から徒歩5分
☎024-38222800
㊕ⓈⓉ US$150～

デウー Hanoi Daewoo Hotel

近代的な施設とサービスの良さで、各国のVIP御用達。

市西部 ▶MAP P.214 C-3
🏠360 Kim Ma, Q. Ba Dinh
㊋ホーチミン廟から車で10分
☎024-38315000
㊕ⓈⓉ US$90～

シルク・パス Silk Path

旧市街の散策に便利なロケーション。館内設備も充実。

ホアンキエム湖周辺
▶MAP P.216 A-4
🏠195-199 Hang Bong, Q. Hoan Kiem
㊋大教会から徒歩10分
☎024-32665555 ㊕ⓈⓉ US$80～

コニファー・ブティック Conifer Boutique Hotel

中心部のしゃれたエリアにあり、セキュリティも万全。

ホアンキエム湖周辺
▶MAP P.217 E-6
🏠9 Ly Dao Thanh, Q. Hoan Kiem
㊋大劇場からすぐ ☎024-32669999
㊕Ⓢ US$70～Ⓣ US$75～

旅メモ 中級以上のホテルでは宿泊料金のほかに、付加価値税（VAT）10%とサービス料5%がかかる。

奇岩が浮かぶ神秘の世界

ハロン湾で感動クルージング

世界遺産にも認定された奇岩の海を、贅沢にゆったりとクルーズして楽しもう。

ハノイからの小旅行

ハロン湾

Ha Long Bay

世界遺産

1994年に世界遺産に登録された、ベトナムを代表する景勝地。1553㎢という広大な湾には長い時間をかけて浸食された3000もの石灰岩の奇岩が浮かぶ。その雄大な景色が中国の桂林に似ていることから「海の桂林」とも呼ばれている。天候や時間によって変化する美しい風景を堪能しよう。MAP P.207 C-1

ハロン湾へのアクセス

バス	ハノイのザーラム・バスターミナルからバイチャイ・バスターミナルへ、約3時間30分、15万～17万VND
車	ハノイの東約160㎞。ハロン湾を望むホンガイとバイチャイまでは、3～4時間
Tour	ハロン湾クルーズ・日帰りツアー 8:00～20:30、US$100～(TNK&APTトラベルJAPAN)

ハロン湾の豆知識

HaLong Knowledge

ハロン湾伝説

ハロンとはハ＝降りる、ロン＝龍の意味。中国の侵攻に悩まされていた時代、空から舞い降りてきた龍の親子が玉をはき出し、撃退したという伝説に由来する。その玉が海面に岩となって突き刺さり、今も外敵を防いでいるといわれる。

ベストシーズン

6～11月、なかでも晴れることが多い8 ～ 9月がおすすめ。6～10月は不規則に台風が来るが、その場合、船は出航しないことが多い。冬は風が強く冷え込むので、この時期に行く場合は防寒対策を。

奇岩群の謎

中国・桂林からニンビンにかけて続く石灰岩大地が氷河期時代に沈降し、長い歳月をかけて海水、風雨に浸食されて誕生。奇岩が朝靄に霞み、昼は光で、夜には月光や星空で輝く。そんな神秘的な景観が楽しめる。

日帰りクルージングを楽しむ

海の桂林とも呼ばれ、世界遺産にも登録されている
ハロン湾。天候や時間によって、日々変化して見える風景は、
クルーズ観光で楽しむのが一般的。

1 ハノイを出発してクルーズ船乗場へ

遊覧船でゆったりクルージングを楽しみましょう

2 ハロン湾クルーズで幻想的な景色を堪能

ゴリラの横顔に似ていることから、通称「ゴリラ岩」

20万ドン札にも印刷されているディンフォン(香炉)島

3 新鮮シーフードでランチタイム

Delicious!

漁場としても有名なハロン湾。エビやカニ、巨大シャコなど、新鮮シーフードをたっぷりと味わって

4 幻想的な鍾乳洞ティエンクン洞へ

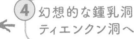

ティエンクン鍾乳洞。大小の奇岩には数多くの洞窟があり、鍾乳石が林立している

5 下船してハノイへ出発

乗船場に帰着したら、ハノイのホテルへ

Topics!

ハロン湾おすすめSTAY

ホテル STAY

ノボテル・ハロンベイ

ハロン湾の目の前に建つモダンなホテル

Novotel Ha Long Bay

ハロン湾エリア初の4つ星ホテル。湾沿いに建っており、客室やプールバーからの眺めは絶景

MAP P.207 C-1

160 Ha Long Phu, P. Bai Chay TP. Ha Long
☎0203-3848108 ㊙126万4000VND～
日本予約 FREE 00531-61-6353

船 STAY

パラダイス エレガンス号 ハロン湾1泊2日 クルーズ

宿泊ツアーならではのハロン湾の満天の星と、ピアノの生演奏やバーを一緒に楽しめる贅沢なクルージング。

MAP P.207 C-1

所要1泊2日●問い合わせ／ウェンディツアーハノイオフィス ☎093-8685-778 ㊙888万VND～

パラダイスエレガンス号は、現代的なベトナムのデザインとコンセプトを融合させた船

焼き物の里バッチャン

#村民のほとんどが陶器づくり　#伝統的なものからニューバッチャンまで　#絵付け体験

村人の9割が陶器に関わっており、陶器店が連なる。
バッチャン焼が誕生した村で、自分好みの焼き物をみつけよう。

どんなエリア？

ハノイから車で約30分のところにある、焼き物の村・バッチャン。徒歩で30分あれば回れる小さな村には陶器店が連なり、村人の9割は陶器に関わっている。最近は、昔ながらの絵柄だけでなく、モダンなニューバッチャンも人気で、バリエーションも豊富にそろう。

MAP P.207 B-1

Access

バス　ハノイからバッチャン行きのローカルバス47A番。ロンビエン・バスターミナルから5:00～20:00に約15分間隔で運行。料金は7000VND。

車　ハノイから南東へ約15km。約30～40分。

バッチャンでは、新旧さまざまなデザインの陶器を販売。これはオールドスタイルといわれる伝統柄

洗練されたニューバッチャン

デリシャス・セラミック

Delicious Ceramic

デザイナーの親子によるモダンでアート感覚にあふれたデザインのバッチャン焼が揃う。新しいバッチャン焼の世界が楽しめる。

MAP P.207 B-1

🏠227 Giang Cao, Xom 5, Bat Trang, Gia Lam
㊟バッチャンのバス停から徒歩20分
☎091-9380366
🕒8:00～17:00　㊡無休

❶天秤棒を担ぐ人を描いた急須US$25。絵柄はレトロだが、デザインはモダン　❷オレンジ色の茶碗US$3、皿US$35　❸いろいろ使えそうな小物入れUS$7

CHECK

陶器市場へも行ってみよう

100軒以上の店が軒を連ねるバッチャン陶器市場。大小さまざまなものが販売されており、見飽きない。じっくりと掘り出し物を探したい。生鮮食品なども販売されているので、軽い食事もできる。

種類がいろいろそろうバッチャン陶器市場

木版画の村ドンホー

#ドンホーツアーもおすすめ　#工房見学　#ベトナム版人間国宝

ベトナム伝統芸の『ドンホー版画』はいまでは希少な存在となっている。
古きよき文化を体験しよう。

どんなエリア？

16世紀頃から、伝統の木版画が制作されてきたドンホー村。かつては、家に代々伝わる版木で作っていたが、後継者が減り、現在、版木を制作しているのはたったの2軒。天然の紙や染料を用いた版画には、日常生活や風刺画、今は使われていない漢字が書かれるなど、中国の明～清時代の名残が見られる。

MAP P.207 B-1

Access

ハノイから車で1時間程度。小さな村なので、半日あれば買い物を含めて十分楽しめる。車をチャーターする場合は、1日150万VND～が目安。

❶将来の幸福を願って作られたというドンホー版画。縁起物として旧正月（テト）の時期に飾られる　❷ベトナムの田舎の風景が広がり、時間がゆっくりと流れている

鮮やかな手つきで版画が刷られていく様子は一見の価値あり

さまざまな版画はみやげ物に

ベトナム版画界の巨匠

ドンホー庶民画交流センター

Trung Tam Giao Luu Van Hoa Tranh Dan Gian Dong Ho

日本でいう人間国宝に指定されているグエン・ダンチェ氏。工房では弟子たちが版画制作を行う光景を見学できる。隣にみやげ物店を併設。

MAP P.207 B-1

🏠38 Dong Khe, Song Ho
㊐ハノイ市街地から車で約1時間
☎0222-386530
🕒7:00～17:00　㊡無休

素朴な色使いが魅力

グエン・ヒュー・サム氏の工房

Nguyen Huu Sam

天然の紙と絵具を使い、ほのぼのとした風合いが人気のサム氏。家庭的な工房には後継者で息子のクワ氏が伝統技法で色付けしている。

MAP P.207 B-1

🏠Lang Dong Ho, Bac Ninh
㊐ハノイ市街地から車で約1時間
☎0222-3873847　🕒7:00～21:00
㊡無休

日常生活を題材にした版画が多い

CHECK

ドンホー版画の絵柄

ドンホー版画は、その時代の生活、風物詩、歴史だけではなく、風刺画としての意味合いもある。『焼きもち』がテーマの版画では、夫の浮気と愛人、妻という昔の多妻制度が、また『ネズミの結婚』では賄賂や農民の苦労が風刺されている。ベトナムの封建時代が垣間見えて面白い。

『焼きもち（Danh ghen）』。鮮やかな色彩も魅力

ノスタルジックなハノイ

水上人形劇&カーチュー

ハノイの伝統芸能を楽しむのも観光の魅力のひとつ。水上人形劇はベトナム語で「ロイ・ヌオック」と呼ばれ、1000年以上の歴史がある。宮廷で王の前でも披露された格式ある伝統芸能。世界無形文化遺産に登録されたカーチューは、伝統楽器と歌い継がれる歌が情緒を感じさせる。

コミカルな人形劇や、伝統楽器と歌声が胸に響くカーチュー。ハノイ生まれの伝統エンタメを楽しもう!

水上人形劇

日常生活や伝説を、面白おかしく人形が演じるハノイ生まれのエンターテインメント。水の中で軽快に動く人形と音楽に釘付け！

仙女が高官を招いて踊りを舞う華やかな演目

日常生活や伝説を人形劇で楽しむ

タンロン水上人形劇場

Thang Long Water Puppet Theatre

ハノイ発祥のコミカルな伝統芸能。演目は1編が3～5分間で全14編、内容は農家の日常生活や、竜や獅子が登場する伝説を描いたものなど。人気の観光スポットのひとつとなっている。

ホアンキエム湖周辺 **MAP** P.219 D-6

🏠57B Dinh Tien Hoang, Q. Hoan Kiem ㊋ホアンキエム湖からすぐ
☎024-38249494
🕒15:00～21:00 ※日により公演回数と時間が異なる。要確認 ㊡無休
㊎1等席10万 VND、2等席6万 VND(カメラ撮影は2万 VND、ビデオは6万 VND追加、英語通訳は5万 VND)

【龍の踊り】その昔、龍の王が山の女王と結婚して100人の息子をもうけ、その子孫がベトナム人となったという伝説。龍がきれいに舞う姿に感動！

カーチュー

世界無形文化遺産に登録された伝統芸能。3つの伝統楽器（弦、打楽器、太鼓）に合わせ、歌い手が情感豊かに歌いあげる。

弦楽器のダンダイ(右)と打楽器のファイック(中央)、太鼓のチョンチャウ

楽器の体験では丁寧に教えてくれる

観客が楽器を演奏できる時間もある

トップ歌手の歌声に酔いしれる

カーチュー・ハノイ・クラブ

Ca Tru Ha Noi Club

ベトナムでトップカーチュー歌手の一人、バク・バンさんの歌声が聴ける。雅楽のような調べと感情豊かな歌声は聴きごたえ抜群。観劇するには予約が必要。

旧市街 **MAP** P.219 D-5

🏠Dinh Kim Ngan,42 Pho Hang Bac, Q. Hoan Kiem ㊋大教会から徒歩15分 ☎097-2887252
㊎1ショー600万 VND～(予約のみ)
＊現在予約時のみショーを開催。詳細は要問い合わせ

何を楽しむ?

CENTRAL VIET NAM

KEYWORD
早わかり

KEYWORD
ダナン

KEYWORD
フエ

KEYWORD
ホイアン

KEYWORD
ニャチャン

OTHERS!

PICK UP AREA

Central Viet Nam

Tourist spots in Central Viet Nam

ビーチリゾートや世界遺産など
楽しみどころ、見どころ満載

*There are endless ways to enjoy yourself,
from relaxing at a beautiful beach resort,
to visiting Asian world heritage sites.*

ホテルにも空港にも近いダナンの
ビーチリゾートは南国感満載

ホイアン名物のランタン。
幻想的な雰囲気にときめく

Central Viet Nam,Quick Guide

中部早わかり

**豊かな自然や世界遺産にも登録されている古都の街並みを満喫できる中部。
都市部では味わえない最上のくつろぎを体感しよう。**

どんな街？

今、世界中の人気を集める観光スポット、中部。成田空港から直行便が運航するダナンが玄関口。世界遺産やビーチリゾートもあり、都市部とは違うベトナムの魅力を満喫できる。今後、直行便運航再開の予定もありますます便利に。

人口 約122万人(2022年)

面積 約1285k㎡

開発が進む中部最大の都市

A ダナン

Must!

Da Nang

成田〜ダナン間の運航が再開してから、中部エリアの拠点として利用しやすくなった。ホテルでゆっくりリゾートステイを楽しみたい人にイチオシのエリア。▶P.152

ランタンの明かりが幻想的な古都

B ホイアン

Genic!

Hoi An

ベトナムでいちばん歴史の風情が感じられる街並みには、中国様式の木造家屋と各国の建築様式が入り交じり、エキゾチックな雰囲気が漂う。▶P.168

中部を代表するビーチリゾート!

C ニャチャン

Nha Trang

国内外からの観光客が年間100万人以上も訪れる人気のリゾート地。白浜や青い海、ヤシの木が南国気分を盛り上げる。▶P.175

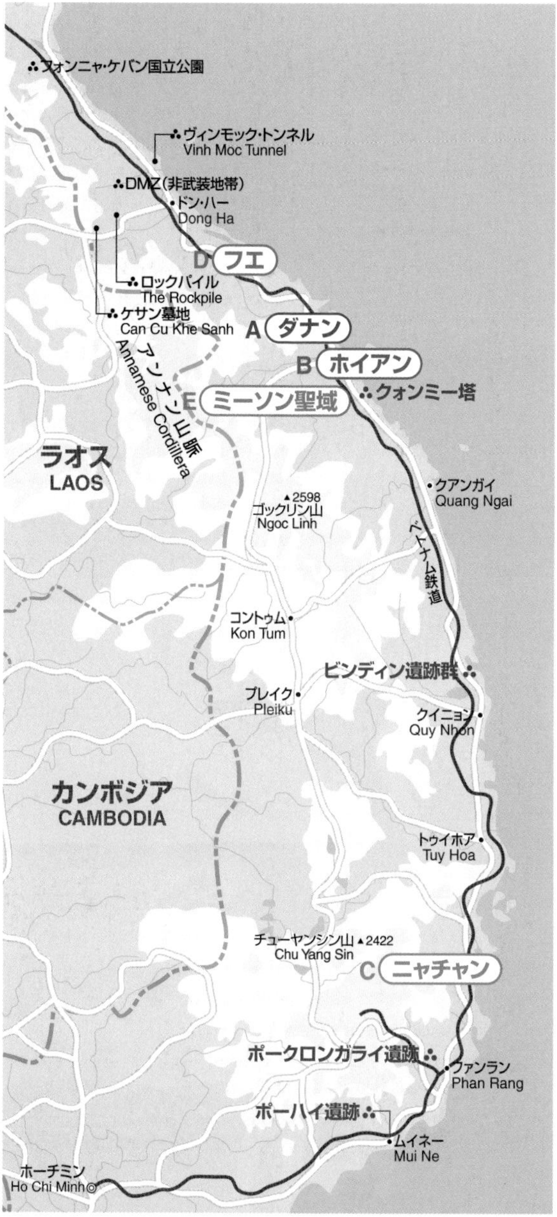

王宮文化が息づく世界遺産の街へ

D フエ HUE

ベトナム最後の王朝、阮朝が1802年から1945年まで首都を置いた歴史都市。阮朝跡を含む「フエの建造物群」が世界遺産に登録され、注目を集めているスポット。▶P.166

謎に包まれたチャンパ王国の聖地へ

E ミーソン聖域

My Son Sanctuary

ベトナム中部から次々に発見されたチャンパ王国の繁栄の跡。1999年に世界遺産に登録され、インドの文化を取り入れながら発展した謎多き国を感じる遺構。▶P.164

IN CENTRAL VIET NAM

2 NIGHTS 4 DAYS

2泊4日王道モデルプラン

Day 1

リゾート地ダナンでグルメと映えスポットを巡る

2
魚介ベースのだしに麺、野菜や肉をのせたダナン名物ミークアン

4
街の中心にあるハン市場。日用品や生鮮食品を買いに地元の人の熱気にあふれている

日本からダナンへの直行便もあるので便利

····· PLAN 1 DAY | DA NANG ·····

14:00 ダナン国際空港着

タクシーで市内に。ミーケー・ビーチが眺められるリゾートホテル、フュージョン・スイーツ・ダナン。 1

↓

14:40 絶品ミークアンを楽しむ ▶P.156

老舗のミー・クアン1Aで、名物ミークアンを。遅めの昼食をいただこう。 2

↓

16:00 ピンクのダナン大聖堂がかわいい ▶P.160

クラシカルなダナン大聖堂と、後ろのモダンなビルのコントラストを意識してシャッターを切ろう。 3

↓

16:30 ハン市場でお買い得な雑貨を物色 ▶P.160

地元の人の熱気に押されながらハン市場でおみやげ選び。 4

↓

21:00 大迫力のドラゴン橋ショーで大興奮 ▶P.161

ドラゴン橋でドラゴンが火と水を吹くショーを鑑賞。橋自体も青や緑などにライトアップされ、見ごたえ抜群！ 5

リゾートホテルのフュージョン・スイーツ・ダナンでは、朝ヨガを無料で開催。清々しい気持ちになれる

人気ランドマーク・ドラゴン橋は週末の夜にショーを開催

淡いピンクのダナン大聖堂。
市内最大のカトリック教会

2NIGHTS
4DAYS
王道
モデルプラン

1
ベトナム全土から集められたコーヒー豆から自分好みの豆を選ぼう

Day 2

異国情緒あふれるホイアンを散策

早朝は気温も高すぎず、のんびりするのに最適！

07:00 早起きしてリゾートビーチを散策 ▶P.152

ダナンの人気ビーチ・ミーケービーチを散歩。早朝なら観光客も少ないのでゆっくりできる。

08:30 おしゃれなカフェでモーニングコーヒー ▶P.157

地元で人気のザ・ローカル・ビーンズで優雅なコーヒータイムを楽しもう。 1

12:00 タクシーでホイアンへ。旧市街散策へ ▶P.168

ノスタルジックな街並みが魅力。日本とゆかりのあるスポットもある。名所の入場はチケットが必要。 2

19:00 ナイトマーケット&灯籠流しを体験 ▶P.169

ホイアンといえばランタン。夜のトゥボン川でランタン見物&灯籠流しを楽しむ。 3

ダナンのビーチは南国リゾートの雰囲気たっぷり。リラックスした時間を楽しもう

紙幣にも描かれている来遠橋（日本橋）。日本人が建造したといわれている

黄色い壁とブーゲンビリアの花が彩る、ホイアンの街並み

2

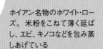

ホイアン名物のホワイト・ローズ。米粉をこねて薄く延ばし、エビ、キノコなどを包み蒸しあげている

3

思わず見とれてしまうほど幻想的なランタン

1802年〜1945年まで
存在した阮朝の王宮

Day 3

丸一日使って
世界遺産のフエ建造物群めぐり

····· PLAN 1 DAY | HUE ·····

08:00 早めにタクシーでフエへ

↓

10:30 阮朝王宮で歴史に触れる ▶P.166

阮朝王宮以外の史跡は郊外にあるので行きたいところを絞ろう。 1

↓

17:00 宮廷料理を食べる ▶P.167

イータオ・ガーデンで美しいフエ宮廷料理を。鳳凰のカービングなど王族気分を堪能。 2

↓

19:00 深夜の便に間に合うように
タクシーでダナン国際空港へ

1601年創建のフエで最も古く美しい寺院・ティエンムー寺。別名「天女の寺」とも呼ばれる

フエに来たなら王宮料理を食べたい。イータオ・ガーデンなら見た目も美しいフエ宮廷の料理を堪能できる

かわいいパッケージのバインミーラスク20万VND

ビーズが縫い付けられたポーチ各12万VND

BOOK CAFE

ベトナムからアンコール遺跡群を巡る

セットで行きたいお隣カンボジアの名跡

ベトナムから飛行機で一時間半ほどで行ける、お隣カンボジアの世界遺産アンコール遺跡群。せっかくベトナムに来たのだから、セットで出かけたい。クメール王朝が残したこの美しい遺跡の数々は心に深く刻まれる。想像を超えるアンコール遺跡巡り、洗練された伝統舞踊の鑑賞など、その楽しみ方も様々。

カンボジア基本情報&ベトナムからのアクセス

パスポート

パスポートは、カンボジア入国時に6か月以上の残存有効期間が必要。

ビザ

観光シングルビザは発給から3か月間有効、30日間の滞在が可能。出発前に東京のカンボジア王国大使館や、大阪などのカンボジア王国名誉領事館で取得する。入国時に空港でビザを取得することも可能だが、慣れない人は日本で取得するほうがよい。

出入国

到着したら入国審査場へ進み、パスポート、ビザ、出国用の航空券またはeチケット、出入国カードを提示。審査終了。荷物を受け取り、係員に税関申告書(あれば)を渡して出口へ向かう。
出国は、2時間前には空港へ行きチェックイン。手荷物検査のあと、パスポート、出国カード(入国時に返された半券)、搭乗券を提示して、出国審査は終了。

アクセス

空路はホーチミン、ハノイからシェムリアップ直行便が毎日定期運航している。ホーチミンからは約1時間20分、ハノイからは約1時間50分。またホーチミンからはバスも出ていて約13時間ほどかかるが料金は安い。ビザが必要。

#アンコール遺跡群って何?

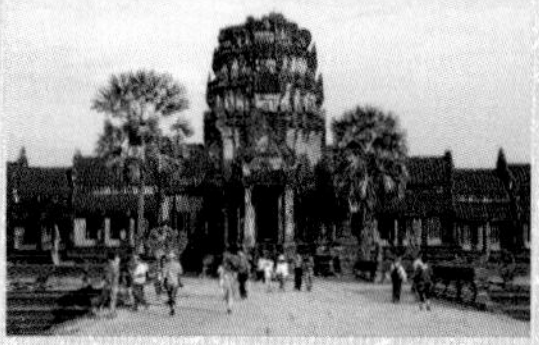
アンコールワットの正門にあたる西塔門

9世紀から約600年続いたアンコール王朝の首都の跡。かつて東南アジアに存在していた王国で、現在のカンボジアの礎。7世紀頃からクメール人がアンコール地方に移り住み始め、802年、ジャヤヴァルマン2世の即位によって創建。シャム(現在のタイ)との戦いにより、1431年に滅亡した。クメール王朝とも呼ばれている。

#遺跡観光Q&A

Q.ベストシーズンは?

A.11月上旬～1月下旬がおすすめ!

一年を通して高温多湿で、雨季が5～10月、乾季が11～4月。4月が最も暑い。観光におすすめなのは11月上旬～1月下旬頃。

Q.日本からのアクセスは?

A.アジアの主要都市を経由してシェムリアップへ

日本からシェムリアップへの直行便はないため、ホーチミンやハノイ、バンコクなどを経由する必要がある。

Q.マナーやタブーはある?

A.最低限のマナーを覚えておこう

むやみに遺物に触れず、立ち入り厳禁区域には絶対に立ち入らないように。また、僧侶に女性から話かけないよう注意。

#アンコール遺跡群の見どころ

大小600ものヒンドゥ教建築や仏教建築、王宮などの遺跡が見どころ。往時の芸術を楽しむことができる。

アンコール・トム
Angkor Thom

アンコール王朝最盛期に建てられた都城。様々な建築様式が見られる。

アンコール・ワット
Angkor Wat

クメール建築の最高傑作の寺院。建造物そのものはもちろん、神へと導く参道や計算された景色の変化も見事。

＼ アンコール遺跡群全体MAP ／

バンテアイ・スレイ
Banteay Srei

「女の砦」を意味するヒンドゥ教の寺院。東洋のモナリザと呼ばれるデヴァター像は必見。

タ・プローム
Ta Prohm

アンコール遺跡の中でも大規模な自然による破壊が進んだ寺院。巨木が絡まる独特な景観が魅力。

#アンコール・ワットの鑑賞ポイント

壁面を覆い尽くすように施されたレリーフには、神話などが描かれている。細やかなレリーフは場面ごとに注目してしまいがちだが、全体のストーリーを把握して進むのも楽しい。

美しく、いきいきとしたデヴァター（女神）が並ぶ

#アンコール・トムの鑑賞ポイント

バイヨンをはじめ、王宮跡や寺院、テラスなどの遺跡の数々は、889年に即位したヤショヴァルマン1世ら複数の王によって造り足され、造り替えられてきた。その時代ごとの建築様式を見比べてみよう。

ヒンドゥの神々が壁面に彫られている王宮跡

#遺跡に施されたモチーフ

アンコール・ワット壁面には神話のエピソードが刻まれている。マハーバーラタ（写真）、ラーマーヤナの2大叙事詩もある。

バイヨンには往時の人々の日常生活がいきいきと描写されている。

#伝統芸能「アプサラ・ダンス」

国の繁栄を願い王に捧げられた宮廷舞踊「アプサラ・ダンス」。伝統楽器が奏でる音楽をBGMに、ヒンドゥ教のエピソードなどが再現される。

歴史を学べば旅がより楽しく!

Charming beaches in Da Nang

魅力的なダナンのビーチ

#ビーチ #透明度が高い #リゾート #真っ白い砂浜
#ダナン #マリンスポーツ #サーファー

美しい砂浜が続く リゾート感満載のビーチ

ミーケー・ビーチ Must!

Bai Tam My Khe

ソンハン橋を渡った先に広がる透明度の高いビーチ。遊歩道沿いには、シーフードを提供するレストランも多数あり、観光客だけでなく、地元の人々にも人気。

MAP P.223 H-4
㊋ハン市場から車で10分

おしゃれなカフェがあちこちに点在。ゆったりリゾート時間を楽しんで!

ダナン最大のビーチ。広い砂浜と青い海が広がっていて気持ちいい!

波が穏やかなので海水浴にぴったり。ビーチ沿いにレストランが並び、リゾート気分を満喫できる

\ Check! /

アクセス

● **日本から**
成田空港からの直行便が毎日1便運航している。所要は約6時間。

● **ホーチミンから**
飛行機が1日約30便、所要約1時間20分。列車では所要約12時間30分～。

● **ハノイから**
飛行機が1日約25便、所要約1時間20分。列車は急行が1日6本運行、所要時間は約16時間～。

市内交通

● **タクシー**
市内の移動はタクシーが便利。初乗りは5000VND～。半日貸し切りの場合は4時間50kmで50万VND。

● **バイクタクシー**
ちょっとした移動なら2万VND～が目安。乗る前に必ず料金を交渉すること。

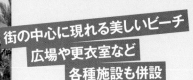

街の中心に現れる美しいビーチ 広場や更衣室など 各種施設も併設

❶ビーチ沿いにはヤシの木が立ち並び、南国の風を感じられる ❷穏やかな波もあるので、サーファーには人気のビーチでもある ❸北側にはソンチャー半島やリンウン寺も望むことができる

ファム・ヴァン・ドン・ビーチ

Bai Tam Pham Van Đong

ミーケー・ビーチの北側にあるビーチ。早朝の時間帯は地元の人たちでにぎわう。周辺にはホテルも建ち並び、マリンスポーツなどを楽しむ観光客も多い。

MAP P.223 H-1

ⓧハン市場から車で10分

白い砂浜から半島を望む 閑静なビーチをのんびり散策

ノン・ヌオック・ビーチ

Bai Tam Non Nuoc

ミーケー・ビーチの南側に続く静かなビーチ。近辺にはリゾートホテルが建ち並び、一部の区画はホテルのプライベートビーチとなっている。透明度が高く、リゾート気分を満喫できる。

MAP P.222 A-2

ⓧハン市場から車で24分

❶ホテルによっては、ビーチパラソルやチェアなどが用意されているところもある ❷遮るものがない広いビーチは散歩にもぴったり ❸地元の漁師が使う竹で編んだ小舟。防水加工もされており、ビーチで干されていることも

ダナンのビーチの過ごし方

市内中心部にあるアクセスの良いダナンのビーチ。海水浴はもちろんマリンスポーツをしたり、美しい景色を撮ったりと遊び方はさまざま。

世界中からサーファーが訪れる名所。サーフィンの体験レッスンができるところもある

❶ マリンスポーツにチャレンジ!

サーフィンはもちろん、ジェットスキーやパラセーリングもダナンのビーチでは催行している。一度はチャレンジしたい!

❷ ビーチ沿いでのんびりリラックス

ビーチ沿いにはバーカウンターもあり、カクテルやフルーツジュースが楽しめる店も。海風に吹かれながらまったりして。

❸ おすすめの時間帯は朝や夕方

青い空と白い雲が見える昼間もいいけれど、比較的過ごしやすい早朝や夕方もおすすめ! 美しい景色が見られるかも。

旅メモ ミーケー・ビーチはUS版フォーブス誌の「世界の美しいビーチ6選」に選出。その魅力は折り紙付き。

Stay at your dream resort hotel

憧れのリゾートホテルでおこもりステイ

#リゾートホテル #憧れ #ダナン #チルなひとときを #オーシャンビュー #インフィニティプール #海風 #ロケーション

1

壮大な自然と最高のホスピタリティ
極上の空間で過ごす特別な時間

インターコンチネンタル・ダナン・サン・ペニンシュラ・リゾート

InterContinental® Danang Sun Peninsula Resort

ダナン中心部から車で35分ほど離れた、自然豊かなソンチャー半島の丘にたたずむラグジュアリーリゾート。洗練された建物、3つ星の美食、一流のスパ、全客室から眺めることのできる青く穏やかな海。美しい砂浜でのんびり過ごす贅沢な時間。日常をリセットできる極上空間が待っている。

MAP P.222 C-1
Bai Bac, Son Tra Peninsula
㊋ダナン国際空港から車で40分
☎0236-3938888 ㊓ⓈⓉ US$519〜

2

3

4

5

❶山の中腹にホテルの建物がある ❷天空レストラン「シトロン」では、ダナンの絶景を一望しながら食事が楽しめる ❸広いソファが設けられたロビーは調度品から家具まで芸術的で居ごこちも抜群 ❹インターコンチネンタルの客室にはそれぞれこだわりが感じられる。インテリアもさまざま ❺豪奢なアフタヌーンティーセット。人気なので予約は必須

インフィニティプールを併設する
ビーチを目前に望む高級リゾート

シェラトン・グランド・ダナン・リゾート

Sheraton Grand Danang Resort

ノン・ヌオック・ビーチ沿いに佇む高級リゾート。リゾートホテルが集まるエリアにあり、周辺には五行山などの観光スポットがある。モダンで美しい客室や、広々とした屋外インフィニティプールからは、白い砂浜と青い海を望むことができる。スパやフィットネスセンターも併設しており快適。

MAP P.221 G-5
🏠35 Truong Sa ⊗ダナン国際空港から車で20分 ☎0236-3988999 ㊗US$400

❶広々としたプールは景色も開放感も抜群! ❷ダナンの海を照らす朝焼けは圧巻のひと言 ❸「ザ・ラウンジ」のシックな内観 ❹「ザ・ラウンジ」ではアフタヌーンティーを頼むことができる

海からの風がここちよい開放的なリゾート

フュージョン・スイーツ・ダナン

Fusion Suites Da Nang

客室はすべてオーシャンビュー。眼下には有名なミーケー・ビーチを眺めることができる。キッチン、食卓が完備されているので、家族やカップル、グループでの滞在におすすめ。パステルグリーンとナチュラルな木調が、居ごこちのよい空間をつくり出している。

MAP P.223 H-1
🏠88 Vo Nguyen Giap, Son Tra ⊗ダナン国際空港から車で15分 ☎0236-3919777 ㊗シックスタジオUS$135～、オーシャンスイートUS$160～

❶朝ヨガや1日1回のフットマッサージも無料で実施している ❷広いキッチンスペース。まるで自分の家のような感覚に ❸夜はルーフトップバーで一杯 ❹たっぷりの自然光が入ってくる客室

Enjoy famous gourmet food and wonderful cafes

名物グルメ&すてきカフェを堪能

#名物料理 #カフェ #魚介料理 #名店
#ローカル料理 #食堂 #オシャレ #カラフル

名物グルメ

A
バインセオ Banh Xeo
豚肉入りのゴマ&ピーナツペーストのたれをつけていただく。セットのネムルイは別料金／8万VND

B
ミークアン
Mi Quang
メニューは全3種類で、ミークアンのみ。写真はエビ、豚肉、鶏肉、卵入りスペシャルミークアン／4万VND

C
バイン・チャン・クォン・ティットヘオ
Banh Trang Cuon Thit Heo
コリアンダーや青バナナなど、好みの野菜と豚肉を巻いて賞味／12万9000VND

D
海鮮料理 Seafood
食材と調理法をセレクトして提供してくれる。手前ははまぐりのレモングラス蒸し／17万VND

A ダナン版バインセオの有名店
バインセオ・バー・ズオン Banh Xeo Ba Duong

好みの野菜や青パパイヤのなます、青バナナなどをライスペーパーで巻いて食べる、小ぶりのバインセオ。つくね「ネムルイ」と合わせて。

MAP P.222 B-5
280/23 Hoang Dieu ㊋ハン市場から車で5分 ☎0236-3873168 ⏲9:30～21:30 ㊡無休

B 老舗の汁なし麺ミークアンの有名店
ミー・クアン1A Mi Quang 1A

太めの米粉麺を使ったミークアンが絶品。バナナの花や香草などをトッピングし、ライムを搾って食べる。ゴマ揚げせんべい5000VNDを割り入れるのが地元流。

MAP P.222 C-3
1A Hai Phong ㊋ハン市場から徒歩15分 ☎0236-3827936 ⏲6:00～21:00 ㊡無休

C ダナン名物料理をそろえる
チャン Tran

バイン・チャン・クォン・ティットヘオ（豚肉のライスペーパー巻き）が味わえるダナン名物専門店。ソンハン橋の近くに位置し、街歩きの途中に気軽に立ち寄れる。

MAP P.222 D-3
4 Le Duan 7 ㊋ハン市場から徒歩10分 ☎0236-3849022 ⏲8:30～22:00 ㊡無休

D 開放感のある海鮮食堂
ベー・マン Hai San Be Man

海沿いにある広い海鮮料理店。店に入ったら席に案内され、番号が書かれた紙を渡される。店奥の生けすで指さしなどで食材と調理法を注文し、番号の紙を見せ、席で料理を待てばOK。

MAP P.223 H-1
Lo So 8 Vo Nguyen Giap ㊋ハン市場から車で10分 ☎090-5207848 ⏲9:00～翌1:00 ㊡無休

すてきカフェ

ホームメイドグラノーラ8万5000VND（右）とアイスミルクキューブにコーヒーをかけるホワイト9万 VND（左）

真ん中にプリンが入ったクリームカラメルスペシャル2万8000VND（右手前）と、しょうが風味のもち米の豆腐2万7000VND（右手奥）

トロピカルなオレンジストロベリーティー（右）4万5000VNDと、デザインカプチーノ4万5000VND（1ショット）

オープンテラス席はスタイリッシュで居ごこち抜群

ジャスミン・レッド4万5000VND（左）とパッションフルーツ4万 VND（右）

店内にはダナンモチーフの雑貨がずらり。食品なども販売

E

現地の若者に人気のおしゃれカフェ

ザ・エスプレッソ・ステーション The Espresso Station

真っ黄色の外観が特徴的なカフェ。ホイアンに本店がある。色鮮やかなカフェラテやキューブ状のミルクなど、SNS映えしそうなユニークなフードやドリンクを提供する。

MAP P.222 D-4
🏠169/4 Duong Tran Phu ㊂ハン市場から徒歩3分 ☎090-5691164
🕒7:30～17:30 ㊡無休

F

店内もフードもカラフルでかわいい

タウ・フー・セー・ラム Tau Hu Xe Lam

パステルカラーの内観がかわいらしいカフェ。豆腐を使ったスイーツを提供しており、プリンやフルーツなどと一緒に食べる。さっぱりとした甘さで小腹が空いたときにぴったり。

MAP P.222 D-4
🏠176 Tran Phu ㊂ハン市場から徒歩5分 ☎0236-3552249 🕒9:00～22:00
㊡無休

G

ダナン生まれの人気カフェ

ザ・ローカル・ビーンズ The Local Beans

ダナンで2店舗を展開している地元で人気のカフェ。4階建てで、1・2階はオープンエア、3・4階は室内になっており、コワーキングスペースも。全国各地からコーヒー豆を取りそろえており、種類も豊富。

MAP P.222 C-4
🏠56A Le Hong Phong, Phuoc Ninh, HaiChau
㊂ハン市場から徒歩10分 ☎0236-9999972
🕒6:30～22:30（月曜は21:30まで） ㊡無休

H

ダナンみやげを手に入れたいならココ！

ダナン・スーベニアズ&カフェ Danang Souvenirs & Cafe

ガラス張りのカフェの一角には、撮影スポットが設置されており、旅行者や地元の若者に人気。ダナンに特化した雑貨などが置かれているので、食事をすませてダナンのおみやげ探しも楽しみたい。

MAP P.222 C-4
🏠68 Tran Quoc Toan ㊂ハン市場から徒歩10分 ☎0236-3872555
🕒7:30～22:30 ㊡無休

Get souvenirs made in Da Nang!

メイド・イン・ダナンのおみやげをGET!

#おみやげ #旅の思い出 #雑貨 #ナチュラルコスメ
#ダナンみやげ #メイド・イン・ダナン #日本人向け #チョコレート・アソート

GOODS

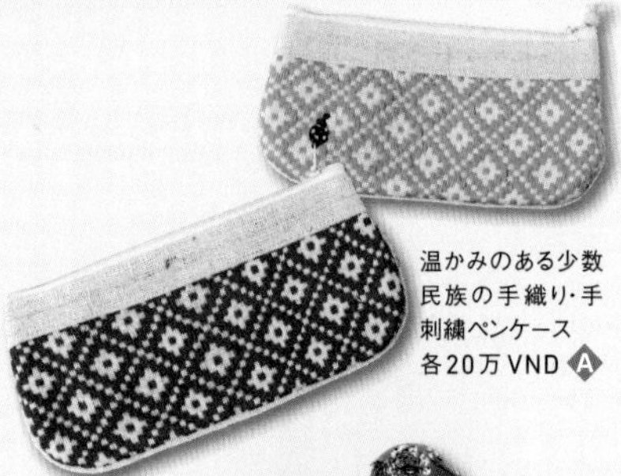

温かみのある少数民族の手織り・手刺繍ペンケース各20万VND Ⓐ

バッチャン焼の鍋敷き26万VND。壁にも掛けられる仕様 Ⓐ

外履きOKのベトナムスリッパ各30万VND。繊細なビーズの装飾がかわいい Ⓐ

飼料袋をリメイクしたトート26万VND（左）とコースター5万VND（右） Ⓑ

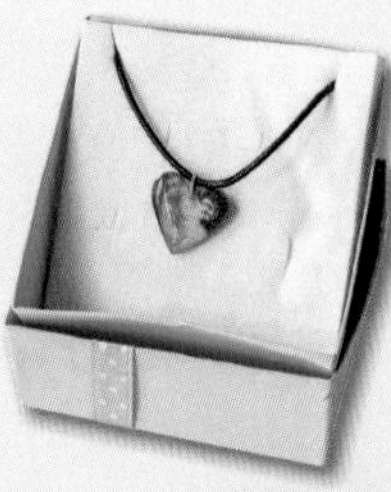

ミーケー・ビーチの砂を使ったオリジナルのペンダント10万VND Ⓑ

手刺繍のシルクのポーチ32万VNDは、カラーバリエーションも豊富 Ⓐ

ベトナムらしいイラストが入った鮮やかなセンス5万VND Ⓑ

ビーズが縫い付けられたポーチ各12万VND Ⓐ

SWEETS & WINE

黒コショウなど多彩な味をアソートギフトに。12個入り8万VND C

白と赤のドラゴンフルーツのワイン2本セット 18万VND B

バインミーラスク20万VND。ベトナムらしい食品みやげ A

COSMETICS

卵の殻でできたオーガニックの歯磨き粉 19万5000VND D

アリア・タラ新作の色味が楽しめるリップパレット39万VND D

ダナン初の日本人向けおみやげ店

A ホアリー

Hoa Ly

日本人とベトナム人のご夫婦で経営。ビーズや刺繍のポーチ、定番のプラかごやバッチャン焼の陶器など品ぞろえ豊富。

MAP P.222 D-4
252 Tran Phu
ハン市場から徒歩15分
0236-3565068
8:30～18:00 休無休

ビーチにぴったりカラフルショップ

B カホリ・ストア

KaHoLi Store

ポップでカジュアルなアイテムから日焼け止めまでなんでもそろうおみやげ屋。日本人オーナーが旅の相談にのってくれるのもうれしい。

MAP P.223 F-3
01 Ta My Duat ハン市場から車で6分 023-63938179
9:00～12:00、14:00～21:00
休無休

ダナンみやげとして揺るぎない人気

C フェーヴァ ダナン

Pheva Da Nang

黒コショウなど多彩な味のチョコレートを選んで、自分好みのチョコレート・アソート・ギフトに。12個入り8万8000VND。試食も可能。

MAP P.222 D-4
239 Tran Phu
ハン市場から徒歩10分
0236-3566030
8:00～19:00 休無休

ダナン発の自然派コスメがそろう

D アリア・タラ

Arya Tara

女性のベトナム人オーナーが天然素材にこだわったケミカルフリーのアロマ精油、コスメを手がける人気ショップ。

MAP P.222 D-4
141 Tran Phu
ハン市場から徒歩3分
090-5767197
8:00～18:30 休無休

旅メモ ダナンでお菓子のおみやげを買いたいなら、バックダン通りの政府運営「OCOP」(**MAP** P.222 D-3)へ。格安で◎。

ハン川沿いに点在するダナンの名所を巡る

#観光スポット #ハン川 #名所 #大聖堂
#アート #市場 #歴史探訪 #ランドマーク

市内最大のカトリック教会

Genic!

ダナン大聖堂

Nha Tho Đa Nang

フランス統治時代の1923年建造。尖塔に風見鶏があることから、地元の人々から「にわとり教会」という愛称で呼ばれる。

MAP P.222 D-4
🏠156 Tran Phu
㊋ハン市場から徒歩3分
🕒ミサ 月～金曜5:00、17:00、土曜17:00、日曜5:15、8:00、10:00（英語）、15:00、17:00、18:30
㊡無休
㊮無料

❶街の中心にあり、市民に親しまれている淡いピンクのカトリック教会 ❷聖書を描いた絵が並ぶ聖堂。日曜のミサでは内部公開される

鯉の滝登り像と愛の桟橋、オープンカフェがあるDHCマリーナ

地元の人々で
熱気にあふれる

ハン市場

Cho Han

街の中心にあり、旅行者も立ち寄りやすい。1階は生鮮品や日用品、2階は衣料品の店が並び、敷地内に食堂もある。

MAP P.222 D-3
🕒6:00～19:00（店により異なる）
㊡無休

❶観光客も多くきれいな市場。珍しい食材などは見ているだけでも楽しい。お菓子などみやげ選びに活用しよう ❷ダナン市内でも最大級の市場。近くにはスーパーもあり、店をハシゴするのもいい

精緻な彫刻芸術を鑑賞する

チャム彫刻博物館

Bao Tang Đieu Khac Cham Đa Nang

1919年にフランス極東学院が創設。チャンパ王国の遺跡から出土した彫刻芸術や石像を展示している。

MAP P.222 D-5

🏠2 Đuong 2/9
㊦ハン市場から徒歩18分
☎0236-3572935
🕒7:30〜11:00、14:00〜17:00
㊡無休
㊎6万VND

❶展示物は自由に撮影が可能。チャム族が残したヒンドゥ教の神々の彫刻など、貴重な品々が展示される　❷大きな荷物がある人は、係員にロッカーに案内してもらえる

❶ベトナムや世界各国の歴史や文化を表したジオラマなども展示されており、見ごたえ十分　❷近代的な外観の博物館。中は3階建て

市内で歴史探訪

ダナン博物館

Bao Tang Đa Nang

戦争関連の展示や近郊に住む少数民族の紹介など見ごたえたっぷり。街歩きの途中に行こう。

MAP P.222 C-2

🏠24 Tran Phu
㊦ハン市場から徒歩20分
☎0236-3886236
🕒8:00〜17:00
㊡無休
㊎2万VND

ダナンの人気ランドマーク

ドラゴン橋

Cau Rong

ダナンのハン川に架かる巨大なドラゴンの形の橋。頭はハン川の東側にあり、毎週末の21時からは、火や水を吹くショーを開催。夜間は橋自体が青や緑などにライトアップされ幻想的な雰囲気に。

MAP P.223 E-5

㊦ハン市場から徒歩18分

❶週末のショーは大勢の人が押し寄せる。水のショーはずぶ濡れになるので注意しよう
❷遠くから見てもその形がはっきりわかるほど!

To "super huge" sightseeing spots

話題沸騰中の"超巨大"観光スポットへ

#巨大な像 #ダナン #神の手 #ブッダ像
#世界遺産 #チャンパ王国 #パワースポット #巡礼

❶「神の手」は山の中腹にそびえる巨大な手のアート。ケーブルカーの中間地点の駅にある　❷フランスの街並みを再現したフランス村や、美しい庭園なども併設

入場チケットにはケーブルカー往復のチケットも付いてくる

ダナンの人気テーマパーク

バナ・ヒルズ

Ba Na Hills

ダナン中心部から車で40分ほどの位置にあるテーマパーク。園内にケーブルカーが設置され、「神の手」と呼ばれる巨大像があるゴールデンブリッジにも行ける。

MAP P.221 F-4
🏠 Thon An Son, Xa Hoa Vangla
㊋ ダナン国際空港から車で1時間50分
☎ 0236-3749888　🕒 7:00～22:00
㊡ 無休　㊙ 479万VND（ケーブルカーのチケット付）

白亜の荘厳なブッダ像

リンウン寺

Linh Ung Pagoda

ソンチャー半島の山の中腹に、2010年に建立された比較的新しい寺。院内には67mもの大きさを誇るレディ・ブッダが設置され、ダナンの本土を望む。

MAP P.222 B-1
🏠 Hoang Sa, Son Tra Peninsula
㊋ ダナン国際空港から車で30分
☎ なし　🕒 7:00～22:00　㊡ 無休　㊙ 無料

本堂は靴を脱いで参拝する。あまり肌を出さない服装で行こう

❶青い空をバックに神々しく立つレディ・ブッダ。蓮の台座も美しい　❷本堂には釈迦の弟子を模した十八羅漢像も並び、厳かな雰囲気が漂う

❶接着剤を使わず焼成レンガを隙間なく積み上げた高い建築技術で作られている
❷グループBの壁面に刻まれた女神像。いたるところに残された美しい彫刻にも注目

謎に包まれたチャンパ王国の聖地へ

ミーソン聖域

世界遺産

My Son Sanctuary

緑豊かな美しい自然とヒンドゥ教の遺跡が融合した神々しい景色が広がる。ベトナム戦争による破壊や、略奪、自然風化などで現在は草木に埋まっているが、今も遺跡に残る優れたレンガ造形や精緻な彫刻などからは、いにしえの聖地の雰囲気が感じられる。

MAP P.221 F-5

㊋ホイアンから車で40分、ダナンから車で1時間15分。旅行会社、またはホテル主催のツアーを利用するのが便利（※チケット売り場でチケット購入後、遺跡手前の駐車場まで行き、そこから徒歩10分） ☎0235-3731309 ⓛ6:00〜17:00（チケット販売は〜16:30） ㊡無休 ㊎15万VND

チャンパ王国の
遺跡について
詳しくはP.164を
チェック!
ICE

パワースポット五行山へ行こう

神秘的な聖地を巡礼しよう

五行山 Ngu Hanh Son

ダナン郊外のホアソン、トゥイーソン、モックソン、キムソン、トーソンの5山の総称。大理石でできており「マーブル・マウンテン」の別名もある。観光で訪れるのは標高106mのトゥイーソンで、エレベーターのあるゲート2と、更に西側に行ったところにあるゲート1の2つの入口があり、仏像が安置された洞窟や展望台がある。

MAP P.222 A-2

㊋ダナン市街から車で15分 ☎0236-2243206
ⓛ7:00〜17:00 ㊡無休
㊎4万VND（エレベーター利用片道1万5000VND）

START

❶サーロイ塔

六角形をした七重の塔はユニーク。塔内では、釈迦像を安置している

❷タンチョン洞窟

洞窟内には祠や仏像が安置。さらに奥には涅槃仏が見られる

❸ホアギエム洞窟

最も迫力があるとされる洞窟には、観音菩薩像を安置している

❹フェンコン洞窟

順路にある洞窟のなかで最も高さのある洞窟。岩壁上に釈迦が祀られており、神聖な空気に包まれる

GOAL

ダナンから足をのばして

謎に包まれたミーソン聖域へ

#チャンパ王国の聖地跡　#自然と一体化した遺跡　#壮大な景観に圧倒

ベトナム中部から次々に発見されたチャンパ王国の繁栄の跡。
インドの文化を取り入れながら発展した謎多き国を感じる

世界遺産

自然と融合した遺跡が神々しい景観を織り成している

どんなエリア?

チャンパ王国の聖地跡で、1999年に世界遺産に登録された。レンガの建築物内には、王と一体化したヒンドゥ教のシヴァ神が祀られている。四方を山で囲まれ、南に聖なる山マハーパルヴァタがそびえる盆地の中央にあり、自然と遺跡が融合した美しい景色が広がる。

グループBの壁面に刻まれた女神像。建物内の装飾は少ないが、外壁に多くの彫刻が残っている

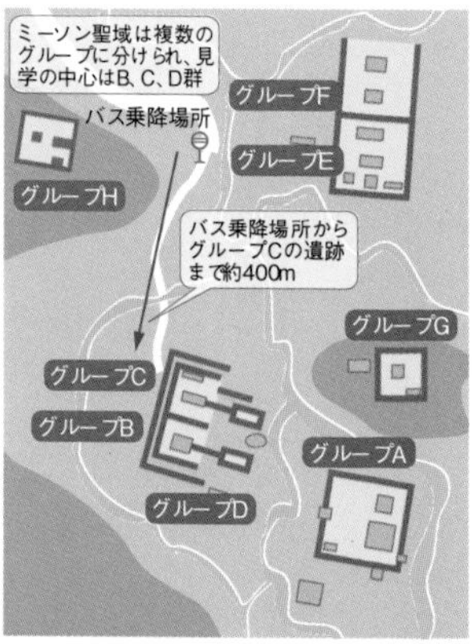

山に囲まれた広大な聖地に、草木に包まれた遺跡が散在する

館内には発掘品やミーソン遺跡のジオラマなどがある

遺跡の見学前に立ち寄りたい

ミーソン遺跡展示館

Bao Tang My Son

ミーソン遺跡のチケット売り場そばにある展示館。写真や地図などでわかりやすく遺跡を紹介している。

MAP P.221 F-5

㊋ホイアンから車で40分、ダナンから車で1時間15分。旅行会社、またはホテル主催のツアーを利用するのが便利（※チケット売り場でチケット購入後、遺跡手前の駐車場まで行き、そこから徒歩10分）

☎0235-3731309 ⓒ8:00～17:00（チケット販売は～16:30） ㊡無休 ㊕15万VND

神々が彫刻された発掘品が展示されている

全土に残るチャンパ遺跡

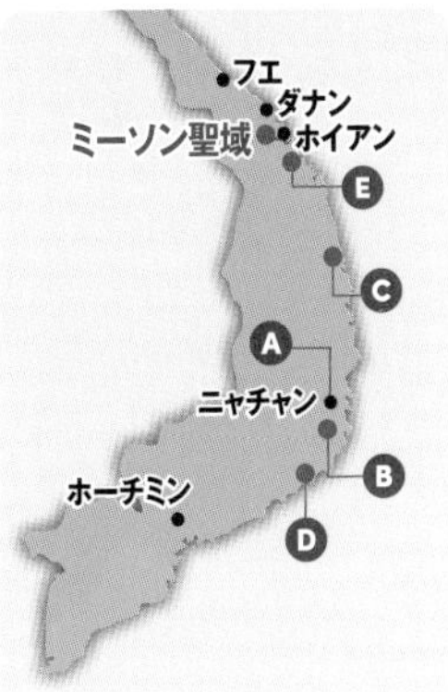

現存する最古のチャンパ遺跡

Ⓐポーナガール塔

Thap Po Nagar

ヒンドゥ教の神・シヴァの妻であるウマー神と同一視されるチャム族の女神・ポーナガールを祀る祭壇がある。

MAP P.207 C-4

㊋ニャチャン中心部から車で10分

木造だったが、レンガと砂岩で再建

丘の上に3基の塔が建つ

Ⓑポークロンガライ遺跡

Po Klaung Garai

チャンパ王国の領土が南へと狭まった13～14世紀の遺跡が残されている。

MAP P.207 C-4

㊋ファンラン中心部から車で10分

チャム人の信仰を集め、毎年秋の大祭には各地のチャム人が集まりにぎわう

かつての都、ヴィジャヤの遺構

Ⓒビンディン遺跡群

Binh Đinh

港町クイニョン近郊にある、10～15世紀頃の遺跡群。クメール建築の影響を受けている。

MAP P.207 C-4

㊋クイニョンから約10km、車で20分

高さ22mの銀塔が建つ丘の上からは、平地に建つ他の遺跡群を一望できる

ヒンドゥ教のチャム塔が建つ寺院

Ⓓポーハイ遺跡

Po Hai

海を望む丘の上に大小の祠が並ぶ遺跡。創建は8～9世紀。

MAP P.207 C-5

㊋ファンティエットから約8km、車で15分

3つの塔からなる遺跡院

Ⓔクォンミー塔

Thap Khuong My

9～10世紀初頭に建てられた、多様な文様がある祠堂が特徴。

MAP P.207 C-3

㊋ホイアンから約40km、車で1時間

フエ

旧市街の中心部に残されている阮朝時代の王宮は、1993年にベトナムで初めて世界遺産に登録された。王宮内の建造物を見学しながら歴史を振り返ってみよう。

\ Check! /

アクセス

●ホーチミンから
飛行機が1日9～14便、所要約1時間25分。列車では所要約20時間～。

●ハノイから
飛行機が1日5～6便、所要約1時間10分。列車では所要約12時間30分～。

●ダナンから
列車では所要約2時間40分～。バスだと約3時間。

市内交通

●レンタサイクル／レンタルバイク
ホテルやゲストハウスでレンタルできる。自転車は1日4万～6万VND、バイクは20万VND程度。

●タクシーチャーター
ホテルや旅行会社でチャーター可能。半日50kmで70万VND～、1日80kmで120万VND～。

●バイクタクシー
ホテルや旅行会社でチャーター可能。1日40万VND～。

●シクロ
街の風情が味わえる乗り物。交渉次第だが、料金の目安は1時間7万VND。

★注意事項★
歴史的建造物や遺跡を見学する際、ショートパンツやキャミソールなど肌の露出度の高い服を着て見学することは禁止されているので要注意!

世界遺産の王宮でぶらり

栄華を極めた王宮跡は、細部まで見ごたえ十分。散策は所要1時間ほど

中国の都市計画とフランス式城砦の融合

❶阮朝王宮

世界遺産

Đai Noi

1802～1945年まで、13代にわたった王宮の跡は、フエ随一の観光スポット。フラッグタワーをはじめ、大砲や門など、見どころが点在している。ベトナム戦争で損傷を受けたが、ほぼ元の形に修復されている。南側の入口「午門」、中心の「太和殿」は必見。

MAP P.166
Đuong 23/8 ㊋ドンバ市場から徒歩12分
7:00～17:30(冬季は7:30～17:00) ㊡無休
㊕15万 VND

午門

Ngo Mon

見学者が入場する南側の入口。高さ17mの楼閣の上からはフエの街を一望できる。「午門」の名は、正午になると建物の真上に太陽が昇ることに由来する。

龍は皇帝の象徴。描かれていたり、彫られていたり、各所で見かけることができる

顕臨閣

Hien Lam Pavilion

3層楼閣をもつ、阮王朝の菩提寺。皇帝の名が刻まれた青銅の鼎がある

阮朝の遺跡をクルーズで見学

フオン川沿いに建つ史跡はボートクルーズが便利。ボートクルーズはホテルや旅行会社などで申し込める。17万VND～

謙湖に張り出して建つ釣台の沖謙榭

阮朝4代皇帝の陵

❷トゥドゥック帝陵

Lang Tu Duc

阮朝最長の在位期間を誇る第4代皇帝の陵。別荘風の建物の周りには蓮池や釣り殿があり、雅な雰囲気。

MAP P.166
㊋阮朝王宮から車で20分 ⓛ7:00～17:30（冬季は7:30～17:00） ㊡無休
㊎10万 VND

バロック建築と装飾に注目

❸カイディン帝陵 Lang Khai Dinh

フランス・バロック様式を取り入れた、異色の帝廟。像の下に遺体が安置されている。小高い丘に建つため景色がいい。

MAP P.166
㊋阮朝王宮から車で20分
ⓛ7:00～17:30（冬季は7:30～17:00） ㊡無休
㊎10万 VND

欧米の宮殿を思わせる装飾様式

八角七層の塔が有名

❹ティエンムー寺

Chua Thien Mu

塔名はフックズエン塔で「幸福と天の恵み」の意味。各層に仏像が安置されている。

MAP P.166
㊋阮朝王宮から車で20分 ⓛ見学自由（本殿は7:00～17:00） ㊡無休 ㊎無料

別名「天女の寺」と呼ばれている寺院

フエ屈指の美しさ

❺ミンマン帝陵 Lang Minh Mang

美しく装飾された陵。皇帝の功績を讃える石碑や皇帝と皇后の位牌のある建物などがある。

MAP P.166
㊋阮朝王宮から車で30分
ⓛ7:00～17:30（冬季は7:30～17:00） ㊡無休 ㊎10万 VND

皇帝と皇后の位牌のある崇恩殿

Topics!

フエでは「王宮料理」がマストです

古都ならではの歴史ある宮廷料理はぜひ味わって。伝統的なカービングや美しい色合いは食べるのが惜しいほど。

阮朝の様式を伝える宮廷料理

イータオ・ガーデン Y Thao Garden

鳳凰をかたどった揚げ春巻きのカービングや、バナナの葉に包まれた魚のすり身を蒸した扇形の一品など、見た目にも美しいフエ宮廷料理の名店

MAP P.166
🏠3 Thach Han ㊋阮朝王宮から徒歩15分
☎0234-35230185 ⓛ11:00～22:00 ㊡無休

Yummy!

食べてしまうのが惜しいような美しい料理

Explore the streets of Hoi An on a night cruise

ナイトクルーズでホイアンの夜を満喫

#ノスタルジック #ホイアン #港町 #街歩き #アート #世界遺産 #クルーズ #ランタン

東南アジア随一の趣ある港町で黄昏の街歩き 世界遺産

約180年前の街並みを今に残す旧市街には、趣ある古い木造家屋群が建ち並ぶ。木造ならではの風情ある街並みは東南アジアでも随一といわれ、1999年世界遺産に登録された。

15世紀には国際貿易都市として栄えたホイアン。日本をはじめ中国やヨーロッパ諸国の貿易商が滞在したため、世界各国の建築様式の建物が点在し、エキゾチックな薫りが漂う。16世紀には1000人以上の日本人が住んでいたとされ、日本とは歴史的に深いつながりをもつ。

Check!

アクセス

●ダナンから

タクシーで所要約50分、メーターを使った場合、34万VND程度。バスはダナンからは5時30分～18時の間、約20分おきにローカルバスが運行。所要約1時間、2万5000VND。

市内交通

●シクロ

観光のメインである旧市街は、車両進入禁止区域があるためシクロや徒歩がおすすめ。シクロの相場は1時間20万VND～。

18:00 手こぎボートに乗ってサンセットを見る

日が暮れてくる18時頃にトゥボン川へ。陸から見るサンセットもきれいだが、ボートに乗って水面に映る旧市街の街並みを眺めるのも格別！

❶トゥボン川から眺めるホイアンの街並みが素敵
❷川沿いのベンチから手こぎボートや対岸の街並みを眺めるのもよい

18:30 川のほとりでとっておきディナー

手こぎボートを下りたあとは、おいしい料理とともにホイアンの風景を楽しもう。トゥボン川がよく見えるテラス席をリザーブして！

17時以降は満席になる可能性が高い。予約をするか、早い時間をねらって行こう

旧市街で人気のカフェ&レストラン

カーゴクラブ Cargo Club

ランタンの明かりがきれいなスポット、グエンタイホック通り沿いにある人気店。2階のテラス席ではホイアンの街並みを眺めながら食事が楽しめる。

MAP P.220 C-5

住 107-109 Nguyen Thai Hoc　交 来遠橋から徒歩5分
☎ 0235-3910489　営 9:00～21:00　休 無休　料 430万VND～

Genic!

19:30 ホイアン・ナイト・マーケットをぶらぶら♪

夕方以降になると、グエンホアン通りには数十メートルにわたって屋台が並び始める。ランタンの店やベトナムみやげを扱う店など、いろいろ見ながら散策してみて。

MAP P.220 A-5

陶器や刺繍小物などおみやげにぴったりなベトナム雑貨が豊富!

❶色とりどりの美しいランタンに囲まれていると、まるで別世界にいるみたい
❷幻想的なランタンをバックに記念撮影する人がいっぱい

20:00 灯籠流しに挑戦

トゥボン川の橋の近くでは、夜になると灯籠流しが行われる。灯籠の売り子から購入して！ 1つ5000VND～

MAP P.220 B-5

龍や亀のオブジェも幻想的にライトアップ

灯籠流しは、明かりが幻想的でロマンチックな気分に

20:30 来遠橋（日本橋）のライトアップ

1593年日本人により建てられたとされる橋。ベトナムの2万VND紙幣にも描かれている。日が暮れ始める18時頃からライトアップされ、周辺にはローカルグルメの屋台が並ぶ。

MAP P.220 B-4

橋の中央には航海の安全を祈願する小さな寺がある

21:00 ホイアンNo.1カフェでひと休み

ひととおり街歩きを楽しんだら、おいしいコーヒーとデザートでブレイクタイム。居ごこちがよくてついつい長居してしまいそう。

自家焙煎の本格コーヒーを堪能

ホイアン・ロースタリー・エスプレッソ&コーヒーハウス

Hoi An Roastery Espresso & Coffee House

厳選された良質なコーヒーが評判の有名なカフェ。いろいろなスタイルのコーヒーが飲めるので、好みによって選べる。デザートが充実しているのもうれしい。

MAP P.220 B-4
🏠135 Tran Phu ㊟来遠橋から徒歩10分
☎0235-3927772 🕒7:00～22:00 ㊡無休
㊮410万VND～

右からコーヒーフロート7万VND、カプチーノ5万5000VND、アップルパイ5万9000VND

旧市街だけで7店舗も展開しており、店舗によって雰囲気が異なるのもおもしろい

満月の夜は幻想的な祭り

ランタン祭 Hoi An Full Moon Festival

毎月、満月の夜（旧暦の14日）にはホイアンの街がランタンの明かりに包まれるランタン祭を開催。家々の電気が消され、ランタンの明かりに照らされる街並みは、ひときわロマンチックな表情を見せてくれる。

※天候などにより日程が変更になることもあるので、事前に確認ください

Stroll through the exotic streets of Hoi An

エキゾチックなホイアンの街並みさんぽ

#海のシルクロードとして発展　#日本人が作った橋
#木造家屋が建ち並ぶ　#徒歩の散策がおすすめ

旧市街って何？

約180年前の街並みを残す旧市街には、趣のある木造家屋群が建ち並んでいる。その雰囲気は東南アジアでも唯一とされ、1999年に世界遺産に登録された。

古き良き街並み。夕暮れ時は街に明かりがともり、ノスタルジックな雰囲気に

趣ある旧市街を歩いてみよう

世界遺産

現在も子孫が居住。みやげ物店になっている

❶フンフンの家（馮興家）
チャンフー通り　❷来遠橋（日本橋）
タンキーの家（進記家）❸

3カ国の建築様式が共存

❶ フンフンの家（馮興家）

Nha Co Phung Hung

約200年前の貿易商人の家。壁はベトナム、柱やドアは中国、屋根は日本と、三国折衷の建築様式。洪水に備え、2階の床には、1階から物を運び上げるための窓がある。

MAP P.220 A-4
🏠4 Nguyen Thi Minh Khai
㊋来遠橋からすぐ　🕒8:00～18:00　㊡無休

紙幣にも描かれている街の象徴

❷ 来遠橋（日本橋）

Cau Lai Vien (Cau Nhat Ban)

1593年にホイアン在住の日本人が建造したとされる橋。橋の中央には航海の安全を祈願する小さな寺がある。外国船の停泊地に近かったことから来遠橋と呼ばれる。

MAP P.220 B-4
🏠Tran Phu　㊋ホイアン市場から徒歩10分　🕒見学自由（寺は7:00～20:00）
㊡無休 ※寺の見学のみチケットが必要

毎日18～22時にかけて美しくライトアップ

Topics!

「カオラウ&春巻き」召し上がれ

中国や日本など、世界各国との交流から生まれたホイアン料理。やさしい味は、日本人の口にもよく合う

古民家を使った庶民的な食堂

チュンバック

Trung Bac

歴史地区には、庶民的な飲食店が少ないが、ここは100年以上前の古民家を改装、黒光りする内装が歴史を感じさせる。写真付きのメニューがあるのでわかりやすい。

ホイアン名物、カオラウ3万VNDは麺が太くコシがある

MAP P.220 C-4
87 Tran Phu
㊟来遠橋から徒歩6分
☎035-3864622
8:00～21:30
㊡無休

ホワイト・ローズの製造卸元

ホワイト・ローズ

White Rose

米粉をこねて薄くのばし、エビ、きのこ、たけのこなどを包み、蒸しあげたホワイト・ローズは透き通る美しさ。1日に数千個作られる名物料理。

白バラの花びらのように純白に透き通るホワイト・ローズ17万VND～(2人前)

MAP P.220 A-1
533 Hai Ba Trung
㊟来遠橋から徒歩25分
☎090-3010986
7:30～20:00 ㊡無休

福建会館

華僑の集会場のなかでも最大。福建省で信仰されていた天后聖母を祀っている

潮州会館

日本髪を結った中国人少女の彫刻があり、中国人街と日本人街が隣接していた歴史が見える

クアンコン廟(關交廟)

1653年に建立されたコンパクトな道教寺院で、小さな池を囲むように建つ

クアンタンの家(廣勝家)

約300年前に中国人商人が建てた木造平屋の家。6代にわたり一族が暮らしてきた

先祖代々大切にされてきた美しい調度品を展示

チャン一族の祖先を祀る祠堂

④ チャン家の祠堂

Nha Tho Toc Tran

1802年に阮朝の高官によって造られた。祖先礼拝と住居を兼ねたベトナム・中国・日本の折衷建築が特徴的。3つの扉のうち、中央は祖先の霊専用で特別な日にだけ開放される。

MAP P.220 C-3
21 Le Loi ㊟来遠橋から徒歩8分
☎0235-3861723 8:00～18:00
㊡無休

土壁と小さい2階の窓が日本風の、保存状態の良い家

じっくり見たい螺鈿細工

③ タンキーの家(進記家)

Nha Co Tan Ky

中国福建省出身の商人が建てた築200年の家。日中の建築様式が複雑に融合しており、柱や格子に施された螺鈿細工が素晴らしい。

MAP P.220 B-5
101 Nguyen Thai Hoc ㊟来遠橋から徒歩5分 8:00～21:00 ㊡無休

Gourmet indulgence with organic & 3 major specialties

オーガニック&3大名物でグルメ三昧

#オーガニックカフェ #オシャレカフェ #サステナブル #名物料理 #ローカル #ワンタン #郷土料理 #古民家

オーガニックブーム到来！

❶スウェーデン人オーナーが経営するセンスあふれるオーガニックカフェ　❷古民家を模したレトロな外観で雰囲気◎

❸空芯菜やマンゴーなどを使った新鮮なスムージー 各6万9000VND

ホイアン初のオーガニックカフェ

ココボックス

COCO BOX

ベトナム産とオーガニック素材にこだわった、コールドプレスジュースやコーヒーが味わえるカフェ。ナチュラルな雰囲気の店内は、オープンエアで気持ちがいい。

MAP P.220 C-4
🏠94 Le Loi　㊇来遠橋からすぐ
☎0235-3862000　🕒7:00～21:30
㊡無休

環境に配慮した日本人オーナーの店

ユーカフェ・ホイアン

U café Hoian

なるべくゴミを減らし、環境に配慮したオーガニックカフェ。地産地消の新鮮な野菜や、コレステロールにも配慮した健康的なメニューが自慢。在住者の憩いの場にもなっている。

MAP P.221 E-4
🏠120 Huyeh Tran Cong Chua
㊇ホイアン市場から徒歩20分
☎0235-6535768
🕒8:00～20:00　㊡火曜

敷地内の池水は浄化槽できれいにするなど、環境に配慮した造りに

バインミーが含まれた軽食メニュー 7万VND

ホイアン3大名物を食べよう!

ゆっくり過ごせるガーデンレストラン

シークレット・ガーデン Secret Garden

旧市街の路地裏にひっそりと佇む隠れ家レストラン。伝統的な木造作りに緑あふれる雰囲気のなかで、素朴でシンプルな郷土料理を楽しめる。不定期でライブが行われることも。

MAP P.220 C-4
132/2 Tran Phu ⊗来遠橋から徒歩6分
☎0839-883866 ⓛ9:00~22:15 ㊡無休

❶天井が高く広々とした店内 ❷店の周辺は緑が多くリラックスできる

ホイアン名物揚げワンタン10万7000VND(手前)。店オリジナルのトマトベースのたれがかかっている

白バラの花びらのように白く透き通る「ホワイト・ローズ」

ホワイト・ローズの製造卸元

ホワイト・ローズ

White Rose

米粉をこねて、指先で薄くのばし、エビ、キノコ、タケノコなどを包み、蒸しあげたホワイト・ローズは、透き通る美しさ。日に数千個が作られ、ほかの店にも卸されている。

MAP P.220 A-1
533 Hai Ba Trung
⊗来遠橋から徒歩15分
☎0235-3862784
ⓛ7:00~21:00
㊡無休

名物のカオラウを豪快にいただく

チュンバック

Trung Bac

ホイアンの歴史地区では数少ない庶民的な飲食店。100年以上前の古民家を改装した、黒光りする内装が歴史を感じさせる。写真メニューがあり便利。

MAP P.220 C-4
87 Tran Phu
⊗来遠橋から徒歩6分
☎0235-3864622
ⓛ8:00~21:00 ㊡無休

ホイアン名物、カオラウ(豚肉入り)3万VNDは麺が太くコシがある

旅メモ 旧市街の中は車両進入禁止の場所が多いので、観光をするならシクロがおすすめ。

Resort hotel selection

リゾートホテルセレクション

#リゾート #上品な雰囲気 #最高級ビーチ #ビーチリゾート
#隠れ家リゾート #上品な空間 #白浜ビーチ #ウォータースポーツ

プール付ヴィラで過ごす贅沢な時間

ビーチサイドダイニング「LaSen（蓮の葉）」

白浜のビーチが望める、プライベートテラスの付いた開放的なルーム

全室ヴィラタイプのビーチリゾートで過ごす贅沢な休日

フォーシーズンズ・リゾート・ザ・ナムハイ・ホイアン

Four Seasons Resort The Nam Hai, Hoi An, Vietnam

アジア屈指の最高級ビーチリゾート。100棟あるヴィラの客室は広々としていてゆったりと過ごせる。白浜のビーチに面した広大な敷地ではテニスやバスケ、バドミントンコートなどの設備が充実しているほか、ウォータースポーツも楽しめる。

MAP P.221 G-5

🏠 Block Ha My Đong B, Đien Ban, Quang Nam ⊗ホイアン市場から車で15分 ☎0235-3940000 料 US$875～(プールなしヴィラ)、US$1160～(プール付ヴィラ)

沈む夕日を眺めながらプールサイドで過ごす至福の時間

コンチネンタルスタイルのかわいらしいインテリアでまとめられた室内

ゆったり過ごせるライブラリースペースも完備

ホイアンの街並みを感じる
大人の隠れ家的リゾート

ヴィクトリア・ビーチ・リゾート&スパ

Victoria Hoi An Beach Resort & Spa

ホイアンの街から4kmほどの位置にある、碧い海、白い砂浜が続くクアダイ・ビーチに建つヴィクトリアグループのリゾート。ホイアンの古い街並みをイメージした造りで、洋風、ベトナム、日本スタイルなど、テイストの異なるヴィラが並ぶ。

MAP P.221 G-5

🏠 Cua Đai Beach, Au Co ⊗ホイアン市場から車で15分
☎0235-3927040 料ⓈⓉ US$160～

Viet Nam Area"Nha Trang"

ニャチャン

バカンスを楽しむ人々でにぎわうビーチタウン。名物グルメや歴史の面影が残る観光スポット、温泉など、見どころ満載の南国の街を楽しもう。

ニャチャンMAP

\ Check! /

アクセス

●ホーチミンから

飛行機が1日約20便、所要約1時間。カムラン国際空港を利用。空港から市内まではタクシーで所要約40分、車は約7時間30分～。

●ハノイから

飛行機が1日9～15便、所要約1時間50分。列車は所要約24時間～。

●ダナンから

飛行機が1日1～2便、所要約1時間15分。列車は所要約9時間～。

市内交通

●タクシー

メーター制タクシーの初乗り料金の目安は1万4000VND。空港から市内への目安は50万VND～。25万～30万VNDの定額制もある(要事前交渉)。

●バイクタクシー

徒歩5分程度の距離の目安は2万VND～。要事前交渉。

人々を魅了するビーチタウン

リゾート開発で国内外から注目を浴びている人気エリア。サンゴ礁に囲まれたダイビングスポットとしても有名

ビーチ周辺にはホテルやシーフードレストランが連なる

マーケットには新鮮な魚介類が毎日並んでいる

Fresh!!

人々を魅了する青い海と白い砂浜がニャチャンの魅力のひとつ

旅メモ　地元の人々の生活を感じたいなら北部のトンニャット通りやファンボイチャウ通りがおすすめ。

ニャチャン名物のシーフード

とれたてのシーフードがたくさん。
名物のロブスターは必食!

人気のビュッフェは、シーフードや世界各国の料理をおなかいっぱい食べられる

名物ロブスターが食べ放題

Ⓐ ゴン・ギャラリー

Ngon Gallery Nha Trang

ニャチャン名物のロブスター付きのビュッフェはベトナム料理など100 種類以上のメニューが楽しめる。海の景色を眺めながらロマンチックなひとときを。

MAP P.175

🏠2nd Floor,Citadines Bayfront,62 Tran Phu,Loc Tho ㊋チャム塔から徒歩10分 ☎091-5470066 🕒11:00～14:00、17:00～22:00 ㊡無休

ライブステージもあり生演奏が聴ける

日本人好みのデザインをおみやげに

少数民族の雑貨からリゾート地ならではの
オリジナルグッズまで様々

日本人好みのおみやげが充実

Ⓑ キッサ・スーベニア

Kissa Souvenirs Nha Trang

日本人とベトナム人夫婦が経営している土産店。定番のバッチャン焼から、おしゃれなデザインのアイテム、民族雑貨まで幅広く扱っている。

MAP P.175

🏠1B Ngo Thoi Nhiem, Tan Lap ㊋ニャチャンビーチから徒歩９分 ☎035-9548750 🕒9:00～21:00 ㊡無休

ニャチャンの風景や日常を描いたポスターがたくさん

独特のイラストが描かれたリサイクルバッグ

ニャチャン版のテディベア

歴史の面影が残るスポットを巡る

歴史の面影が残る観光スポットや温泉など見どころ満載

ベトナム最大級のカトリック教会

C ニャチャン大聖堂

Nha Tha Nui

1928 年建造の、聖地である丘の上に建つゴシック様式のカトリック教会。ベトナムにおける最大級の教会建築で、厳格さを漂わせている。早朝と夕方に行われるミサは観光客でも見学可能。

MAP P.175
住31A Thai Nguyen 交チャム塔から徒歩20分 ☎なし 営8:00～13:30、14:00～16:00 休日曜 料無料

駅とニャチャンの景色を見晴らす、小高い丘の上に建っている

巨大な仏像は町のいたるところから見える

田園風景を見下ろす仏像

D ロンソン寺（隆山寺）

Chua Long Son

1889 年創建の仏教寺院。本殿には蓮の花に囲まれた仏陀の座像がある。チャイトゥイ丘を上がったところには蓮花に鎮座する巨大な白い大仏があり、内部に入ることができる。

石段の途中には涅槃像や龍の彫刻もある

MAP P.175
住22,Duong 23/10
交チャム塔から車で10分
☎0258-3827239
営6:30～20:30
休無休 料無料

ミネラル豊富な泥エステ

E タップバー温泉

Tam Bun Thap Ba

1～8人用の浴槽型と、グループ用の風呂がある泥風呂温泉。園内にはプールやレストラン、理容室などもあるのでゆっくり過ごせる。

MAP P.175
住438 Ngoc Den 交チャム塔から車で20分
☎0258-383545 営6:30～20:30 休無休
料大浴場35万 VND

ミネラル豊富な泥は美肌効果があると評判。疲れた体にも効果バツグン!

旅メモ ニャチャンの「ホンチョン岬」にある、落ちそうで落ちない宙に浮く岩も撮影スポットとして人気。

A dream vacation hotel

憧れのバカンスホテル

#世界中から観光客が訪れる　#隠れ家的リゾート　#アイランドホテル　#極上エステ

隠れ家と呼ぶにふさわしい
国内屈指の高級リゾート

シックス・センシズ・ニンヴァン・ベイ

Six Senses Ninh Van Bay

ニャチャン北東に突き出た半島の、ニンヴァン湾に面して建つ。全室プライベートプール付のベトナムきっての高級リゾート。自然に囲まれたこの地への足は専用の船着場から出るスピードボートのみで、隠れ家と呼ぶにふさわしい。客室はすべてヴィラタイプで、木目を生かした造り。

MAP P.207 C-4

🏠Ninh Van Bay, Ninh Hoa, Khanh Hoa　㊋カムラン国際空港から車で1時間の船着場からスピードボートで20分(シャトルまたは車による有料送迎サービスあり)　☎0258-3524268　㊎ⓈⓉUS$454～

❶プライベートプールから見る美しい夕暮れをひとり占め　❷天然素材にこだわった寝具は安らぎを与えてくれる

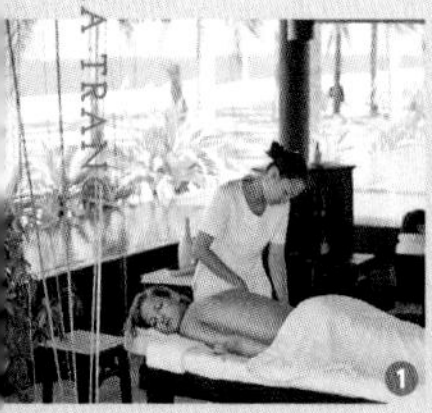

❶「五感のバランスを整える」がコンセプトとなっているスパ
❷伝統家屋を模したヴィラタイプの客室

ビーチでくつろぎ極上エステで癒される

アナ・マンダラ・カムラン

Ana Mandara Cam Ranh

ベトナム屈指のリゾートホテル。17棟あるヴィラは、リゾート感覚あふれる贅沢な造りが魅力。マッサージやマリンスポーツのほか、朝市を訪ねるマーケットツアーにも参加できたりと、さまざまな楽しみ方を提供してくれる。

MAP P.207 C-4

🏠Beachside Tran Phu, Nha Trang, Khanh Hoa　㊋カムラン国際空港から車で45分(シャトルまたは車による有料送迎サービスあり)　☎0258-3522222　㊎ガーデンビューヴィラUS$310～、デラックスシービューヴィラUS$383～

美しいニャチャン湾に浮かぶホンチェ島で過ごす

ヴィンパール・ラグジュアリー

Vinpearl Luxury Nha Trang

ニャチャン沖のホンチェ島に建つ。全室プール付ヴィラ、またはスイートという贅沢な造りのホテル。全身を波の音にゆだねて癒される水上コテージスパや、ジムやテニスコート、全18ホールのゴルフ場やウォーターパークなどの施設もあり、充実したリゾートステイが楽しめる。

MAP P.207 C-4

🏠Hon Tre Island, Vinh Nguyen Ward,Nha Trang　㊋カムラン国際空港から車で45分の船着場からスピードボートで10分(空港から無料送迎あり)　☎0258-3598598　㊎プールサイド・ヴィラUS$498～、ビーチフロント・ヴィラUS$580～、ヒルトップUS$417～
日本予約03-5419-3741(マックマーケティングサービス)

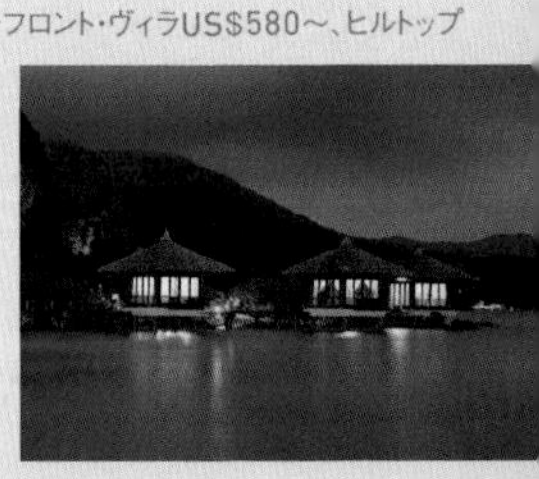

海に浮かぶ水上コテージにある「ヴィンチャームスパ」

出発前の準備&手配ナビ

BASIC INFORMATION

BOOK CAFE

気になるベトナムの約束・暮らし

知っておけば安心なベトナムの常識

のんびりとした性格の人が多く、穏やかな国民性が魅力的なベトナム。アジア圏でも治安は比較的安定していて、気軽に陽気な海外の雰囲気が楽しめる。しかし、やはり日本の生活、習慣とは違うところも多く、注意点もある。まず、覚えておきたいことは、日本と違い社会主義国であること。街なかには公安の監視体制があるので、気をつけたい。また治安がいいとはいえ、スリやひったくりが多く、旅行者は狙われやすいので気をつけよう。その他、ベトナム人の気質も知っておけばもっと旅行を楽しめる！

#ベトナムの女性は働き者

ベトナム戦争中、男性は戦地に赴いていたため、子どもや家を守ってきたのは女性。そのため、ベトナム人の女性は、家族のために働くという意識を強く持っているといわれている。男女とも働くことが前提にあるため、企業の採用も比較的平等に行われており、従業員の男女比率も多くの企業で半々ぐらいで、女性の就業率は7割を超える。

#公での政治や国情に関する言動に注意

ベトナムは社会主義国のため、政治体制や国情に関して批判的な言動は避けたほうがよい。街なかにも公安による監視体制が敷かれている場所もあり、軍事施設など撮影禁止の場所もあるため注意が必要。

#道路を渡る時の注意点

ベトナムの名物ともいえるバイクの多さ。道路を渡ろうと思っても、横断歩道を歩く時でも平気で突っ込んでくるバイクが多い。道路を渡る時のコツは、運転手の目を見て、どっちを通るのか（我々の前を通るのか後ろを通るのか）をしっかりと見極めて、ゆっくりと歩を進めていくこと。

#ベトナムの飲み会での掛け声

ベトナム人の飲み会で外せない掛け声は「モッ！ ハイ！ バー！ ゾー / ヨー！」。一般的に「ゾー」が北部で、「ヨー」が南部の方言。「モッ！ ハイ！ バー！」は数字の「1、2、3」で、運よく地元の人とお酒を飲む機会があれば試してみよう。

#ベトナム人の朝は早い

ベトナム人のライフスタイルで特徴的なことといえば、まず「朝が早い」ことが挙げられる。ベトナムの市場はなんと6時から開いており、各家庭がその日の食材を買い出しにいくことが一日の始まり。就業時間は朝の8時から夕方の17時ということがほとんど。日本と比べると、1時間早く始まって1時間早く終わる。

#現金を使う機会が多い

観光スポットやレストラン、ホテルなどではクレジットカードの利用ができるが、屋台や小さな食堂などでは、現金しか使えないところも多い。カードと現金を両方使えるよう準備をしておこう。

#ベトナムの国民性を表す4K

女性は手先が「器用」、若者の多くは、親が苦労した分、自分が高い給料をもらって親を養おう、と考えている傾向が高い「向学心旺盛」、将来の利益よりも目先の利益を優先する金銭感覚の人が圧倒的に多い「近視眼的」、勤勉なベトナム人女性は一家の大黒柱で「カカア天下」の4つのKが、ベトナム人の国民性を表しているといわれている。ほかにも、「コネ社会」「交渉上手」は外せない！という説も。

いつ行くのがおすすめ？ ベストシーズン&ベトナムの基本

北部、中部、南部で気候もそれぞれ。目的地によって時期を決めよう。

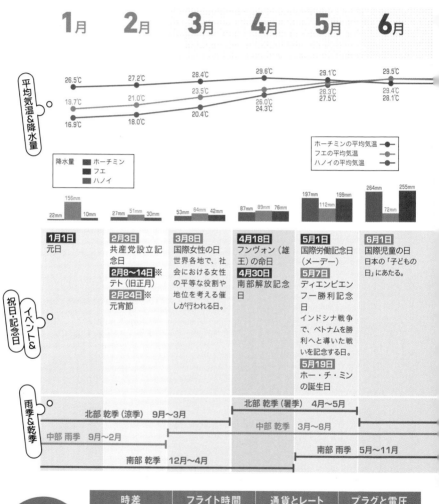

1月　2月　3月　4月　5月　6月

平均気温&降水量

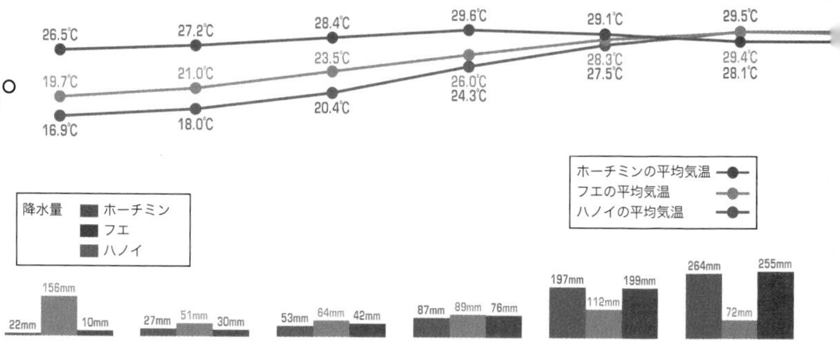

イベント&祝日・記念日

1月1日
元日

2月3日
共産党設立記念日

2月8～14日※
テト（旧正月）

2月24日※
元宵節

3月8日
国際女性の日
世界各地で、社会における女性の平等な役割や地位を考える催しが行われる日。

4月18日
フンヴォン（雄王）の命日

4月30日
南部解放記念日

5月1日
国際労働記念日（メーデー）

5月7日
ディエンビエンフー勝利記念日
インドシナ戦争で、ベトナムを勝利へと導いた戦いを記念する日。

5月19日
ホー・チ・ミンの誕生日

6月1日
国際児童の日
日本の「子どもの日」にあたる。

雨季&乾季

- 北部 乾季（涼季） 9月～3月
- 北部 乾季（暑季） 4月～5月
- 中部 雨季 9月～2月
- 中部 乾季 3月～8月
- 南部 乾季 12月～4月
- 南部 雨季 5月～11月

知っておきたいベトナムのキホン

時差	フライト時間	通貨とレート	プラグと電圧
－2時間 日本が午前9時のとき、ベトナムは午前7時。日本より2時間遅れているだけなので、時差ボケの心配はそれ程ない。	**直行便で4時間半～7時間** 所要時間はホーチミンまで6~7時間、ハノイまで4時間30分～7時間。ダナンまで7時間ほど。	**1万VND=約60円** 通貨はベトナムドン（VND）。100～50万VNDの12種類の紙幣がある。硬貨と小額紙幣はほとんど使用されていない。 ＊2023年12月現在	**220V** 日本より電圧が高く、変圧器と変換プラグが必要。携帯電話などそのまま使用できるものもあるので取り扱い説明書を要確認。プラグはCタイプが一般的。

掲載している日程は2024年2月～2025年1月のものです（※印は移動祝祭日&イベントのため、毎年日付が変わります）。

CHECK

『オプショナルツアーを上手に使おう』

定番の観光スポットをめぐるものから、近郊の注目スポットや街へ行くものまでそろっている。都市間の移動もツアーに参加すれば簡単。市内には日本語が通じるツアー会社もあるので積極的に利用しよう。

メコン川クルーズなどアクティビティ付きのツアーもおすすめ

7月	8月	9月	10月	11月	12月

出典：ベトナム気象局、気象庁（30年間の平均値）

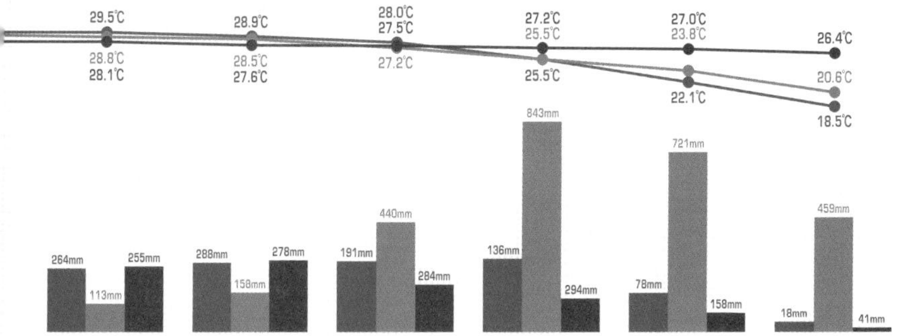

7月	8月	9月	10月	11月	12月
7月27日 戦争傷病者・烈士の感謝日 戦争の犠牲者を追悼する日。	**8月18日** 中元節 祖先を供養する日。 **8月19日** 8月革命記念日	**9月2日** 国慶節 独立記念日 1945年のベトナム民主共和国の成立を記念する日。 **9月17日**※ 中秋節 子孫繁栄を祈る日	**10月10日** 首都ハノイ解放記念日 **10月20日** ベトナム女性の日 ベトナム初の女性組合が発足した日。男性が日頃の感謝を込めて、女性に花を贈る。	**11月20日** ベトナム教師の日 子どもから大人まで学校教育だけではなく、塾や習い事、家庭教師などの先生に感謝の気持ちを表す日。	**12月19日** 全国抗戦日 1946年12月19日にベトナム全土がフランスとの戦争に突入した記念日。 **12月22日** ベトナム人民軍創設記念日 **12月25日** クリスマス

■は祝日、■はイベント

北部 雨季　6月〜8月

北部 乾季（涼季）　9月〜3月

中部 雨季　9月〜2月

南部 乾季　12月〜4月

滞在日数の目安	タバコとお酒	公用語	ベストシーズン
3泊5日 時差は2時間なのでそれほど気にならない。1都市滞在で深夜便帰国なら3泊5日で十分堪能できる。別都市も回るなら4泊6日は欲しい。	**18歳以上** タバコ、お酒とも18歳未満は禁止。タバコは屋外での喫煙は自由だが、屋内や公共交通機関での喫煙は禁止の場所が多い。	**ベトナム語** 都市部では英語も通じる。市場やマッサージ店では片言の日本語を話すスタッフもいるが、ほとんどの店は英語が基本。	**都市によって変わる** 南部のホーチミンは、涼しくて湿度も低い乾季にあたる12〜4月がおすすめ。北部のハノイは9〜11月がおすすめだが、冬季の山岳部はかなり冷え込む。中部は乾季の3〜8月がベストシーズン。

知っておきたい！出入国の流れ

旅の玄関口となる空港での流れや必要書類を知っておけば、入国審査も怖くない！

ベトナム入出国の流れ

日本➡ベトナム入国

1 到着

飛行機から降りたら、案内板に従って入国審査ブースへ。
出入国カードの提出は必要ない。

2 入国審査

パスポートと帰りの航空券（eチケット控え）を係官に提示する。

3 手荷物受け取り

搭乗便名が表示されたターンテーブルで、預けた荷物を引き取る。荷物が見つからない場合は、搭乗券とクレーム・タグ（荷物引換証）を用意して、受取所にいるスタッフや、「Lost & Found」カウンターに相談する。

4 税関

パスポートを提示して、荷物のX線検査を受ける（検査がない場合もある）。申告するものがあれば、税関申告書に記入して、パスポートとともに審査官に提示する。

5 到着ロビー

両替所やATMで必要な現金を入手したら、タクシー乗り場へ。白タクの客引きに捕まらないように気を付けて！

ベトナム出国➡日本

1 空港へ

フライトの2〜3時間前には空港へ到着しておこう。

2 チェックイン

パスポートと航空券を用意して、利用する航空会社のカウンターや、自動チェックイン機へ。大きな荷物を預けて、搭乗券とクレーム・タグを受けとる。日本出国時と同様に、液体類や刃物、バッテリー類は制限されている。

3 出国審査

出国審査ブースの係官にパスポートと搭乗券を提示する。

4 セキュリティチェック

パスポートと搭乗券を提示して、手荷物検査とボディチェックを受ける。多額の現金や骨董品のチェックは特に厳しいので注意。入国時の税関申告書が必要なことも。

5 出発ロビー

再両替やVAT払戻手続き、免税品の受け取りなどをすませて搭乗ゲートへ。ゲート番号はモニターでも確認しよう。

Visit Japan Webへの事前登録がおすすめ

日本入国時の税関手続きなどを行えるWEBサービス。事前に必要な情報を登録しておけば「税関申告」の手続きがスムーズになる。アカウント登録や情報登録などは事前に終わらせておこう。

URL
vjw-lp.digital.go.jp/

VJWの登録手順

1. メールアドレスとパスワードを登録してアカウント作成。
2. 本人や同伴家族のパスポート情報、スケジュール、航空便などを入力。
3. 入国手続に必要な携帯品・別送品の情報を登録。
4. 日本入国時に税関の端末でQRコードを表示して手続きをする。画面の指示に従って電子申告ゲートか検査台へ。

パスポートの手配

飛行機を手配しても、これがなければ渡航できない！最優先で手配しよう。

一番重要なのはコレ！ パスポート

パスポートとは旅券のことで、海外へ渡航する際には必ず所持が必要。現地での身分証明書となり、ホテルやレンタカーのチェックインや両替時に提示を求められることもある。

5年用　10年用

外務省パスポート（旅券）

URL www.mofa.go.jp/mofaj/toko/passport/

※申請書のダウンロードも可能

ポイント

申請はなるべく早く! 遅くても2週間前

住民登録をしている都道府県や市町村で手続きをするが、窓口によっては受付時間が平日の日中だけで、受け取りまで2～3週間かかることも。申請書や顔写真、戸籍謄本など必要書類の用意もあるので、早めの準備を。学生などが現居住地で申請をする場合は住民票の写しも必要。

受け取りは本人のみ

パスポートの申請は家族などの代理人でもできるが、受け取れるのは本人だけで、乳幼児でも窓口へ行く必要がある。詳細は外務省公式サイトなどで確認しよう。

check

パスポートを持っている人は…

※有効期限＆残存期間に注意

パスポートの有効期限とは別に渡航先によって必要残存期間があり、ベトナムは、ビザ免除の場合、滞在は45日以内で入国時に6か月以上の有効期間が残るパスポートを所持していることが条件。足りてない人はパスポートの切替申請が必要。

CHECK

「持ち込み制限と禁止に注意！」

ベトナム入国時の持ち込みに関して、細かな制限や禁止事項が決められている。現地へのおみやげなどを用意する際や、荷物を準備する段階から、理解しておこう。

ベトナム入国時

●免税範囲

★酒類……アルコール度数20度以上1.5ℓ、20度未満は2ℓ、ビール3ℓのいずれか

★たばこ……紙巻たばこ200本、葉巻20本
その他のたばこ製品250gのいずれか。

※アルコールとたばこは18歳以上

●ベトナムへのおもな持ち込み制限

麻薬、爆発物、弾薬、銃器類のほか、アダルト雑誌やDVD、社会主義を批判する新聞、雑誌など

●申告が必要なもの（抜粋）

★通貨……US$5000相当以上または現地通貨1500万VND以上の現金は申告が必要

★1000万VND相当額以上の物品

★金や金装飾品300g以上

日本入国時

●免税範囲

★酒類……3本（1本760㎖程度のもの）

★たばこ……紙巻200本、葉巻50本、そのほか250gのいずれか1種。加熱式たばこは個装等10個。2種類以上を持ち込む場合は、換算して250gまで。日本製、外国製、居住者、非居住者の区別はない。

★香水……2オンス（1オンスは約28cc）

★その他の品物……20万円。品物の合計額が20万円を超える場合、20万円の枠におさまる品物が免税。同じ品目の合計金額が1万円以下のものはすべて免税。※20歳未満は、酒類とたばこは範囲内でも免税にならない。

●日本へのおもな持ち込み制限

ワシントン条約で規制されている動植物や物品（象牙、ワニ皮製品、ヘビ・トカゲ製品、ベッコウ製品、毛皮・敷物の一部、ランなど）／家畜伝染病予防法・植物防疫法で定められた動植物（肉製品、果物、野菜などを含む）／麻薬類、通貨・証券の偽造品、猟銃、空気銃、刀剣など／偽造ブランド品など、知的財産権を侵害する物品／医薬品や化粧品（数量制限）など

インターネットと便利なアプリ

旅先でもネット環境は大切！旅行に便利なアプリも事前に準備して出掛けよう。

予約や出入国手続きでも活躍するスマートフォンは旅の必需品。自分に合った方法を選んで準備を進めよう。便利なアプリは、事前登録などの手続きが必要な場合もあるので、日本でダウンロードしていくのがおすすめ。

自分に合うのはどれ？ ネット環境比較

	Wi-Fiルーターレンタル	海外パケット定額サービス	現地SIM
メリット	◆場所を選ばず、安定した通信環境が得られる ◆大容量タイプなら1台で複数台接続可能	◆ルーターなど付属機器不要のため身軽 ◆簡単に設定ができる ◆必要なときだけ使える	◆ルーターなど付属機器不要のため身軽 ◆Wi-Fiルーターのレンタルよりも安い ◆（キャリアによっては、）入れ替え不要のeSIMが便利
デメリット	◆事前の申し込みが必要 ◆出発前の受け取りが必要 ◆帰国後の返却が必要 ◆プランによっては使用量制限・速度制限がある ◆ルーターが重い	◆海外パケット定額サービスの登録に申し込みが必要な場合がある ◆利用期間によっては割高になる場合が多い ◆格安SIMキャリアによってはプラン設定がない場合がある	◆SIMカードを用意および入れ替える必要がある ◆SIMフリーでなければロックの解除が必要 ◆SIMカードを紛失したら買い直さなければならない

キャリア別海外サービス

NTTドコモ
1時間200円から使える「世界そのままギガ」（事前申し込み必要）と、1日最大2980円～で使い放題の「世界ギガし放題」がある

au
24時間690円～の「世界データ定額」プランがある。データチャージ（無料）に加入していることが条件

ソフトバンク
1日1980円の「海外パケットし放題」は12.5MBまで。12.5MB以上を利用する場合は1日2980円
※4G/5Gの場合

現地キャリア正規SIM
7日間、容量無制限、1490円など、利用日数、通信容量が決められているが割安。現地購入の場合、個人情報の登録が必要

※各種料金・プランは2023年12月現在の情報です。

渡航前にやっておきたい スマホの設定

スマホの「データローミング」という機能は、各キャリアの電波が届かない場所に行った際に、各キャリアが提携している現地の携帯会社の電波を受信しようとする。海外へ行く際にデータローミングをオンのままにしてしまうと、いつもより高額な通信費の請求に驚くことになるので、オフの設定を忘れずに。

設定（Androidなら無線とネットワークへ）→モバイルデータ通信→データローミングをオフ

知っておくと便利 ダウンロードしておきたいアプリ

バス　ベトナムでバスに乗りたい人は必須

BusMap

ベトナムのバス停の場所やルート検索ができるアプリ。ベトナムのバスの運転手は英語が通じないことが多かったり、バス停の位置が分かりにくかったりするため、インストールしておくと安心。

SNS　ベトナムのIT企業が開発したメッセージアプリ

Zalo

ベトナムで広く普及しているメッセージアプリ。電話番号で登録するZaloは、現地のドライバーやAirbnbなどの宿泊先のオーナーなどとやり取りするときに便利。

地図　オフラインでも地図が使える！

Googleマップ

ルート検索やナビ、交通状況などを日本語で案内。地図を保存しておけばオフライン時でも閲覧可能。行きたい場所を保存してリスト化も可。

地図　オフラインでも使える地図アプリ

MAPS.ME

オフラインでも位置情報を知ることができるという画期的な地図アプリ。ベトナムで使用できる携帯を持っていない人や携帯が通信制限になっても大丈夫。

翻訳　言葉の不安はこれで解消

Google翻訳

キーボードや音声、手書き入力での翻訳のほか、カメラでかざすとメニューなどベトナム語も翻訳。ベトナム語と日本語会話の同時通訳もできる。

食物　ベトナム版食べログ

Foody

ローカル御用達アプリ。レストランなどの店舗情報から口コミ・写真までくまなくチェックすることができる。

交通　もはやインフラ！欠かせない配車アプリ

Grab

東南アジアで圧倒的なシェアを誇る配車アプリ。ベトナムでも人気で、ぼられることもなく価格も安い。アカウント登録は日本国内で済ませておく方が安心。

お金　ベトナムドンを日本円で表示

Currency

シンプルな操作で使いやすい通貨換算アプリ。ベトナムドン通貨を選んで金額を入力すると、日本円を含む各国の通貨換算額を一覧で表示。オンライン時に最新レートが適用。

CHECK

「無料Wi-Fi事情」

Wi-Fiが利用できる店は多岐にわたり、空港、カフェ、レストラン、ホテルをはじめ、商業施設でもたいてい使うことができる。スーパーのフードコートでもテナントがWi-Fiを設置している。ただし、大衆食堂や屋外の屋台などはWi-Fiがない場合が多いので、現地SIMなどを準備しておく方がいい。

注意！　無料Wi-Fiはセキュリティ面が弱いため、クレジットカード番号など重要な個人情報は入力しないこと

Wi-Fiの利用時にはパスワードが必要なこともあるのでスタッフに聞けば教えてくれる。お店によっては時間制限もある

両替は街なかが◎ 到着前に最低限だけ準備を

ベトナムドンは日本で両替することもできるが、現地の方がレートがいいことが多い。

円からVNDへの両替は、銀行や街なかの両替所、ほとんどのホテルで可能。ATMでクレジットカードのキャッシングをするのも◎。

両替アドバイス

○ クレジットカードのキャッシングがおすすめ

空港や街なか、銀行などでの両替と比べ、レートが断然いい。なるべくクレジットカードのキャッシングを利用しよう。

× 空港、ホテルはレートが悪い

空港では市内までのタクシー代くらいの両替をするのがベター。ホテルは24時間対応してくれるので緊急時には便利。

場所	レート	特徴
空港	△	必要最小限の両替が◎
ホテル	△	24時間フロントで両替可能
両替所	○	店によってレートが違うので、確認して利用しよう
銀行	○	レートは比較的いいが、出張所によってレートが微妙に悪いことも
ATM	◎	クレジットカードの利率は現金両替の手数料よりも低い場合が多く、現地通貨の引き出しはATMがおすすめ

ベトナムの通貨

通貨単位はベトナムドン（VND）。
1万VND＝約60円（2023年12月現在）

BILL

50万VND＝約3000円

20万VND＝約1200円

10万VND＝約600円

5万VND＝約300円

2万VND＝約120円

1万VND＝約60円

5000VND＝約30円

2000VND＝約12円

1000VND＝約6円

500VND＝約3円

200VND＝約1円

現金も引き出せる！クレジットカードは必須

レートがいいクレジットカードは現金の調達に大活躍！　積極的に活用しよう

ホテルや高級レストラン、みやげ物店など使えるお店は多いが、ローカルの市場や屋台などは現金のみの場合が多い。VISA、MasterCardは鉄板で使える。また、レートもいいので紙幣の引き出しはATMで。海外旅行保険が付いていることもある。

デビットカードもチェック！

クレジットカードと同様に使えるデビットカード。銀行口座から即時引き落とし＆口座残高の範囲内で使えるため、予算管理にもってこい！

CREDIT CARD

DEBIT CARD

Yes!

CHECK!
キャッシュレス決済を整備中

ベトナムでは国家主導でキャッシュレス決済を推進しており、クレジット・デビットカードのタッチ決済のほか、VNPAYなどのQRコード決済も導入店舗が増えている。ただ、電子決済は「ベトナムの電話番号と銀行口座」が必要。今後、法整備が整えば急速に普及する可能性があるのでチェックしておこう。

クレジットカードで現金を引き出せます！

ATMの使い方

❶ カードを入れる
国際ブランドのマークがついたATMにクレジットカード、デビットカードを挿入。画面選択に日本語があれば選択。

❷ 暗証番号PIN入力
4桁のPIN（暗証番号）を入力。不明な場合は日本出発前に確認を。

❸ 引き出し先を選ぶ
カード種類選択の画面でクレジットカードは「Credit Card」、デビットカードの場合には「Saving（預金）」を選択。

❹ Withdrawを選択
取引選択の画面で「Withdraw（引き出し）」を選択する。※③と④の順が逆の場合もある。

❺ 金額を入力
画面から希望金額を選ぶ。自分で金額を設定したい場合は金額を入力。

CHECK
「1日の出費をシミュレーションしてみよう」

食費

朝ごはん	6万VND（フォー）
昼ごはん	4万VND（ブンチャー）
夜ごはん	6万5000VND（バインダークア）
おやつ	7万VND（ケム・ズア）
カフェ	4万VND（エッグコーヒー）

Total 27万5000VND

交通費（ハノイ）

メトロ	8000VND
タクシー	40万VND（空港→市内）
観光バス	30万VND

Total 70万8000VND

観光費（ハノイ）

文廟	7万VND
ホーチミン王席遺跡区	4万VND
タンロン水上人形劇場	10万VND

Total 21万VND

知っておきたいベトナムのあれこれ

ベトナムで快適に過ごすためのノウハウをご紹介。注意すべき点を把握しておこう。

安心して過ごすために 覚えておきたいこと

混雑した場所で手荷物は目の届くところに

殺人や強盗など凶悪犯罪に外国人が巻き込まれることは少ないが、置き引き、スリ、ひったくりなどは頻度が高い。混雑した場所ではリュックなどは体の前にかける、屋台などでちょっと席を立つ際も手荷物は持って歩くなど、旅先での気のゆるみにつけ込まれないように注意しよう。

ブランドバッグやウエストポーチはNG

ブランドバッグやアクセサリーなどをたくさん身に付けた華美な服装は避けた方が無難。高級ブランド店の買い物袋をいくつもぶら下げて歩くのもスリやひったくりに狙われやすいので注意しよう。いかにも貴重品が入っています的なウエストポーチも×。

言動に気をつける

ベトナムは社会主義国家。旅行をしているとオープンな国にも感じるが、公安による監視体制が敷かれている場所もある。政治体制や国情に関して、批判的な言動は避けよう。また軍事施設などには撮影禁止表示があるので注意が必要。

公共の場では発言に注意

食事マナー

器に口をつけてスープをすするのは行儀が悪いこととされている。ただし、ご飯にスープをかけて食べることはOK。また、屋台や大衆食堂では食事前に箸やスプーンなどをティッシュで拭くのが一般的。

現金とカードは別々にしておく

街歩きの際に持ち歩くのは、少なめの現金とクレジットカードという組み合わせがおすすめ。現金の紛失・盗難は海外旅行保険で補償対象外だが、クレジットカードの不正使用は補償対象。

写真撮影時の注意点

軍事施設や寺院など撮影が禁止されている施設もあるので、指示に従おう。またベトナム人は3人の真ん中に入ることや、寝ている姿を撮られることを嫌うので注意。

必ず登録を！「たびレジ」

外務省から旅行先の最新安全情報を日本語で受信できるサービス。同行者、旅行日程、現地での連絡先等登録すると、事件事故に巻き込まれた際に在外公館からの支援をより早く受けやすくなる。

たびレジ

URL www.ezairyu.mofa.go.jp

覚えておきたい ベトナムの習慣

初めての旅先では文化や習慣の違いに戸惑うことも。長期休みやチップ、人々の生活習慣など、事前に確認して向かえば安心！

知らないとびっくりすることも！

テト（旧正月）期間中の旅行は注意

ベトナムでは、テトは家族で祝う一大イベント。多くの人が帰省して働く人も激減。お店や観光地、公共施設も休業や時短営業になるので事前にチェックが必要。また物の値段も高くなるので気をつけよう。

基本的にチップは不要

ホテルなどでポーターやベッドメイクしてもらったら気持ちで渡すのはよい。高級レストランで、代金にサービス料が含まれる場合はチップ不要。エステやスパでは5万〜10万VND程度渡そう。

ベトナムのビジネスアワーは早い

公的機関や会社は8時頃（早ければ7時30分頃）からと朝が早く、昼休みは1〜2時間ほど。16〜17時頃（銀行は16時頃）に終わる。会社の休みは土・日曜だが博物館などは月曜の場合も。観光スタートも早めにしよう。

道路の渡り方にはコツがいる

ベトナムの道路は、バイクや車が溢れており、赤信号でも進むバイクが多い。また横断歩道がない場合も多く、その際は他の横断者と一緒に渡るか、ゆっくり歩いていくとバイクや車は避けてくれる。

落ち着いて対処して 病気・紛失・盗難の場合

病気になったら

ベトナムでは、生野菜や生水などによる食中毒や感染症が多い。不衛生な店は避けて、よく加熱されたものを食べよう。蚊が媒介する病気も多いので、虫除け対策を忘れずに。

病気
体調が悪くなったら、迷わず病院へ。日本語が通じる病院（→P.224）に電話をして相談するか、ホテルのフロントで医師の手配を頼むとよい。また、加入している保険会社のサポートセンターや参加しているツアー会社に連絡すれば、病院を紹介してくれる。保険加入の際にもらえるポケットガイドにも詳細が書かれているので、かならず持参しよう。

薬局
日本のマツモトキヨシやPharmacityなどチェーン店も多く、日本と同様に利用できる。薬剤師がいる店もあり、ベトナム語ができなくても指さし表で症状を伝えるとお薬を出してくれる。ただ、日本人に合わない場合もあるので、なるべく使い慣れた薬を持っていこう。

紛失・盗難にあったら

パスポートの盗難・紛失の場合は、帰国日程にも影響が出るので気づいたら即対応を。クレジットカードの場合も不正使用を防ぐため早めの手続きが必要。

◆パスポート
最寄りの警察署（公安局）に被害届を提出し、ポリスレポートを入手。日本大使館・総領事館へポリスレポートや写真など必要書類を提出して新しいパスポートや「帰国のための渡航書」の発行手続きをする。

◆クレジットカード
クレジット会社へ連絡をして利用停止手続きを。不正使用があっても、重大な過失がなければ補償が受けられる。状況に応じて海外専用の緊急再発行カードの手配など日本語でサポートしてくれる。

◆航空券
「eチケット控え」を紛失した場合は、パスポートを空港のチェックインカウンターに提示すれば搭乗券を受け取ることができるのであわてなくても大丈夫。ただし、他の国へ行く場合は念のためeチケット控えを再発行（印刷）しよう。

◆現金
現金の紛失・盗難は海外旅行保険の補償対象外。警察に被害を届け出て所定の手続きを行う。クレジットカードを持っていれば、ATMでキャッシングを。

INDEX

HO CHI MINH

CENTRAL VIET NAM

まっぷるWORLD ベトナム

STAFF

■編集
昭文社編集部
P.M.A. トライアングル（谷本裕英、板本真樹、石井稔哉、村上和美、臺日向子、田代大輔）

■取材・執筆
P.M.A. トライアングル（谷本裕英、板本真樹、石井稔哉、村上和美、臺日向子、田代大輔）
アーク・コミュニケーションズ

■撮影
西澤智子、杉田憲昭、田尻陽子、鵜飼朋子、More Production Vietnam（勝恵美、長島清香、Ha Hong Hanh）、Krorma Media Co., Ltd（谷岡郁子）、Tran Van Hoi、Luu Quang Dai

■表紙フォーマットデザイン
soda design（柴田ユウスケ）

■表紙写真
iStock

■キャラクターデザイン
栗山リエ

■本誌イラスト
栗山リエ、松島由林、かたおか朋子

■アートディレクション・ロゴデザイン
soda design

■本文デザイン
soda design（竹尾天輝子）、ARENSKI（本木陽子）

■ DTP 制作
明昌堂

■校正
光永玲子、山下さをり、三和オー・エフ・イー

■地図デザイン
y デザイン研究所（山賀貞治）

■地図制作協力
周地社、露木奈穂子

■取材協力
GLOBAL DOOR HUMAN SOLUTION（中元亨）、スケッチトラベル、ベトナム航空

■写真協力
田口考、杉田憲昭、pixta、Shutterstock、iStock、アーク・コミュニケーションズ

2024 年 3 月 1 日　1 版 1 刷発行

発行人　川村哲也
発行所　昭文社

本社
〒 102-8238 東京都千代田区麹町 3-1
☎ 0570-002060（ナビダイヤル）
IP 電話などをご利用の場合は
☎ 03-3556-8132
※平日 9:00 ～ 17:00（年末年始、弊社休業日を除く）
ホームページ https://www.mapple.co.jp/

■掲載のデータは、2023 年 10 月～ 12 月の時点の調査・資料に基づくものです。変更される場合がありますので、ご利用の際は事前にご確認ください。
■本書で掲載された内容により生じたトラブルや損害等については、弊社では補償いたしかねますので、あらかじめご了承のうえ、ご利用ください。
■本書に掲載の商品は取材時のもので、現在取り扱っていない可能性があります。また、商品の価格変更や売り切れの場合もありますので、ご了承ください。
■乱丁・落丁本はお取替えいたします。

ISBN978-4-398-16509-1
定価は表紙に表示してあります。

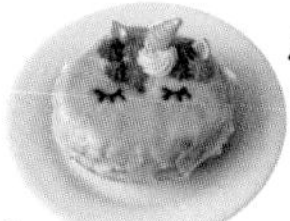

Yummy love it!

Feels Good

＼どこよりも詳しい／

ベトナムの ACCESS & MAP

Nice

これ1冊でばっちりだね!

各地のグルメを食べ歩くときに便利!

Lovely

CONTENTS

Happy

icon

∴観光地	✉郵便局	✝教会
博物館・美術館	バス停	卍寺院
ℹ観光案内所	銀行	▶ビーチ

ホーチミン到着！

タンソンニャット空港から市内へのアクセス

ベトナム国内で最も大きいタンソンニャット空港。日本からのアクセスも一番良い。
ホーチミン市内へのアクセスは、タクシーかホテルの送迎サービスがおすすめ。

荷物が多い人におすすめ

エアポートタクシー

アドバイス
白タクに合わないよう「TAXI STAND」の表示がある乗り場にいるスタッフにタクシーを依頼しよう

到着ロビーのカウンターでチケットを購入できる。市内までは、US$10ほど。チケット代を高めに請求する係員もいるので要注意。エアポートタクシーのほか、メーター制タクシーもあり、12～18万VND程度。別途、空港利用料金（1万VND）がかかる。

最も安全な交通手段

ホテルの送迎バス

アドバイス
多くの送迎バスがとまっている可能性があるので車体のホテル名を確認しよう

高級ホテルをはじめ、ミニホテルでも送迎サービスがあるところが多い。初めてホーチミンを訪れる人、深夜に到着する人におすすめ。到着ロビーを出るとネームプレートを掲げたスタッフが待っている。

旅慣れた旅行者向けのバス

路線バス

到着ロビーの向かいにある乗り場から109・152番のバスに乗ろう。109番は5時30分～22時15分まで、約50分間隔で運行。料金は距離により1万2000～2万VND。152番は5時15分～19時まで、約15分間隔で運行。料金は5000VND（バゲージは＋5000VND～）。

アドバイス
荷物が大きい場合、荷物代を請求されることも

もはや移動の定番

配車アプリ（Grab）

配車アプリはもはや海外旅行の移動の定番手段。Grab（→P.187）はベトナムでも浸透していて安心して利用することができる。日本でアプリをインストールしておけば空港についてすぐにタクシーを呼ぶことができる。市内移動での利用にも便利。

CHECK!

客引きタクシーや盗難に注意を

空港の到着ロビーは、到着を待つ現地の人などたくさんの人で混雑しています。声をかけてくるタクシーの運転手や置き引き、スリなどには細心の注意を払いましょう。

到着便が多い夜の空港は大混雑

空港見取り図をチェック

タンソンニャット国際空港

Tan Son Nhat International Airport MAP P.208 A-1

タンソンニャット国際空港は、ベトナム最大の空港。市内まで約8kmでアクセスも便利。ターミナルが2つあり第1ターミナルが国内線、第2ターミナルが国際線。JAL、ANA、ベトナム航空（VN）、ベトジェットエア（VJC）などが就航。

国際線ターミナル。到着が1階、出発が2階になる

国際線

2F 出国フロア

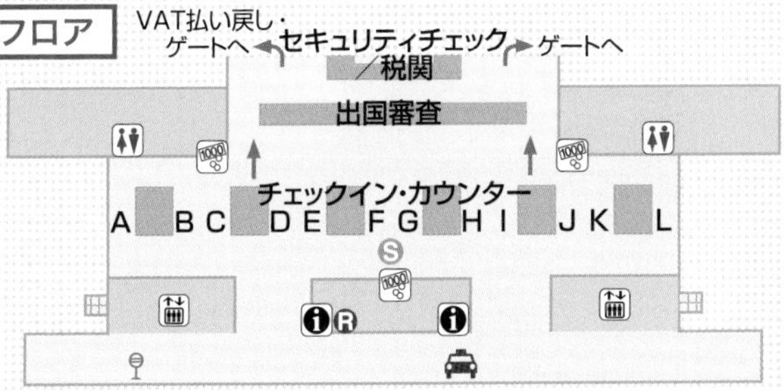

1F 入国フロア（中2F）

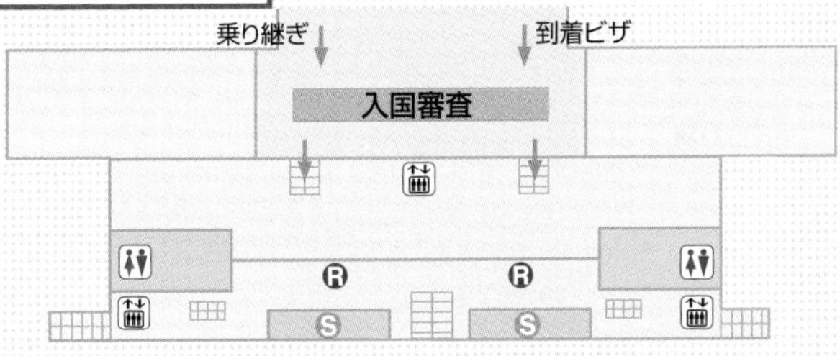

GF 入国フロア（1F）

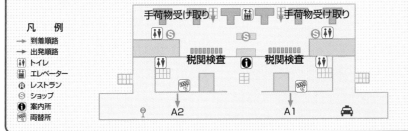

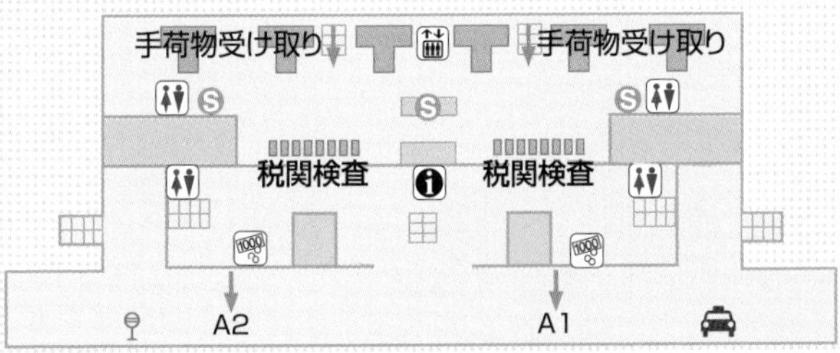

凡　例
- 到着順路
- 出発順路
- トイレ
- エレベーター
- レストラン
- ショップ
- 案内所
- 両替所

ハノイ
到着！

ノイバイ国際空港から市内へのアクセス

ノイバイ国際空港は、ハノイ中心部から北東約45kmにある国際空港。こぢんまりとした空港なので迷うことなし。

最も一般的な交通手段

エアポートタクシー

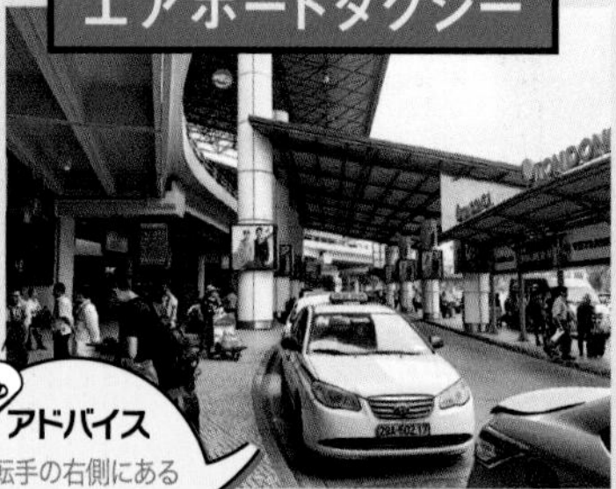

アドバイス
運転手の右側にあるメーターが動いているか、必ず確認しよう

到着ロビーを出て左へ進むとタクシー乗り場があり、指定のタクシー会社のみ、営業を許可されている。白タクや強引な呼び込みを行なう人もいるので要注意。車体に会社名が書いていないタクシーは白タクの可能性が高い。

もはや移動の定番

配車アプリ（Grab）

配車アプリはもはや海外旅行の移動の定番手段。Grab（→P.187）はベトナムでも浸透していて安心して利用することができる。日本でアプリをインストールしておけば空港についてすぐにタクシーを呼ぶことができる。市内移動での利用にも便利。

旅行者でも簡単に利用できる

エアポートバス（86番バス）

アドバイス
バスは遅れることも多いので、時間に余裕のある人だけ利用しよう

ノイバイ国際空港からハノイ駅までをつなぐエアポートバス。オレンジ色の車体が目立つので分かりやすい。オペラハウス前やメリアホテル前などを巡りながら1時間ほどで終点のハノイ駅に行ける。
空港から市内まで一番リーズナブルに移動することが可能。旅行に慣れていて、安価に移動したい人におすすめ。

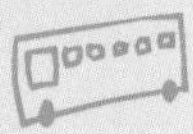

事前にホテルに予約ができて安心

ホテルの送迎

宿泊予約の際に、空港への迎えも合わせてお願いする。出国審査を終え、ゲートを出たところに、係員が名前の書かれたボードを持って待っている。タクシーよりは割高。

CHECK!

客引きタクシーや盗難に注意を

空港の到着ロビーは、到着を待つ現地の人などたくさんの人で混雑しています。声をかけてくるタクシーの運転手や置き引き、スリなどには細心の注意を払いましょう。

到着便が多い夜の空港は大混雑

空港見取り図をチェック

ノイバイ国際空港

Noi Bai International Airport MAP P.214 B-3

空港から市内へのアクセスは、少なくとも1時間程度はみておきたい。到着ロビーに、各銀行の両替所やATMがあるので、必要分を両替して、街へ向かいたい。観光案内ブースもあり、ホテル予約や交通についての案内も受けられる。

第2ターミナル（国際線）

3F 出国フロア

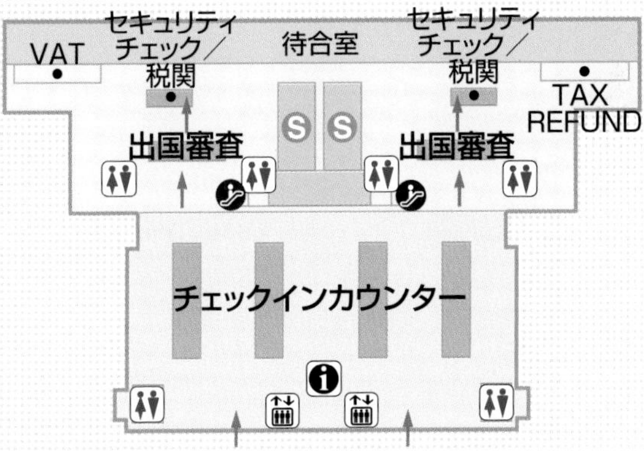

1・2階入国フロア

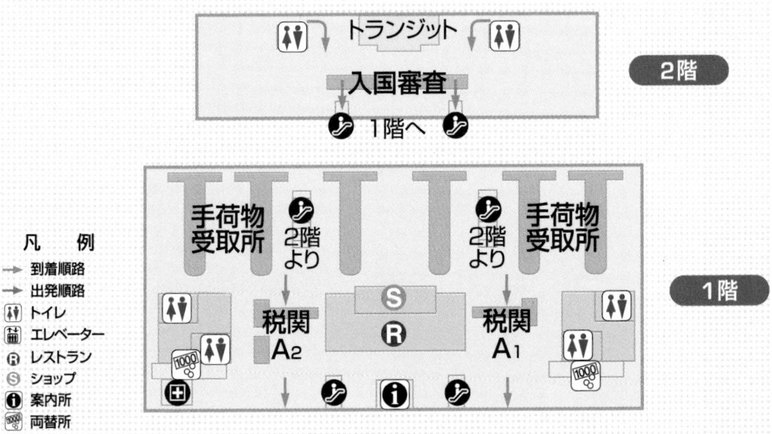

空港見取り図をチェック

ダナン国際空港

Da Nang International Airport
MAP P.222 A-1

ベトナムのリゾート地として有名なダナンの主要空港。中部の都市を巡るならここからスタート。日本からの直行便も再開され、アクセスも便利に。ダナンの街なかまでは車で20分程度。第1ターミナルは国内線で、第2ターミナルは国際線となっている。

最も一般的な交通手段

タクシー

空港出口のすぐ外にタクシー乗り場があり、指定のタクシー会社のみ営業が許可されている。白タクや強引な呼び込みを行う人もいるので要注意。基本的にメーターを利用する。

第2ターミナル（国際線）

2F 出国フロア

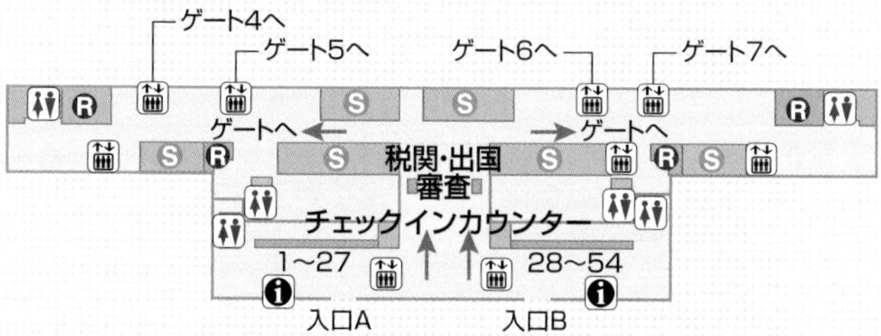

1F 到着フロア

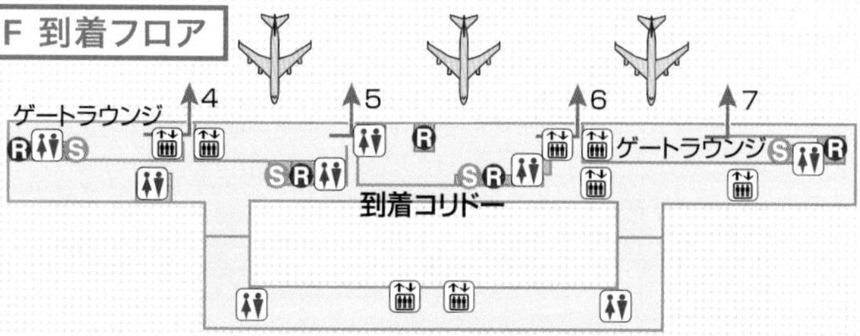

GF 入国フロア

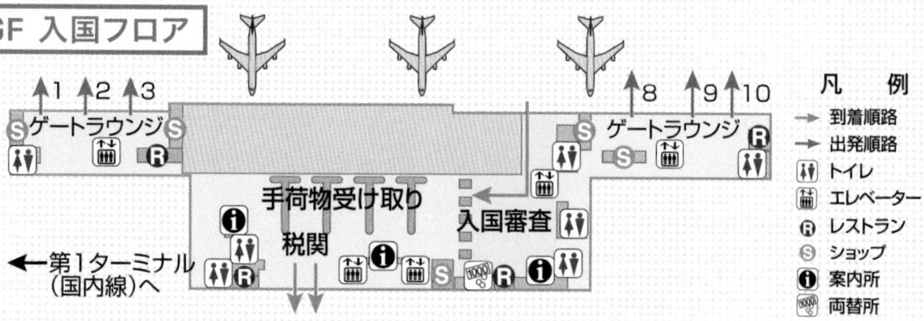

安くて
利用しやすい

ベトナムの市内交通

ベトナムは鉄道網が発達していないので、タクシー移動が基本。
そのほかはバイクタクシーやシクロなど個性的なものも。
いろんな乗り物にチャレンジしよう。

ベトナムの市内交通

移動手段はタクシーが基本！

タクシーが移動の基本になる。Grabなどの配車アプリを利用すれば、目的地までの移動時間や料金がわかるので安心。

タクシー

最も便利で安全な交通手段
大手タクシー会社なら料金設定も良心的

大通りで流しのタクシーを拾えるほか、ホテルのフロントやレストランで呼んでもらうこともできる。初乗り料金は会社によって異なるが、1万VND程度〜。英語を多少話せるドライバーもいるが、ベトナム語しか話せないドライバーも多いので、行き先と住所はベトナム語でメモしておくと便利。つり銭を持っていないこともあるので、小額の紙幣を用意して乗ろう。

おすすめの大手タクシー会社
- マイリン・タクシー Mai Linh Taxi　緑の車体が目印
- ビナ・サン・タクシーVina Sun Taxi　白地に緑&赤が目印

タクシーの乗り方をマスターしよう

①タクシーを拾う

日本と同じように手を挙げて、タクシーを停める。客待ちをしているタクシーより、流しのタクシーのほうが良心的なドライバーが多い。レストランやホテルでは、スタッフに頼めば手配してもらえる。なお、空港への出入りには、それぞれメーター料金にプラス1万VND必要。

②乗車する

ドアは手動なので、自分で開けて乗車する。ドアを開閉するときは、必ず周囲に車やバイクがいないか確認をしよう。また、タクシーにメーターが付いているかも要チェック。

③メーター&車体ナンバーを確認

車に乗ったら、行き先を書いたメモか地図やガイドブックを見せて、行き先を告げる。また、トラブルが発生したときのために、フロントガラス付近にある社員証や、車体ナンバーも確認&メモしておこう。

④お金を払って降車する

目的地に着いたら、料金を支払う。ドンは桁が多いので、下2〜3桁のゼロが省略される。たとえば、「9.5」なら9500VND。「95.」なら、95000VNDとなる。念のため、「レシート、プリーズ」と言って、領収書をもらっておこう。

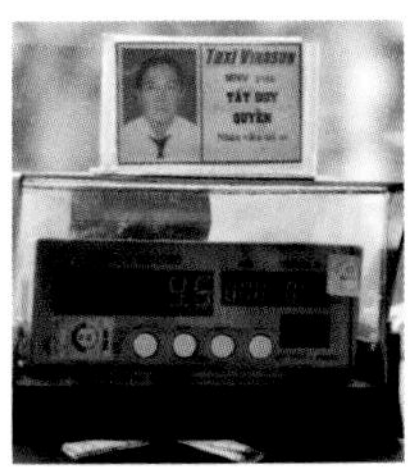

市民の足　路線バスとバイクタクシー

ベトナムの人々が日常的に使っている交通！　旅慣れてきたら一度チャレンジしてみよう。

路線バス　Bus

料金	5000VND ～（路線によって異なる）
運行間隔	5分～15分

主要な通りを網羅　慣れれば安くて便利

ホーチミン、ハノイ、ダナンの主要な通りには路線バスが走っている。街なかに屋根付や看板だけのバス停があり、ベトナム語で行き先とバスの番号が書いてある。路線番号と行きたい場所のバス停を事前にチェックして、目的のバスに乗ろう。5～15分間隔で運行しているが、正確に運行されているとは限らないので、急ぎの移動には向いていない。乗車は前のドア、降車は後ろのドアから。料金は運転手か車内で徴収に来る車掌に払う。英語はまず通じないが、行き先を書いた紙を準備して、乗るとき見せておけば、その場所で停まってくれる。

ワンポイントアドバイス

バスルートマップで旅の計画を

ホーチミンの路線バスなら、9月23日公園バスターミナルなどでルートマップを無料配布している。ルートと路線番号がわかるので、観光のコース作りに利用したい。

バイクタクシー　bike-taxi

ベトナムでは市民の足　乗りこなせたら旅の達人

バイクの後ろに客を乗せるタクシーで、市民が最もよく利用する乗り物。市内のいたるところにいて、安くてどこでも拾えるというメリットもあるが、料金のトラブルが多い。乗る場合は、道端にいるドライバーに自分から声をかけたほうがいい。慣れない観光客には高めの値段を言ってくるので、希望どおりにならないときは別のドライバーに替えて交渉しよう。市内の移動なら2万～5万VNDが目安。料金は後払いにして、交渉済みの金額だけをポケットに入れるなどして、財布を見せないほうが安心。チップを支払う必要はない。

ワンポイントアドバイス

狭い道はとっても危険！　しっかりつかまろう

バイクタクシーは乗客のことを考えず、狭いところをどんどん走る。足が引っかからないように膝を締めてしっかりつかまって。大きい荷物を持っているときは危ないので利用しないほうがいい。

シクロやレンタサイクルは安全、安心

観光用の人力車・シクロやレンタサイクルならよりローカルを感じながら観光できる

シクロ cyclo

ベトナムの異国情緒を味わえる人力車

シクロは自転車の前に座席を付けた人力車。かつては庶民の一般的な交通手段だったが、近年はローカルの移動手段としては使われなくなってきている。観光のためのシクロはあるので、かつてのベトナム風情を味わうのもいい。ただしスピードが遅く割高。また、料金トラブルも多発しているので、利用の際には十分注意が必要。料金は交渉制なので、事前に距離と相場を調べておき、交渉で決まった金額はメモに取っておくといい。ごまかされそうになったら、そのメモを見せること。

ワンポイントアドバイス

オプショナルツアーが安心

安心してシクロに乗るにはツアーがおすすめ。ホーチミンの日本語が通じる旅行会社を利用するとよい。英語を話せるドライバーもいる。

レンタサイクル rental cycle

安全に十分注意して気ままな市内観光を

ホテルや旅行会社、レンタサイクル店で借りられる。レンタル料金は1日2万VND～。ギア付や新品は割高になっている。整備状態があまり良くないので借りる前に車体のチェックを。最近ではシェアサイクルサービス「TNGo（ティーエヌゴー）」の人気が急増している。アプリから24時間レンタル可能で街なかのステーションで借りられ、どのステーションに返してもOK。料金は30分5000VND～だが、最低プリペイド額は5万VND。店舗によっては利用にベトナムで利用可能な電話番号（SIM）が必要。

ワンポイントアドバイス

利用する前に確認しよう！

パンクなどの修理や、盗難による紛失の際は、借り主の負担になる。ベトナムの道路は足場が良くないので注意して運転しよう。盗難も多いので、自転車にカギがかかるかを必ず確認してから借りること。写真は市内の駐輪場の看板。

1日観光は**チャーターカー**、上級者向けの**レンタルバイク**

郊外や市内を貸し切りで移動できるチャーターカー、バイク好きならレンタルバイクも検討してみては

チャーターカー charter car

郊外への日帰り旅行や一日市内観光に利用したい

行きたいところにすぐに行けるのがチャーターカーの魅力。移動のストレスがないので、ちょっと料金が高くても快適な旅ができる。日本語のガイド付きやツアー付きもあり、ホテルや旅行会社で手配できる。料金は軽自動車やセダン、ワゴンなど車種により料金が異なるが、1日US$100～200程度で、通常は運転手の賃金とガソリン代が含まれるが、借りる前に確認を。ドライバーへのチップは必要ないが、よく働いてくれたら渡そう。

ワンポイントアドバイス

早めの電話で好みの車を予約しよう

一人旅や友達同士、家族4人でなど、利用人数や好みによって利用したい車種やサイズがあれば早めに予約しよう。

レンタルバイク rental bike

事故や盗難に注意！バイクの上級者向け

自由気ままに動けるのがレンタルバイクの魅力。ハノイやホーチミンにはレンタルバイクの店が数多く、1日約US$10～でガソリン代は別。市街地はバイクの海というほど交通量が多く、交通ルールが複雑なので慣れないと運転は難しい。また、ベトナムでは日本発行の国際免許証は無効のためベトナムの免許が必要。自動二輪免許証があれば、ベトナムの免許証に書き換え手続きだけでOK。普通自動車免許証の場合は、書き換え手続きと実技試験が必要。50cc以下なら日本の免許証があれば乗れる。

ワンポイントアドバイス

出発前の確認事項

旅行者が借りるときは、保証金やパスポートが必要な場合があるので用意しておきたい。また、レンタルバイクに保険はついていないので、海外旅行保険に加入しておきたい。

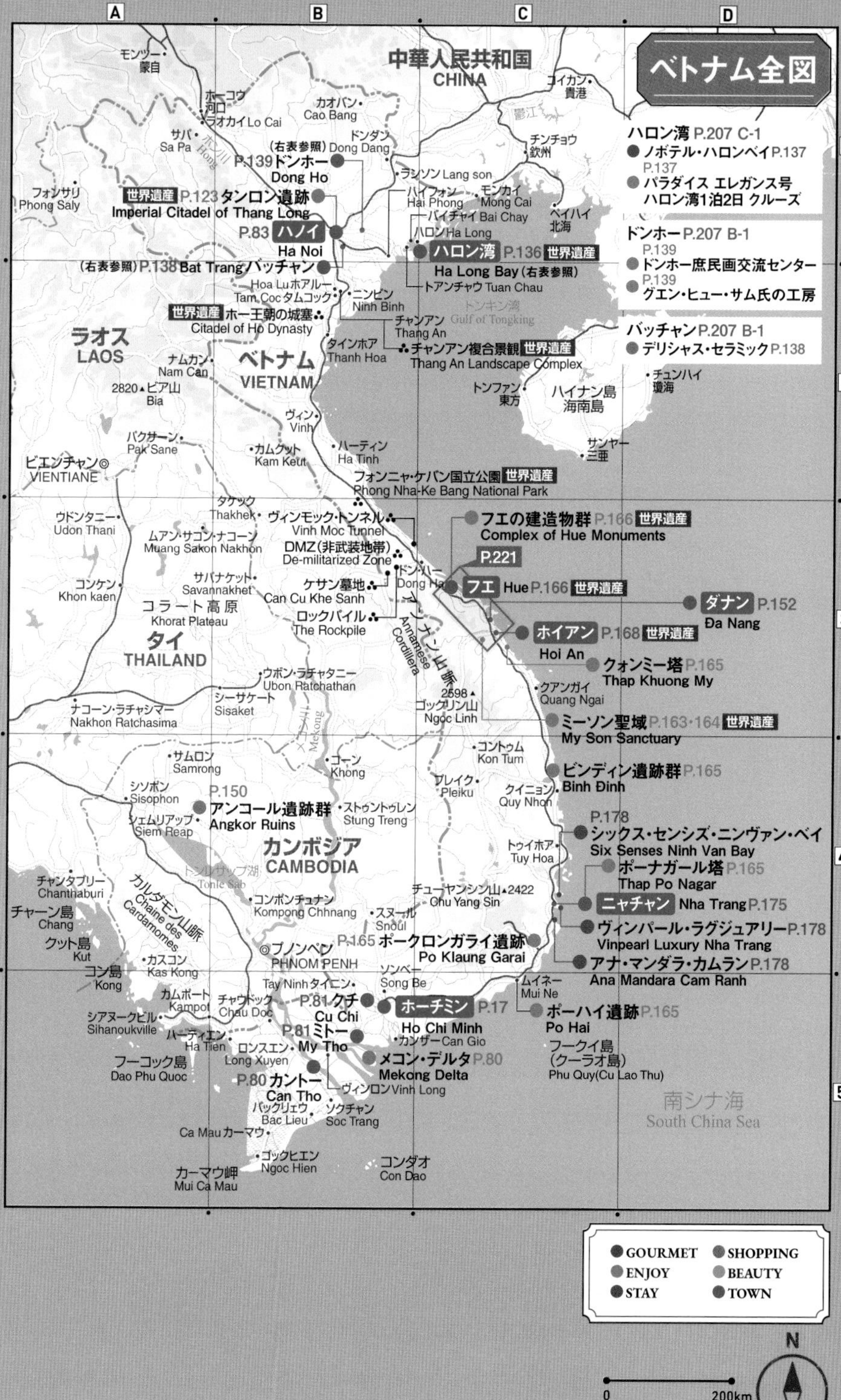

ベトナム全図
A
B
C
D
1
2
3
4
5
ハロン湾 P.207 C-1
ノボテル・ハロンベイ P.137
P.137 パラダイス エレガンス号 ハロン湾1泊2日 クルーズ
ドンホー P.207 B-1
P.139 ドンホー庶民画交流センター
P.139 グエン・ヒュー・サム氏の工房
バッチャン P.207 B-1
デリシャス・セラミック P.138
中華人民共和国
CHINA
モンツー 蒙自
ホーコウ 河口
ラオカイ Lo Cai
カオバン Cao Bang
ドンダン Dong Dang
サパ Sa Pa
(右表参照) P.139 ドンホー Dong Ho
ランソン Lang son
フォンサリ Phong Saly
世界遺産 P.123 タンロン遺跡 Imperial Citadel of Thang Long
ハイフォン Hai Phong
モンカイ Mong Cai
バイチャイ Bai Chay
ハロン Ha Long
P.83 ハノイ Ha Noi
ハロン湾 P.136 世界遺産 Ha Long Bay (右表参照)
(右表参照) P.138 Bat Trang バッチャン
Hoa Lu ホアルー
Tam Coc タムコック
ニンビン Ninh Binh
トアンチャウ Tuan Chau
トンキン湾 Gulf of Tongking
世界遺産 ホー王朝の城塞 Citadel of Ho Dynasty
チャンアン Thang An
チャンアン複合景観 世界遺産 Thang An Landscape Complex
タインホア Thanh Hoa
コイカン 貴港
チンチョウ 欽州
ベイハイ 北海
チュンハイ 瓊海
トンファン 東方
ハイナン島 海南島
サンヤー 三亜
ラオス LAOS
ナムカン Nam Can
ベトナム VIETNAM
2820 ビア山 Bia
ヴィン Vinh
パクサーン Pak Sane
カムクット Kam Keut
ハーティン Ha Tinh
ビエンチャン VIENTIANE
フォンニャ・ケバン国立公園 世界遺産 Phong Nha-Ke Bang National Park
タケック Thakhek
ウドンタニー Udon Thani
ヴィンモック・トンネル Vinh Moc Tunnel
フエの建造物群 P.166 世界遺産 Complex of Hue Monuments
ムアン・サコン・ナコーン Muang Sakon Nakhon
DMZ(非武装地帯) De-militarized Zone
P.221
コンケン Khon kaen
サバナケット Savannakhet
ケサン墓地 Can Cu Khe Sanh
ドンハー Dong Ha
フエ Hue P.166 世界遺産
ダナン P.152 Đa Nang
コラート高原 Khorat Plateau
ロックパイル The Rockpile
アンナン山脈 Annamese Cordillera
ホイアン P.168 世界遺産 Hoi An
タイ THAILAND
ウボン・ラチャタニー Ubon Ratchathan
クォンミー塔 P.165 Thap Khuong My
クアンガイ Quang Ngai
ナコーン・ラチャシマー Nakhon Ratchasima
シーサケート Sisaket
2598 ゴックリン山 Ngoc Linh
メコン川 Mekong
ミーソン聖域 P.163・164 世界遺産 My Son Sanctuary
サムロン Samrong
コントゥム Kon Tum
コーン Khong
ビンディン遺跡群 P.165 Binh Đinh
シソポン Sisophon
P.150 アンコール遺跡群 Angkor Ruins
ストゥントゥレン Stung Treng
プレイク Pleiku
クイニョン Quy Nhon
シェムリアップ Siem Reap
P.178 シックス・センシズ・ニンヴァン・ベイ Six Senses Ninh Van Bay
カンボジア CAMBODIA
トゥイホア Tuy Hoa
トンレサップ湖 Tonle Sab
ポーナガール塔 P.165 Thap Po Nagar
チャンタブリー Chanthaburi
カルダモン山脈 Chaine des Cardamomes
コンポンチュナン Kompong Chhnang
チューヤンシン山 2422 Chu Yang Sin
ニャチャン Nha Trang P.175
チャーン島 Chang
スヌール Snoul
ヴィンパール・ラグジュアリー P.178 Vinpearl Luxury Nha Trang
クット島 Kut
プノンペン PHNOM PENH
P.165 ポークロンガライ遺跡 Po Klaung Garai
カスコン Kas Kong
アナ・マンダラ・カムラン P.178 Ana Mandara Cam Ranh
コン島 Kong
ソンベー Song Be
Tay Ninh タイニン
ムイネー Mui Ne
カムポート Kampot
チャウドック Chau Doc
P.81 クチ Cu Chi
ホーチミン P.17 Ho Chi Minh
ポーハイ遺跡 P.165 Po Hai
シアヌークビル Sihanoukville
ハーティエン Ha Tien
P.81 ミトー My Tho
カンザー Can Gio
ロンスエン Long Xuyen
フークイ島 (クーラオ島) Phu Quy(Cu Lao Thu)
フーコック島 Dao Phu Quoc
メコン・デルタ P.80 Mekong Delta
P.80 カントー Can Tho
ヴィンロン Vinh Long
南シナ海 South China Sea
バックリエウ Bac Lieu
ソクチャン Soc Trang
Ca Mau カーマウ
ゴックヒエン Ngoc Hien
コンダオ Con Dao
カーマウ岬 Mui Ca Mau
GOURMET
SHOPPING
ENJOY
BEAUTY
STAY
TOWN
N
0
200km

A
B
C
D
1
2
3
4
5
ホーチミン
周辺図 | P.207
タンソンニャット国際空港 P.199
Tan Son Nhat International Airport
(国際線・国内線)
ブンダウ・ホームメイド
Bun Đau Homemade
コン・カフェ
Cong Caphe
フーニュアン
Quân Phú Nhuận
タンビン区
Quân Tân Bình
ロッテ・マート
LOTTE Mart
ピコ・プラザ
Pico Plaza
ホアンヴァントゥ公園
Công Viên Hoàng Van Thu
クアンクー7サッカー・スタジアム
Sân Vân Đông Quân Khu 7
パークロイヤル・サイゴン
Parkroyal Saigon
ダイザック寺
Chùa Đai Giác
イースティン・グランド
Eastin Grand Hotel Saigon
付録P.4 チドリ
Chidori
コープ・マート
Co.opmart
ブンダウ・ホームメイド
Bun Đau Homemade
フーニュアン市場
Chợ Phú Nhuận
ベトナム鉄道 VNR
タイホア教会
Nhà Thờ Thai Hòa
P.45 NS ベン・テュエン
NS Ben Thuyen
ヴィンギエム寺
Chùa Vinh Nghiêm
カクマンタンタム(8月革命)通り
Cách Mạng Tháng Tám
レティジエン公園
Công Viên Lê Thi Riêng
サイゴン駅
Ga Sài Gòn
3区
Quận 3
サーロイ寺
Chùa Xá Lợi
チーホア監獄
Chí Hòa Prison
ザックラム寺
Giác Lâm
115病院
Bênh Viên 115
10区
Quận 10
コープ・マート
Co.opmart
ヴァン・ハン・モール
Van Hanh Mall
チュンブオン病院
BV. Trưng Vương
フートー競馬場
P.38 ラ・ブラッセリー
La Brasserie
P.72 レン・スパ
Ren Spa
P.78 ホテル・ニッコー・サイゴン
Hotel Nikko Saigon
ダムセン公園
Cong Vien Van Hoa Đam Sen
P.36 ホー・ティー・キー・マーケット
Ho Thi Ky Market
エクアトリアル
Hotel Equatorial
ナウゾーン
ファッション・モール
P.41 ネン・ライト
Nen Light
11区
Quận 11
トンニャット競技場
コープ・マート
Co.opmart
コープ・マート
ウィンザー・プラザ
Windsor Plaza Hotel
カインバンナムヴィエン寺
Chùa Khánh Bân Nam Viên
フンソン寺
フォックアンホイクアン廟
(福安会館)
アンドン市場
Cho An Đong
チョークアン教会
パークソン
Parkson Hung Vuong Plaza
スンドゥック寺
チャータム教会
Nha Tho Cha Tam
ティエンハウ寺
Chua Ba Thien Hau
5区
Quận 5
6区
Quận 6
チョロン・バスターミナル
Ben Xe Cho Lon
ダイクアンミン・モール P.82
Cho Đai Quang Minh
タウフー運河
Kinh Tàu Hủ
P.82 ビンタイ市場
Cho Binh Tay
チートゥ P.82
Chi Tu
チョロン P.82
Cho Lon
1994 セラミック P.71
1994 Ceramic
コンホア通り
Cộng Hòa
チュオンチン通り
Trường Chinh
ホアンヴァントゥ通り
Hoàng Van Thu
レヴァンシー通り
Lê Van Sy
リートゥオンキエット通り
Ly Thường Kiệt
ホンラク通り
Hồng Lạc
ドンナイ通り
Đồng Nai
トーヒエンタイン通り
Tô Hiến Thành
2月3日通り
Đai Lộ 3 Tháng 2
ラクロンクアン通り
Lạc Long Quân
レダイハイン通り
Lê Đại Hành
ラインビンタン通り
Lãnh Binh Thăng
ミンフン通り
Minh Phung
Nguyễn Chí Thanh
Trần Hưng Đạo
Võ Van Kiệt
Hậu Giang

E
F
G
H
1
2
3
4
5
P.62 タオディエン・ヴィレッジ
Thao Dien Village
タオディエン・ブティック
Thao Dien Boutique Hotel
サイゴン川
Sông Sài Gòn
P.53
ティー・エー・エム
T.A.M
ミエンドン・バスターミナル
Ben Xe Mien Đong
P.63 ズズ・コンセプト・ストア
ZUZU Concept Store
付録P.5 ダラランド・コーヒー
Dalaland Coffee
ビンタイン区
Quân Bình Thạnh
ブイディントゥイ通り
Bùi Đình Túy
ソヴィエトゲティン通り
Xô Viết Nghệ Tĩnh
Ung Van Khiem
ディンボーリン通り
Đinh Bộ Lĩnh
タオディエン地区 P.62
Thao Dien
P.63 ルージン・タオディエン
L'Usine Thao Dien
P.53 Hana ハナ
P.63 ラ・ヴィラ
La Villa
Xuan Thuy
ブロック
BLOQ
タオディエン駅
(未開通) Thảo Điền
Xa Lộ Hà Nội
ノーチャンロン通り
No Trang Long
Lê Quang Định
Đang Lu'u
バックダン通り
Bach Đang
レヴァンユエット寺
Chùa Lê Van Duyêt
Điện Biên Phủ
(未開通)
タンカン駅
Tan Cang
コープ・マート
Co.opmart
サイゴン橋
Van Kiếp
Đinh Tiên Hoàng
Bùi Hữu Nghĩa
ディエンビエンフー通り
Điện Biên Phủ
ヴァンタイン観光地
バソン駅
Vản Thanh
(未開通)
ビンホームズ
セントラルパーク
P.34 グランド・パーク
フード・ナイト・マーケット
Grand Park Food Night Market
・カフェ
ng Caphe
ソヴィエトゲティン通り
Xô Viết Nghệ Tĩnh
ランドマーク81
Landmark 81
P.51 オーセンティック
AUTHENTIQUE home
ティゲ川
Rach Thị Nghè
ビンコム・センター
Vincom Center
P.63 ザ・デック
The Deck
福海寺
Chua Phuoc Hai
P.210
付録P.5
ビーンゼア・カフェ II
Beanthere Cafe II
歴史博物館
Bao Tang Lich Su
パソン駅
Ba Son (未開通)
トゥティム橋
Câu Thu Thiêm
Tôn Đức Thắng
ソフィテル・サイゴン・プラザ
Soffitel Saigon Plaza
ルオンディンクア通り
Lương Đình Của
チャンナオ通り
Trần Não
マイチトー通り
Mai Chi Tho
地下鉄1号線(建設中)
Lê Thánh Tôn
キーコイギア通り
Ky Khoi Nghia
Hai Bà Trưng
聖マリア教会
Tôn Đức Thắng
統一会堂
市民劇場
ホーチミン市民劇場駅
Nhà hát Thanh pho (未開通)
トゥドゥック市
Thành Phố Thu Đúc
Truong Thong Nhat
市民文化公園
ドンコイ通り
マジェスティック
Hotel Majestic
ベンタイン市場
Lê Lợi
Nguyễn Huệ
Hàm Nghi
サイゴン川
Sông Sài Gòn
ベンタイン駅 (未開通)
Ben Thanh
am Ngu Lão
Trần Hưng Đạo
ホーチミン博物館
Bao Tang Ho Chi Minh
1区
Quân 1
サイゴン港
チェー・コ 3 付録P.11
Che Co 3
ソムチュウ市場
カイバン通り
Cây Bàng
プルマン・サイゴン・センター P.79
Pullman Saigon Centre
ドアンヴァンボー通り
Đoàn Văn Bơ
グエンタットタン通り
Nguyễn Tất Thành
Bến Nghé
ベンゲー通り
4区
Quân 4
ên Văn Đôn
トンタットトゥエット通り
Tôn Thất Thuyết
タントゥアン通り
Tân Thuân
テー運河
Kinh Tẻ
Nguyen Van Linh
チャンスアンソアン通り
Trần Xuân Soan
7区
Quân 7
GOURMET
SHOPPING
ENJOY
BEAUTY
STAY
TOWN
N
0
1km

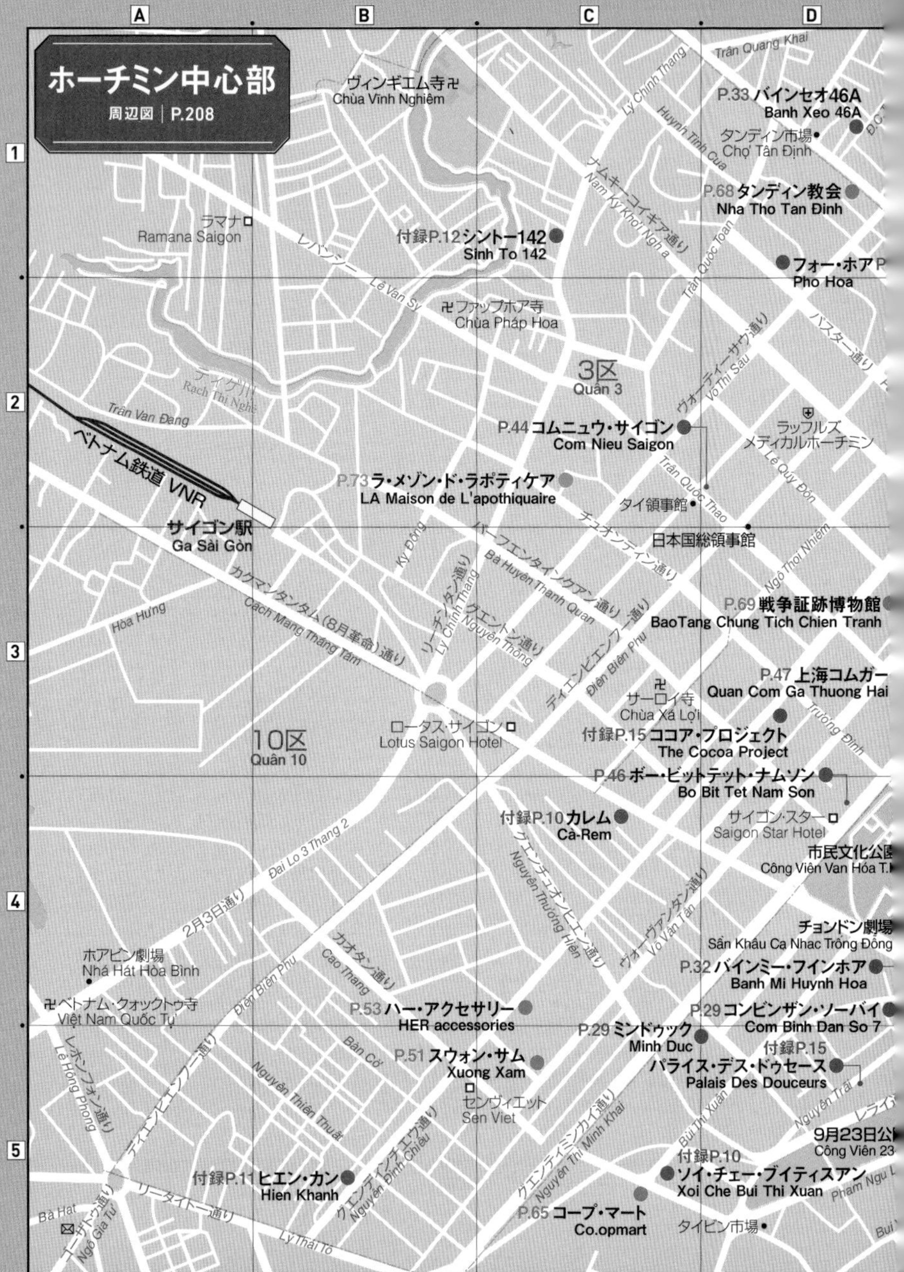

ホーチミン中心部
周辺図 | P.208
A
B
C
D
1
2
3
4
5
ヴィンギエム寺
Chùa Vĩnh Nghiêm
Trần Quang Khải
Lý Chính Thắng
Huỳnh Tịnh Của
P.33 バインセオ46A
Banh Xeo 46A
タンディン市場
Chợ Tân Định
P.68 タンディン教会
Nha Tho Tan Dinh
ナムキーコイギア通り
Nam Kỳ Khởi Nghĩa
ラマナ
Ramana Saigon
付録P.12 シントー142
Sinh To 142
レバンシー
Lê Văn Sỹ
Trần Quốc Toản
フォー・ホア
Pho Hoa
ファップホア寺
Chùa Pháp Hoa
ヴォーティーサウ通り
Võ Thị Sáu
パスター通り
ティゲ川
Rạch Thị Nghè
3区
Quận 3
Trần Văn Đang
ベトナム鉄道 VNR
P.44 コムニュウ・サイゴン
Com Nieu Saigon
ラッフルズ
メディカルホーチミン
Lê Quý Đôn
P.73 ラ・メゾン・ド・ラポティケア
LA Maison de L'apothiquaire
Trần Quốc Thảo
タイ領事館
サイゴン駅
Ga Sài Gòn
チュオンディン通り
日本国総領事館
Kỳ Đồng
バーフエンタインクアン通り
Bà Huyện Thanh Quan
リーチンタン通り
Lý Chính Thắng
グエントン通り
Nguyễn Thông
Ngô Thời Nhiệm
カクマンタンタム（8月革命）通り
Cách Mạng Tháng Tám
Hòa Hưng
P.69 戦争証跡博物館
BaoTang Chung Tich Chien Tranh
ディエンビエンフー通り
Điện Biên Phủ
P.47 上海コムガー
Quan Com Ga Thuong Hai
サーロイ寺
Chùa Xá Lợi
Trương Định
ロータス・サイゴン
Lotus Saigon Hotel
10区
Quận 10
付録P.15 ココア・プロジェクト
The Cocoa Project
P.46 ボー・ビットテット・ナムソン
Bo Bit Tet Nam Son
付録P.10 カレム
Cà-Rem
サイゴン・スター
Saigon Star Hotel
Đại Lộ 3 Tháng 2
グエンチュオンヒエン通り
Nguyễn Thượng Hiền
市民文化公園
Công Viên Văn Hóa T.
ヴォーヴァンタン通り
Võ Văn Tần
2月3日通り
チョンドン劇場
Sân Khấu Cạ Nhạc Trống Đồng
カオタン通り
Cao Thắng
ホアビン劇場
Nhà Hát Hòa Bình
P.32 バインミー・フインホア
Banh Mi Huynh Hoa
ベトナム・クォックトゥ寺
Việt Nam Quốc Tự
P.53 ハー・アクセサリー
HER accessories
P.29 コンビンザン・ソーバイ
Com Binh Dan So 7
P.29 ミンドゥック
Minh Duc
Điện Biên Phủ
Bàn Cờ
付録P.15
パライス・デス・ドゥセース
Palais Des Douceurs
P.51 スウォン・サム
Xuong Xam
センヴィエット
Sen Viet
レホンフォン通り
Lê Hồng Phong
ディエンビエンフー通り
Nguyễn Thiện Thuật
グエンティミンカイ通り
Nguyễn Thị Minh Khai
Bùi Thị Xuân
Nguyễn Trãi
9月23日公
Công Viên 23
グエンディンチエウ通り
Nguyễn Đình Chiểu
付録P.10
ソイ・チェー・ブイティスアン
Xoi Che Bui Thi Xuan
付録P.11 ヒエン・カン
Hien Khanh
リータイトー通り
Lý Thái Tổ
P.65 コープ・マート
Co.opmart
Phạm Ngũ L
タイビン市場
Bà Hạt
ゴーザトゥ通り
Ngô Gia Tự

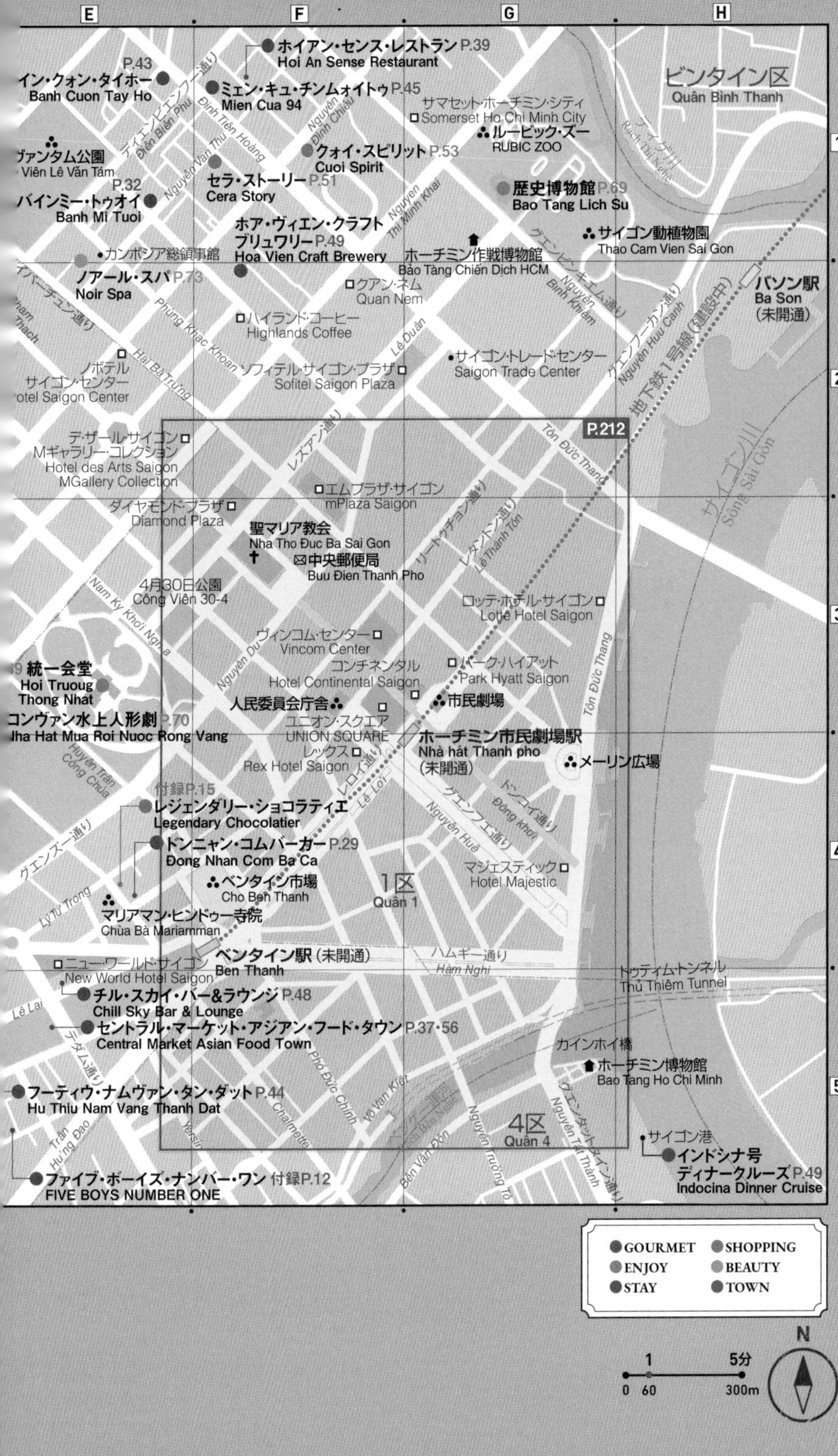
E
F
G
H
1
2
3
4
5
ホイアン・センス・レストラン P.39
Hoi An Sense Restaurant
P.43
イン・クォン・タイホー
Banh Cuon Tay Ho
ミェン・キュ・チンムォイトゥ P.45
Mien Cua 94
ビンタイン区
Quân Bình Thạnh
サマセット・ホーチミン・シティ
Somerset Ho Chi Minh City
ルービック・ズー
RUBIC ZOO
ヴァンタム公園
Viên Lê Văn Tám
クォイ・スピリット P.53
Cuoi Spirit
P.32
セラ・ストーリー P.51
Cera Story
バインミー・トゥオイ
Banh Mi Tuoi
歴史博物館 P.69
Bao Tang Lich Su
ホア・ヴィエン・クラフト
ブリュワリー P.49
Hoa Vien Craft Brewery
サイゴン動植物園
Thao Cam Vien Sai Gon
カンボジア総領事館
ホーチミン作戦博物館
Bảo Tàng Chiến Dịch HCM
ノアール・スパ P.73
Noir Spa
クアン・ネム
Quan Nem
バソン駅
Ba Son
(未開通)
ハイランド・コーヒー
Highlands Coffee
ノボテル
サイゴン・センター
otel Saigon Center
ソフィテル・サイゴン・プラザ
Sofitel Saigon Plaza
サイゴン・トレード・センター
Saigon Trade Center
地下鉄1号線(建設中)
P.212
デ・ザール・サイゴン
Mギャラリー・コレクション
Hotel des Arts Saigon
MGallery Collection
エムプラザ・サイゴン
mPlaza Saigon
ダイヤモンド・プラザ
Diamond Plaza
サイゴン川
Sông Sài Gòn
聖マリア教会
Nha Tho Đuc Ba Sai Gon
中央郵便局
Buu Đien Thanh Pho
4月30日公園
Công Viên 30-4
ロッテ・ホテル・サイゴン
Lotte Hotel Saigon
ヴィンコム・センター
Vincom Center
コンチネンタル
Hotel Continental Saigon
パーク・ハイアット
Park Hyatt Saigon
統一会堂
Hoi Truoug
Thong Nhat
人民委員会庁舎
市民劇場
コンヴァン水上人形劇 P.70
Nha Hat Mua Roi Nuoc Rong Vang
ユニオン・スクエア
UNION SQUARE
ホーチミン市民劇場駅
Nhà hát Thanh pho
(未開通)
レックス
Rex Hotel Saigon
メーリン広場
付録P.15
レジェンダリー・ショコラティエ
Legendary Chocolatier
ドンニャン・コムバーカー P.29
Đong Nhan Com Ba Ca
マジェスティック
Hotel Majestic
ベンタイン市場
Cho Ben Thanh
1区
Quân 1
マリアマン・ヒンドゥー寺院
Chùa Bà Mariamman
ベンタイン駅 (未開通)
Ben Thanh
ハムギー通り
Hàm Nghi
ニュー・ワールド・サイゴン
New World Hotel Saigon
トゥティエム・トンネル
Thủ Thiêm Tunnel
チル・スカイ・バー&ラウンジ P.48
Chill Sky Bar & Lounge
セントラル・マーケット・アジアン・フード・タウン P.37・56
Central Market Asian Food Town
カインホイ橋
ホーチミン博物館
Bao Tang Ho Chi Minh
フーティウ・ナムヴァン・タン・ダット P.44
Hu Thiu Nam Vang Thanh Dat
4区
Quân 4
サイゴン港
インドシナ号
ディナークルーズ P.49
Indocina Dinner Cruise
ファイブ・ボーイズ・ナンバー・ワン 付録P.12
FIVE BOYS NUMBER ONE
GOURMET
SHOPPING
ENJOY
BEAUTY
STAY
TOWN
N
1
5分
0
60
300m

ドンコイ通り周辺
周辺図 | P.211
A
B
C
D
E
1
2
3
4
チュン・グエン・レジェンド 付録P.14
TRUNG NGUYEN LEGEND
P.33・43 ラップ&ロール
Wrap & Roll
インターコンチネンタル・サイゴン P.79
InterContinental Saigon
ファミリーメディカルプラクティス
ダイヤモンド・プラザ
Diamond Plaza
エムプラザ・サイゴン
mPlaza Saigon
中央郵便局 P.68
Buu Đien Thanh Pho
(改修中)
聖マリア教会 P.67
Nha Tho Đuc Ba Sai Gon
付録P.6
プロパガンダ・ビストロ
PROPAGANDA BISTROS
P.28 ハイバーチュン通りの屋台
Hai Ba Trung
P.65 ウィン・マート
Win Mart
P.59 ヴィンコム・センター
Vincom Center
P.35・56
ベン・ゲー・ストリート・フードマーケット
Ben Nghe Street Food Market
P.59
カトリーヌ・ドゥヌアル・メゾン
Catherine Denoual Maison
P.76 コンチネンタル
Hotel Continental Saigon
P.66 人民委員会庁舎
Toa Nha UBND T.P.
ユニオン・スクエア
UNION SQUARE
P.69 ホーチミン市博物館
Bao Tang Thanh Pho Ho Chi Minh
P.61
レタントン通り
(未開通)
ホーチミン市民劇場駅
Nhà hát Thanh pho
P.71 ホアマイ・レストラン
Hoa Mai Restaurant
P.77 レックス
Rex Hotel Saigon
P.61 ハーフン・スーベニア・ショップ
Ha Phuong Souvenir Shop
レハン P.61
P.72 セン・スパ
SEN SPA
ブルー・ダイヤモンド88
Blue Diamond 88 Hotel
P.74 ミウミウ 2号店
miumiu2
P.33 クアン・ブイ
Quan Bui
マンダリン P.41
Mandarine
アナム・キューティー・スパ
Anam QT Spa
ハート・オブ・ダークネス P.49
HEART OF DARKNESS
ル・メリディアン・サイゴン
Le Meridien Saigon
P.74 スパ・ギャラリー
Spa Gallery
P.79
ロッテ・ホテル・サイゴン
Lotte Hotel Saigon
ザ・リファイナリー 付録P.7
The Refinery
ホアトゥック P.40
Hoa Tuc
ル・コルト P.39
Le Corto
P.73 スアン・スパ
Xuan Spa
P.79 パーク・ハイアット
Park Hyatt Saigon
スー P.41
Xu
P.67
AOショー
AO Show
市民劇場 P.67
Nha Hat Thanh Pho
カラベル P.79
Caravelle Saigon
サイゴン・サイゴン・ルーフトップ・バー P.48
Saigon Saigon Rooftop Bar
シェラトン・サイゴン・ホテル&タワーズ
P.53 ミステル
Mystère
P.59 デシノ
Desino
フェイム・ネイルズ P.75
Fame Nails
メーリン広場
マックティブイ通り
Le Duan
レズアン通り
Pasteur
グエンズー通り
Nguyen Du
ナムキーコイギア通り Nam Ky Khoi Nghia
ハイバーチュン通り
Hai Ba Trung
レタントン通り
Lê Thánh Tôn
Ngo Van Nam
Ton Duc Thang
地下鉄1号線(建設中)
ドンコイ通り

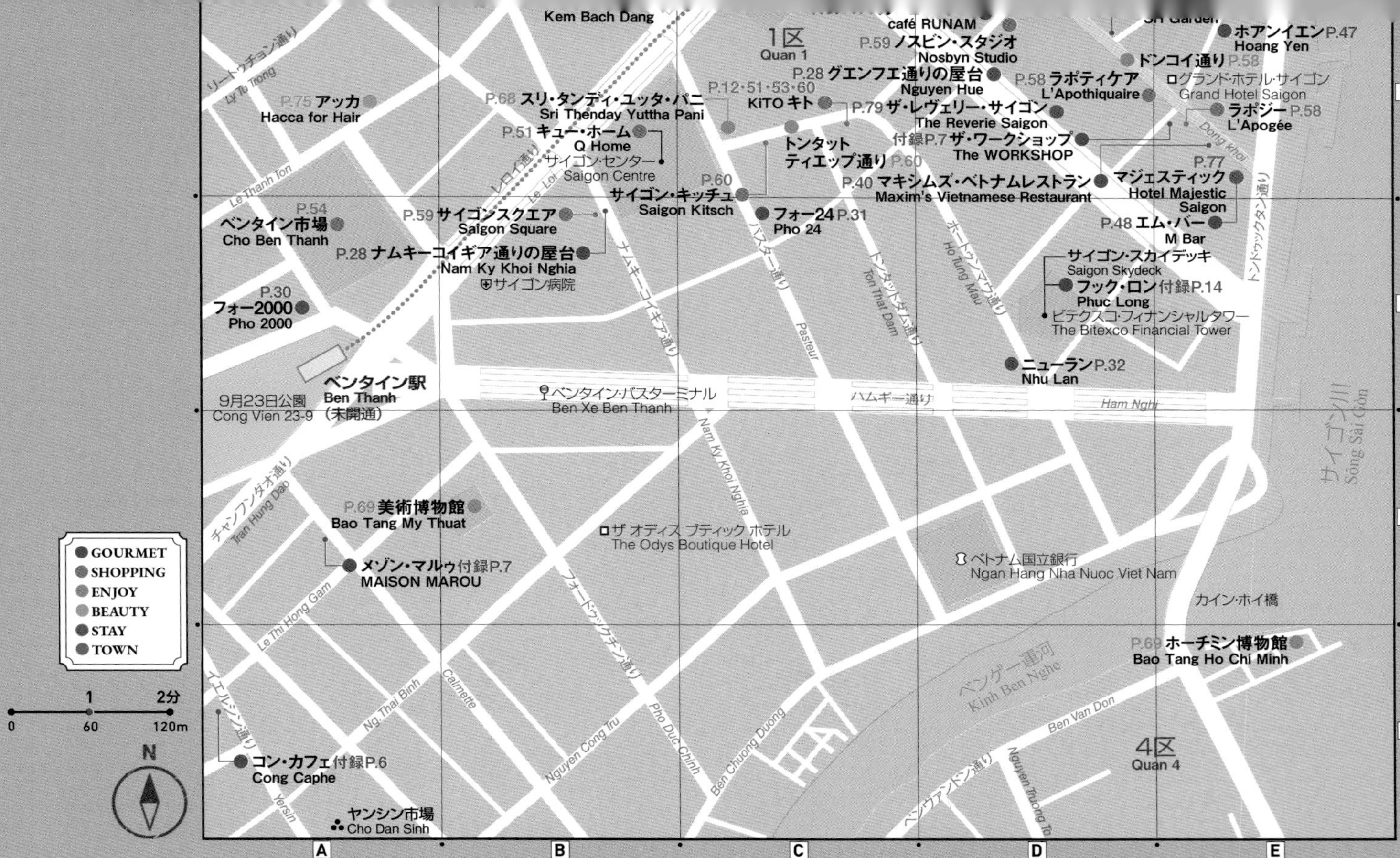

Kem Bach Dang
café RUNAM
1区
Quan 1
P.59 ノスビン・スタジオ
Nosbyn Studio
ホアンイエン P.47
Hoang Yen
ドンコイ通り P.58
P.28 グエンフエ通りの屋台
Nguyen Hue
P.58 ラポティケア
L'Apothiquaire
グランド・ホテル・サイゴン
Grand Hotel Saigon
ラポジー P.58
L'Apogée
Dong Khoi
リートゥチョン通り
Ly Tu Trong
P.75 アッカ
Hacca for Hair
P.68 スリ・タンディ・ユッタ・パニ
Sri Thenday Yuttha Pani
P.12・51・53・60
KiTO キト
P.79 ザ・レヴェリー・サイゴン
The Reverie Saigon
P.51 キュー・ホーム
Q Home
サイゴン・センター
Saigon Centre
トンタット
ティエップ通り P.60
付録P.7 ザ・ワークショップ
The WORKSHOP
Le Thanh Ton
レロイ通り
Le Loi
P.60
サイゴン・キッチュ
Saigon Kitsch
P.40 マキシムズ・ベトナムレストラン
Maxim's Vietnamese Restaurant
P.77
マジェスティック
Hotel Majestic
Saigon
P.54
ベンタイン市場
Cho Ben Thanh
P.59 サイゴンスクエア
Saigon Square
フォー24 P.31
Pho 24
P.48 エム・バー
M Bar
トンドゥックタン通り
P.28 ナムキーコイギア通りの屋台
Nam Ky Khoi Nghia
サイゴン病院
ナムキーコイギア通り
パスター通り
Pasteur
トンタットダム通り
Ton That Dam
ホートゥンマウ通り
Ho Tung Mau
サイゴン・スカイデッキ
Saigon Skydeck
フック・ロン 付録P.14
Phuc Long
ビテクスコ・フィナンシャルタワー
The Bitexco Financial Tower
P.30
フォー2000
Pho 2000
ニューラン P.32
Nhu Lan
ベンタイン駅
Ben Thanh
(未開通)
9月23日公園
Cong Vien 23-9
ベンタイン・バスターミナル
Ben Xe Ben Thanh
ハムギー通り
Ham Nghi
サイゴン川
Sông Sài Gòn
Nam Ky Khoi Nghia
チャンフンダオ通り
Tran Hung Dao
P.69 美術博物館
Bao Tang My Thuat
ザ オディス ブティック ホテル
The Odys Boutique Hotel
メゾン・マルゥ 付録P.7
MAISON MAROU
ベトナム国立銀行
Ngan Hang Nha Nuoc Viet Nam
カイン・ホイ橋
フォードゥックチン通り
Le Thi Hong Gam
P.69 ホーチミン博物館
Bao Tang Ho Chi Minh
ベンゲー運河
Kinh Ben Nghe
GOURMET
SHOPPING
ENJOY
BEAUTY
STAY
TOWN
1
2分
0
60
120m
イエルシン通り
Ng. Thai Binh
Calmette
Pho Duc Chinh
Ben Chuong Duong
Ben Van Don
Nguyen Cong Tru
4区
Quan 4
コン・カフェ 付録P.6
Cong Caphe
Yersin
ベンヴァンドン通り
Nguyen Truong To
ヤンシン市場
Cho Dan Sinh
N
A
B
C
D
E
5
6
7
8

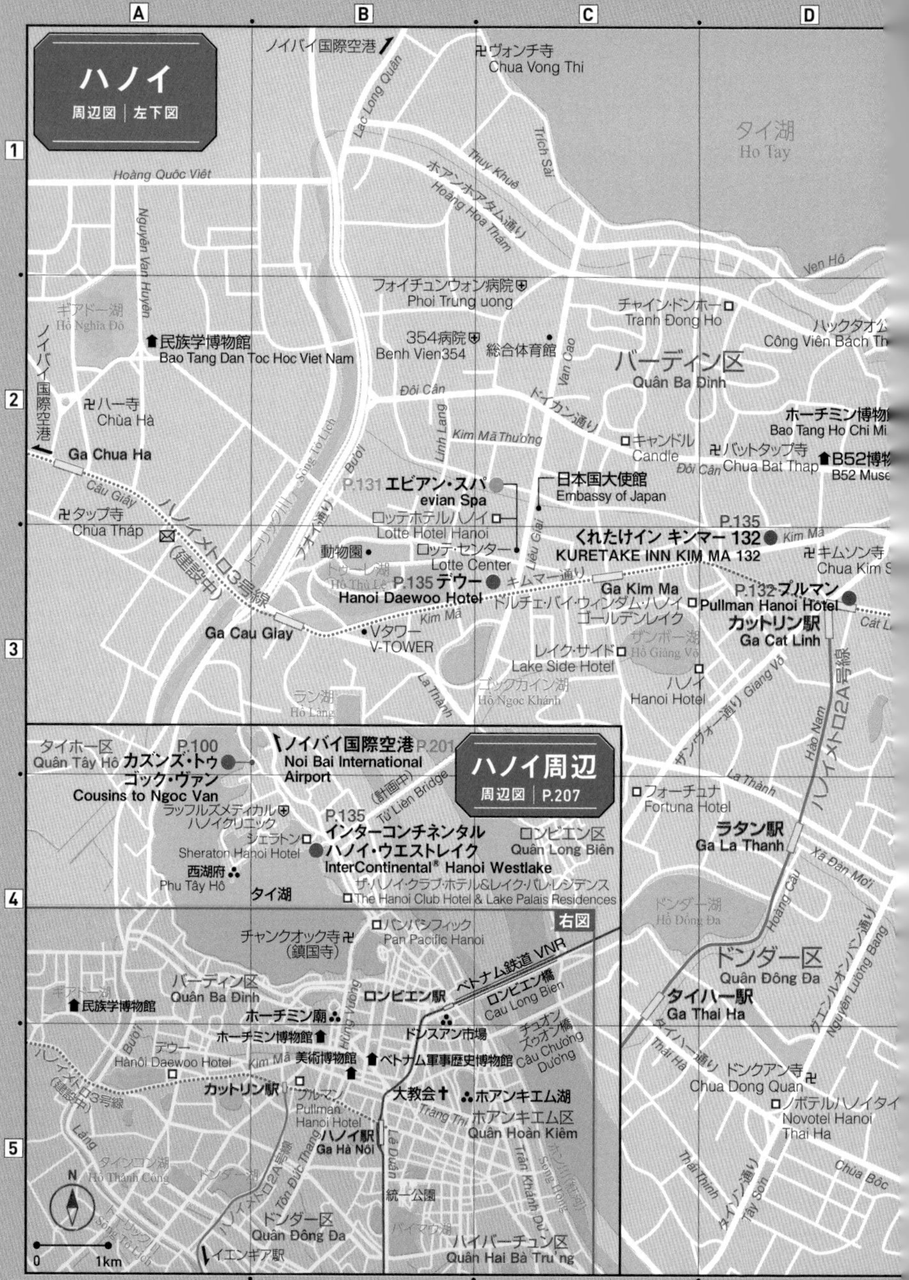

ハノイ
周辺図 | 左下図
ノイバイ国際空港
卍ヴォンチ寺
Chua Vong Thi
Lac Long Quân
Trich Sài
Thuy Khuê
ホアンホアタム通り
Hoàng Hoa Thám
タイ湖
Ho Tay
Hoàng Quốc Việt
Nguyễn Văn Huyên
Ven Hồ
フォイチュンウォン病院
Phoi Trung uong
チャイン・ドンホー
Tranh Đong Ho
ハックタオ公
Công Viên Bách Th
ギアドー湖
Hồ Nghĩa Đô
民族学博物館
Bao Tang Dan Toc Hoc Viet Nam
354病院
Benh Vien354
総合体育館
Van Cao
バーディン区
Quân Ba Đình
ノイバイ国際空港
卍ハー寺
Chùa Hà
Đội Cấn
ドイカン通り
Kim Mã Thượng
Linh Lang
ホーチミン博物
Bao Tang Ho Chi Mi
□キャンドル
Candle
卍バットタップ寺
Chua Bat Thap
B52博物
B52 Muse
Ga Chua Ha
Sông Tô Lịch
Bưởi
Cầu Giấy
P.131 エビアン・スパ
evian Spa
日本国大使館
Embassy of Japan
卍タップ寺
Chùa Tháp
ハノイメトロ3号線(建設中)
トーリック川
ブオイ通り
ロッテホテルハノイ
Lotte Hotel Hanoi
ロッテ・センター
Lotte Center
Liễu Giai
P.135
くれたけイン キンマー 132
KURETAKE INN KIM MA 132
Kim Mã
卍キムソン寺
Chua Kim S
動物園
トゥーレ湖
Hồ Thủ Lệ
P.135 デウー
Hanoi Daewoo Hotel
キムマー通り
Ga Kim Ma
P.132 プルマン
Pullman Hanoi Hotel
ドルチェ・バイ・ウィンダム・ハノイ ゴールデンレイク
カットリン駅
Ga Cat Linh
Cát L
Ga Cau Giay
Vタワー
V-TOWER
Kim Mã
ザンボー湖
Hồ Giảng Võ
レイク・サイド
Lake Side Hotel
ハノイメトロ2A号線
ラン湖
Hồ Láng
La Thành
ゴックカイン湖
Hồ Ngọc Khánh
ハノイ
Hanoi Hotel
Giảng Võ
ザンヴォー通り
Hào Nam
タイホー区
Quân Tây Hồ
P.100
カズンズ・トゥ ゴック・ヴァン
Cousins to Ngoc Van
ノイバイ国際空港
Noi Bai International Airport
P.201
(計画中)
Tứ Liên Bridge
ハノイ周辺
周辺図 | P.207
La Thành
フォーチュナ
Fortuna Hotel
ラッフルズメディカル
ハノイクリニック
P.135
インターコンチネンタル
ハノイ・ウエストレイク
InterContinental® Hanoi Westlake
シェラトン
Sheraton Hanoi Hotel
西湖府
Phu Tây Hồ
タイ湖
ロンビエン区
Quân Long Biên
ザ・ハノイ・クラブ・ホテル&レイク・パレ・レジデンス
The Hanoi Club Hotel & Lake Palais Residences
ラタン駅
Ga La Thanh
Xã Đàn Mới
ドンダー湖
Hồ Đống Đa
Hoàng Cầu
右図
チャンクオック寺
(鎮国寺)
パンパシフィック
Pan Pacific Hanoi
ベトナム鉄道 VNR
ロンビエン橋
Cau Long Bien
バーディン区
Quân Ba Đình
ギアドー湖
民族学博物館
ホーチミン廟
ロンビエン駅
Hùng Vương
ドンダー区
Quân Đông Đa
タイハー駅
Ga Thai Ha
グエンルオンバン通り
Nguyễn Lương Bằng
ホーチミン博物館
ドンスアン市場
チュオンズウォン橋
Cau Chuong Duong
Bưởi
デウー
Hanoi Daewoo Hotel
ハノイメトロ3号線(建設中)
Kim Mã
美術博物館
ベトナム軍事歴史博物館
Thái Hà
タイハー通り
ドンクアン寺
Chua Dong Quan
カットリン駅
プルマン
Pullman Hanoi Hotel
大教会
ホアンキエム湖
Tràng Thi
ホアンキエム区
Quân Hoàn Kiêm
ノボテルハノイタイ
Novotel Hanoi Thai Ha
Láng
ハノイ駅
Ga Hà Nội
Lê Duẩn
Trần Khánh Dư
ホン川(紅河)
Song Hong
タインコン湖
Hồ Thành Công
ドンダー湖
ハノイメトロ2A号線
Tôn Đức Thắng
統一公園
Thái Thịnh
タイソン通り
Tây Sơn
Chùa Bộc
N
トーリック川
Sông Tô Lịch
ドンダー区
Quân Đông Đa
バイマウ湖
ハイバーチュン区
Quân Hai Bà Trưng
0
1km
イエンギア駅

E
F
G
H
1
2
3
4
5
ノイバイ国際空港
パンパシフィック ハノイ P.135
Pan Pacific Hanoi
ンクオック寺
(鎮国寺)
Trân Quôc
タイホー区
Quân Tây Hô
チュックバック湖
Hồ Trúc Bạch
フォークオン・フン・ベン
Pho Cuon Hung Ben
巻きフォーの店が並ぶ
P.103
フォー・クオン 31 Pho Cuon 31 P.99・105
モッチンボンサウ 1946 P.102
コム・ヴィエット Com Viet P.97・105
ミンシー・プディング 付録P.13
Minci Pudding
ズオン・ホア 付録P.13
Duong Hoa
・ハン・アン・ウオン
マウ・ジック So 37
Cua Hang An Uong
Mau Dich So 37
付録P.8 オール・デイ・コーヒー
All Day Coffee
ベトナム鉄道 VNR
ロンビエン橋 P.126
Cau Long Bien
Ngọc Lâm
Gầm Cầu
ロンビエンバスターミナル
Bến Xe Long Biên
ホーチミン王席遺跡区 P.123
Khu di tich chu tich, Ho chi Minh/Tai phu chu tich
ロンビエン駅
大統領官邸
Presidential House
世界遺産
タンロン遺跡 P.123
Imperial Citadel of Thang Long
ドンスアン市場
Chợ Đồng Xuân
チュオン・ズウォン橋
Cầu Chương Dương
グエンヴァンクー通り
Nguyễn Văn Cừ
ディン広場
ホーチミン廟 P.122
Lang Chu Tich Ho Chi Minh
一柱寺 P.123
Chua Mot Cot
旧市街
ホアンキエム区
Quân Hoàn Kiêm
P.96
・ティン
Pho Thin
ベトナム軍事歴史博物館
Bao Tang Lich Su Quan Su Viet Nam
ハンザ・ギャラリア
Hang Da Galleria
玉山祠
Đền Ngọc Sơn
ホアンキエム湖
Hồ Hoàn Kiếm
ホン川(紅河)
Sông Hồng
レーニン像
美術博物館
Bao Tang My Thuat
文廟 Van Mieu P.123
Ga Van Mieu
インディゴ・ストア Indigo Store P.114
ヒエン・チャー・チュオン・スアン Hien Tra Truong Xuan P.107
コト KOTO P.123
クラフト・リンク Craft Link P.115
グランド・メルキュール・ハノイ P.133
Grand Mercure Hanoi
ソン・スパ P.130
Song Spa
大教会
Nhà Thờ Lớn
中央郵便局
ホアロー収容所
Nhà Tù Hoa Lò
歴史博物館 P.95
Bao Tang Lich Su
大劇場
Nha Hat Lon
地質学博物館
Geology Museum
ハノイ駅
Ga Hà Nội
チャンティ通り
ハイバーチュン通り
Hai Bà Trưng
チャンフンダオ通り
Trần Hưng Đạo
リータンキエット
Lý Thường Kiệt
ホアビン
Hòa Bình
リンクアン湖
Hồ Linh Quang
ンチュオン湖
Văn Chương
カムティエン通り
Khâm Thiên
レズアン通り
Lê Duẩn
ティエンクアン湖
Hồ Thiền Quang
Trần Nhân Tông
アン・ビエン P.98・102・105
An Bien
ホム市場
Chợ Hôm
108病院
フウギ病院
サンウェイ
Sunway
P.216
統一公園
Công Viên Thống Nhất
Tuệ Tĩnh
Hòa Mã
Nguyễn Công Trứ
P.129 アマドラ・ウェルネス&スパ
Amadora Wellness & Spa
スター・ロータス P.117
Star Lotus
ハイバーチュン祠
Vân Đồn
バーマウ湖
Hồ Ba Mẫu
P.101 ホーム
HOME
ヴィンコム・シティ・タワー
Vincom City Towers
ウィンマート
Win Mart
チャンカットチャン通り
Trần Khát Chân
バイマウ湖
Hồ Bảy Mẫu
リンソン寺
Cua Linh Son
ダイコビエット通り
Đại Cồ Việt
ファムゴックタック通り
Pham Ngoc Thach
セイカ・マート
Seika Mart
ヴィンコム・センター
Vincom Center
キムリエン湖
Hồ Kim Liên
Phương Mai
Giải Phóng
タインニャン湖
Hồ Thanh Nhàn
ハイバーチュン区
Quân Hai Bà Trưng
ザップバット・バスターミナル
バックマイ通り
Bạch Mai
タインニャン通り
Thanh Nhàn
ラクチュン通り
Lac Trung
Lãng Yên
Nguyễn Khoái
GOURMET
SHOPPING
ENJOY
BEAUTY
STAY
TOWN
N
5
10分
0
30
600m

ホアンキエム湖周辺

周辺図 | P.215

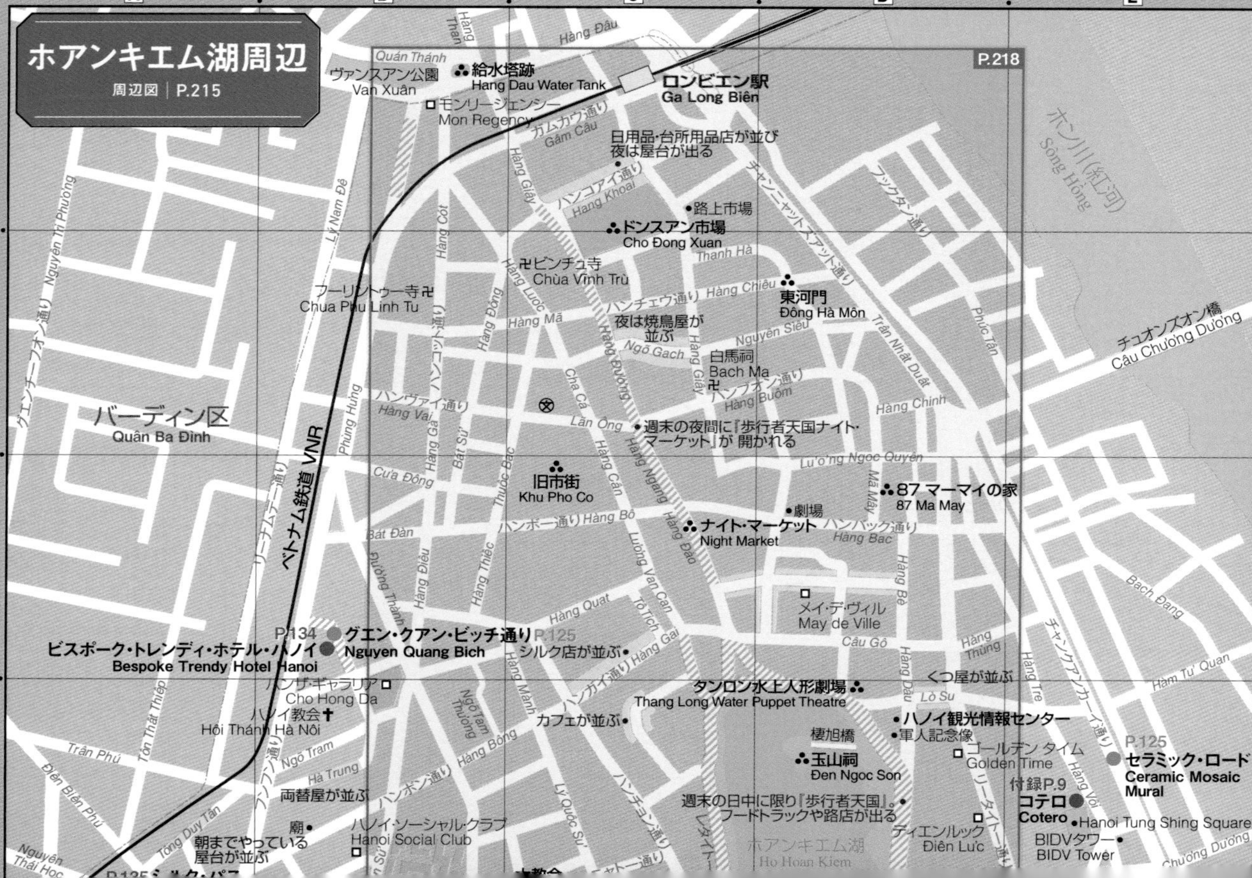

ラ・バディアン P.101
La Badiane
クアンアンゴン P.98
Quan An Ngon
メルキュール・ハノイ・ラ・ガール P.135
Mercure Hanoi La Gare
TK123ハノイホテル
TK123 Hanoi Hotel
P.135 モーヴェンピック
Mövenpick Hotel Hanoi
ハノイ駅
Ga Hà Nôi
ハノイメトロ3号線（建設中）
ハノイ・タワー
Hanoi Towers
サマセット・グランド・ハノイ
Somerset Grand Hanoi
ホアロー収容所
Nha Tu Hoa Lo
P.99 チャーカータンタン
Cha Ca Tan Tan
P.113 セレンダー・セラミックス
Cerender Ceramics
P.117 ソフィテル・レジェンド メトロポール・ハノイ
Sofitel Legend Metropole Hanoi
P.95 歴史博物館
Bao Tang Lich Su
P.135 コニファー・ブティック
Conifer Boutique Hotel
P.98 ブン・ダウ・コー・トゥエン
Bun Dau Co Tuyen
メリア P.135
Melia Hanoi
ホテル・ドゥ・ロペラ・ハノイ Mギャラリー コレクション P.134
Hotel de l'Opera Hanoi MGallery Collection
P.127 大劇場
Nha Hat Lon
クラブ・オペラ・ノベル
Club Opera Novel
付録P.9 オウ・ラック・クラブ
Au Lac Club
女性博物館
Bao Tang Phu Nu
メゾン・マルゥ・ハノイ P.117
Maison Marou Hanoi
ホアンキエム区
Quân Hoàn Kiêm
文化宮殿
Cung VH Hu'u Nghi Hà Nôi
ハノイ美術大学
バーヤ・クルーズ
Bhaya Cruises
P.97 ブンチャー・フオン・リエン
Bun Cha Huong Lien
P.108 ハイ・ソム
Hai Xom
ハイバーチュン区
Quân Hai Bà Tru'ng
ハノイ・チェオ劇場
Nhà Hát Chèo Hà Nôi
サーカス
Rap Xiêc
統一公園
Công Viên Thông Nhât
ティエンクアン湖
Hô Thiên Quang
亀の塔
Tháp Rùa
リータイトー像
Lýthái Tô
ベトナム国立銀行
N. H. Nhà Nuoc Viêt Nam
迎賓館
Nhà Khách Chính Phu
中央郵便局
Buu dien Hanoi
ボンムア
Bon Mua
フォービエン
Pho Bien
ベトナム航空
ゼファー
Zephyr Hotel
タンロン書店
ケムチャンティエン
Kem Tràng Tiên
チャンティエンプラザ
Trang Tien Plaza
ビュッフェ・セン 60リータイトー
イタリア大使館
ベトドゥック病院
Viêt Đu'c
最高裁判所
Toa An Nhan Dan Toi Cao
クアンスー寺
Chùa Quán Sú'
交通省
Bo Giao Thong
内務省
Bô Nôi Vu
イラク大使館
カンボジア大使館
フランス大使館
ラオス大使館
ホアビン
Hoa Binh
ホンハ・センター
Hong Ha Center Building
ナムフオン
Nam Phu'ong
Sun Red River
財務省
Bô Tài Chính
デ・シロイア
De Syloia Hotel
サイゴンツーリスト
ハムロン教会
Nhà Thò' Hàm Long
マイ・アイン
Mai Anh
カメリア
Camellia
リンフン
Linh Phung
オステリア・イル・グリロ
Osteria Il Grillo
カフェマイ
Cafe Mai
ホム市場
Cho' Hôm
ベトドゥック病院
Viên Mat
クアンコムニャーヘン
Quán Co'm Nhà Hên
クアンホア寺
Chùa Quang Hoa
ホテル・ドゥ・パルク・ハノイ
Hotel du Parc Hanoi
ケム&スアチュア
Kem-Sua Chua
GOURMET
SHOPPING
ENJOY
BEAUTY
STAY
TOWN
1
4分
0
60
240m
N
A
B
C
D
E
5
6
7
8

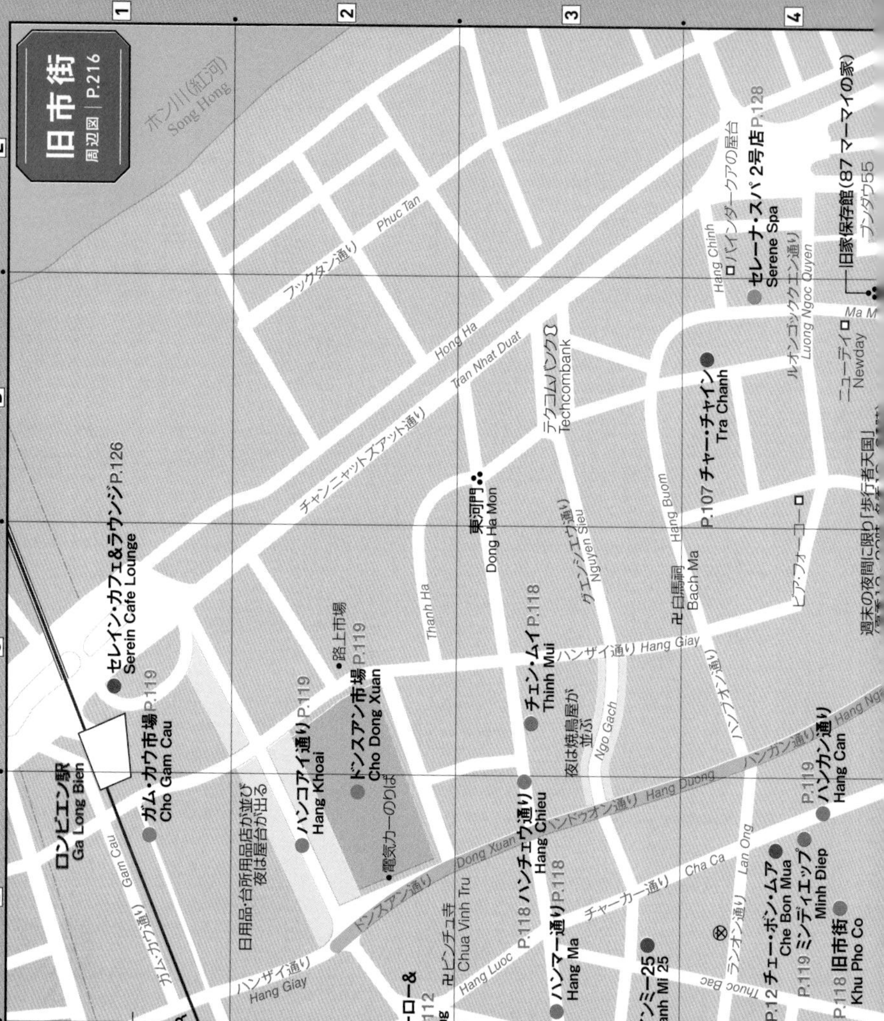

旧市街
周辺図 P.216
ホン川(紅河)
Song Hong
フックタン通り
Phuc Tan
Hong Ha
チャンニャットズアット通り
Tran Nhat Duat
テクコムバンク
Techcombank
Hang Chinh
バインダークアの屋台
セレーナ・スパ2号店 P.128
Serene Spa
ルオンゴックエン通り
Luong Ngoc Quyen
旧家保存館(87マーマイの家)
ニューデイ
Newday
P.107 チャー・チャイン
Tra Chanh
東河門
Dong Ha Mon
グエンシエウ通り
Nguyen Sieu
Hang Buom
白馬祠
Bach Ma
ビア・フォーコー
週末の夜間に限り「歩行者天国」
セレイン・カフェ&ラウンジ P.126
Serein Cafe Lounge
Thanh Ha
路上市場
チェン・ムイ P.118
Thinh Mui
ハンザイ通り Hang Giay
ドンスアン市場 P.119
Cho Dong Xuan
ハンコアイ通り P.119
Hang Khoai
ガム・カウ市場 P.119
Cho Gam Cau
ロンビエン駅
Ga Long Bien
夜は焼鳥屋が並ぶ
Ngo Gach
ハンブオン通り
ハンカン通り P.119
Hang Can
ハンドゥオン通り Hang Duong
ハンチェウ通り
Hang Chieu
日用品・台所用品店が並び
夜は屋台が出る
電気カーのりば
Gam Cau
ガムカウ通り
ドンスアン通り
Dong Xuan
P.118 ハンマー通り
Hang Ma
チャーカー通り
Cha Ca
ランオン通り
Lan Ong
チェー・ボン・ムア P.121・付録P.12
Che Bon Mua
ミンディエップ P.119
Minh Diep
旧市街 P.118
Khu Pho Co
Thuoc Bac
ビンチュ寺
Chua Vinh Tru
Hang Luoc
バインミー25 P.121
Banh Mi 25
Hang Dong
Bat Su
ハイフォン・ホーロー&アルミウエア P.112
Nhom Hai Phong
モン・リージェンシー
Mon Regency
ベトナム鉄道 VNR
フンフン通り P.124
Phung Hung
Hang Cot
ハンコット通り
フーリントゥー寺
Chua Phu Linh Tu
タイン・ヴァン P.105
Thanh Van
ハンヴァイ通り
Hang Vai
Hang Ga
ヴァンスアン公園
Van Xuan

P.109 ハイウェイ4 Highway4
ザン・カフェ Giang Cafe
付録P.9
ハンバック通り Hang Bac
Nguyen Huu Huan
Hang Be
ギンコー GinkGo
リータイトー通り
Ly Thai To
Lo Su
ウィンマート Winmart
ゴールデン・タイム Golden Time
ディエンルック Dien Luc
Tran Nguyen Han
市人民委員会
ハンザウ通り Hang Dau
くつ屋が並ぶ
軍人記念像
Dinh Tien Hoang
ディンティエンホアン通り
公衆トイレ
ハノイ観光情報センター Hanoi Tourism Information Center
タンロン水上人形劇場 Thang Long Water Puppet Theatre
P.140
電気カーのりば
ラップ&ロール Wrap&Roll P.105
ホーグオム・プラザ
ハイランズ・コーヒー HIGHLANDS coffee
カウゴウ(6・7F) Cau Go
カフェ・フォーコー Café Pho Co 付録P.8
Cau Go
棲旭橋
玉山祠 Den Ngoc Son P.122
ホアンキエム湖 Ho Hoan Kiem P.122
ロータス水上人形劇 Lotus Water Puppet
ルオンタイン Luong Thanh Shop
メイ・デ・ヴィル May De Ville
ハノイ・クラブ Ca Tru Ha Noi Club P.140
ナイトマーケット Night Market
ハンダオ通り Hang Dao
ヴィンチャック Nha May Gia Truyen Vinh Trach P.120
ハノイア・ハウス Hanoia House
ルオンヴァンカン通り Luong Van Can
付録P.13
チャンチー Trang Tri
リトル・ハノイ Little Hanoi
タンミー・デザイン tanmy design P.112
アメイジング・ハノイ Amazing Hanoi
P.130
アーバン・オアシス・スパ Urban Oasis Spa
カフェが並ぶ
レタイトー通り
チエ・ハンドメイド Chie Handmade P.114・117
Hang Trong
カナ Kana
チャーチャインが飲めるカフェが並ぶ
スターバックス STARBUCKS COFFEE
ANZ
チャー・チャイン → P.106
Asia Tower
インティメックス Intimex
Nha Tho
Nha Chung
手芸露店が並ぶ
Hang Quat
フックロイ・スタンプ Phuc Loi Stamp P.120
ゴールデン・サン・パレス Golden Sun Palace
ドラゴンフライ Dragonfly P.121
シルク店が並ぶ
タン・ミー Tan My
Hang Gai
ムーン・クラフツ Moon Crafts
ハンチョン通り
サパ Sapa P.115
ハンガイ通り Hang Gai P.120
マウンテンズ・カラー Mountain's Color P.117
ナグ・ショップ Nagu Shop P.113
Ly Quoc Su
ニャーチュン通り
マレーナ Marena
ラ・プレイス La Place
Ngo Huyen
ズォン・レストラン Duong's Restaurant P.99
大教会 Nha Tho Lon P.127
ヴァン・スアン Van Xuan P.131
ハンボー通り Hang Bo P.120
ラ・ドルチェ・ヴィータ La Dolce Vita
ヴァンアインラン Shop Van Anh Lan P.120
フオン・セン Huong Sen shop P.96
ハンクアット通り Hang Quat P.120
ダックキム Dac Kim P.109
Hang Thiec
ハンマイン通り Hang Manh
ホリデイズ・ホテル Holidays Hotels
Ngo Tam Thuong
Phu Doan
フローラ Flola
ベトドゥック病院 Viet Duc
ジン・クアン47 Sin Quan 47 P.121
バット・ダン Bat Dan P.117
フォー・ザー・チュエン Pho Gia Truyen
バットダン通り
Bat Dan
Hang Dieu
ハンディエウ通り
ハンザ市場(地下1F)
ハンザギャラリア
マーベラスホテル Marvellous Hotel
Duong Thanh
ハンザ通り Hang Da
ハンボン通り Hang Bong
Quan Su
A B C D E
5 6 7 8
GOURMET
SHOPPING
ENJOY
BEAUTY
STAY
TOWN
0 1 2分
60 120m
N

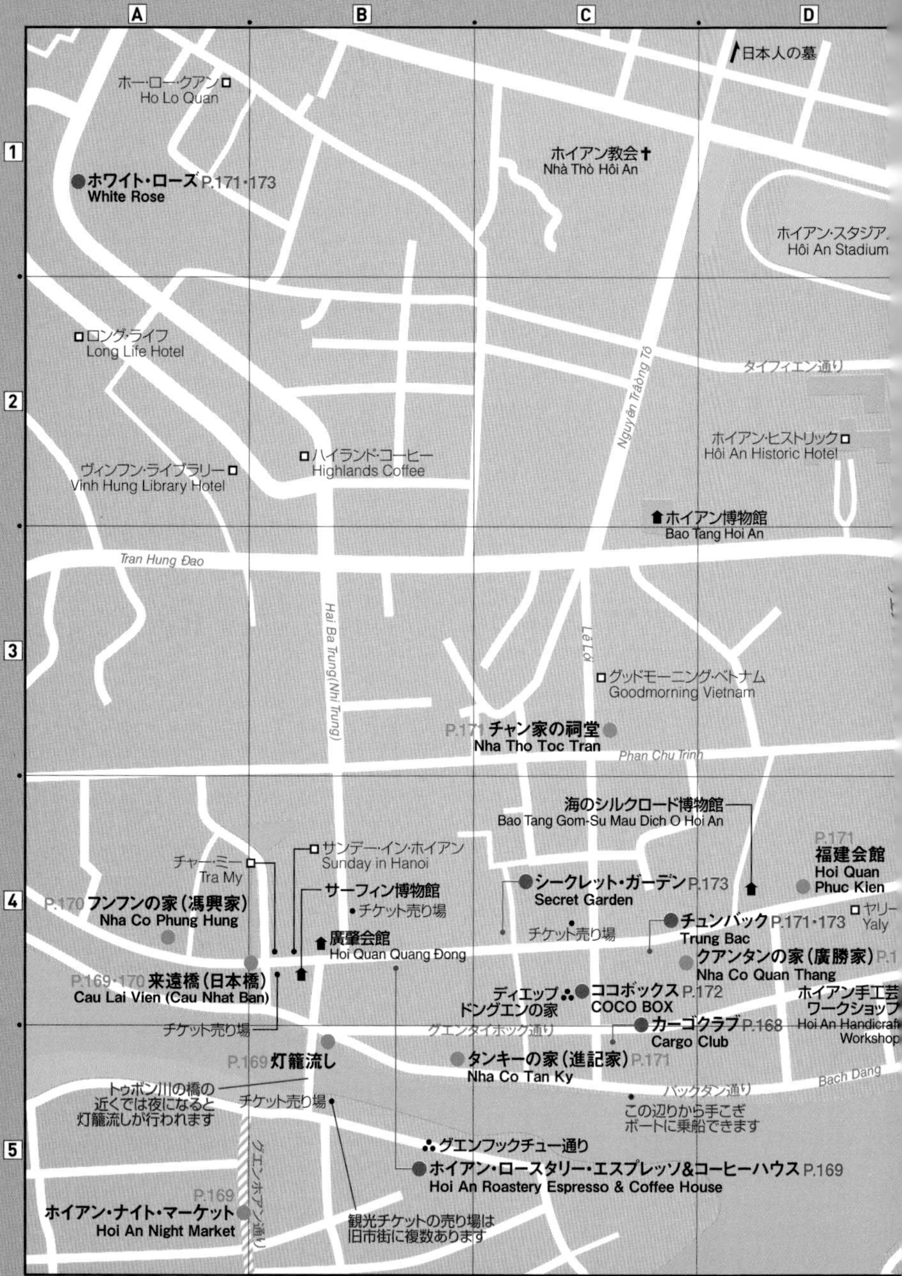
A
B
C
D
1
2
3
4
5
日本人の墓
ホー・ロー・クアン
Ho Lo Quan
ホイアン教会
Nhà Thò Hôi An
ホワイト・ローズ P.171・173
White Rose
ホイアン・スタジア
Hôi An Stadium
ロング・ライフ
Long Life Hotel
タイフィエン通り
Nguyễn Trường Tộ
ホイアン・ヒストリック
Hôi An Historic Hotel
ハイランド・コーヒー
Highlands Coffee
ヴィンフン・ライブラリー
Vinh Hung Library Hotel
ホイアン博物館
Bao Tang Hoi An
Tran Hung Đao
Hai Ba Trung(Nhi Trung)
Lê Lợi
グッドモーニング・ベトナム
Goodmorning Vietnam
P.171 チャン家の祠堂
Nha Tho Toc Tran
Phan Chu Trinh
海のシルクロード博物館
Bao Tang Gom-Su Mau Dich O Hoi An
サンデー・イン・ホイアン
Sunday in Hanoi
チャー・ミー
Tra My
P.171
福建会館
Hoi Quan
Phuc Kien
サーフィン博物館
シークレット・ガーデン P.173
Secret Garden
チケット売り場
P.170 フンフンの家（馮興家）
Nha Co Phung Hung
ヤリー
Yaly
チュンバック P.171・173
Trung Bac
チケット売り場
廣肇会館
Hoi Quan Quang Đong
クアンタンの家（廣勝家）P.1
Nha Co Quan Thang
P.169・170 来遠橋（日本橋）
Cau Lai Vien (Cau Nhat Ban)
ディエップ
ドングエンの家
ココボックス P.172
COCO BOX
ホイアン手工芸
ワークショップ
Hoi An Handicraft
Workshop
チケット売り場
グエンタイホック通り
カーゴクラブ P.168
Cargo Club
P.169 灯籠流し
タンキーの家（進記家）P.171
Nha Co Tan Ky
Bach Dang
トゥボン川の橋の
近くでは夜になると
灯籠流しが行われます
チケット売り場
バックダン通り
この辺りから手こぎ
ボートに乗船できます
グエンフックチュー通り
ホイアン・ロースタリー・エスプレッソ&コーヒーハウス P.169
Hoi An Roastery Espresso & Coffee House
P.169
ホイアン・ナイト・マーケット
Hoi An Night Market
グエンホアン通り
観光チケットの売り場は
旧市街に複数あります

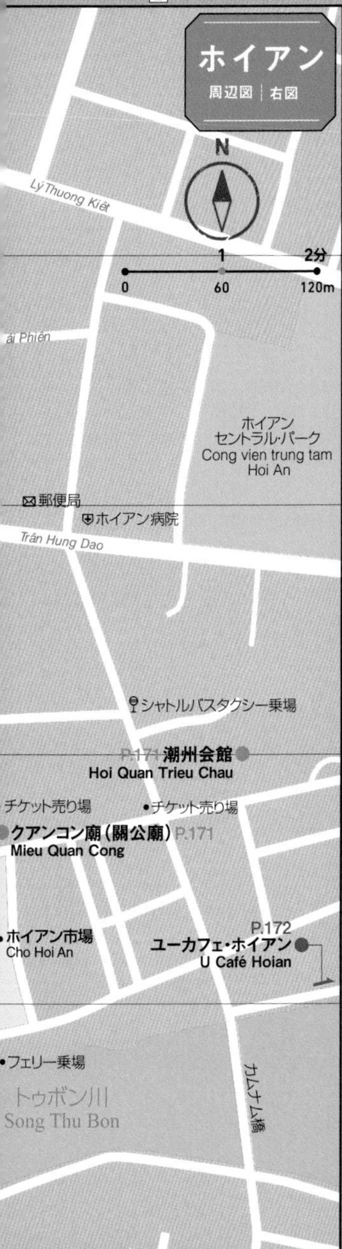

E
ホイアン
周辺図 | 右図
N
1
2分
0
60
120m
Lý Thuong Kiêt
ai Phiên
ホイアン
セントラル・パーク
Cong vien trung tam
Hoi An
郵便局
ホイアン病院
Trân Hung Dao
シャトルバスタクシー乗場
P.171 潮州会館
Hoi Quan Trieu Chau
チケット売り場
チケット売り場
クアンコン廟（關公廟）P.171
Mieu Quan Cong
ホイアン市場
Cho Hoi An
P.172
ユーカフェ・ホイアン
U Café Hoian
フェリー乗場
トゥボン川
Song Thu Bon
カムナム橋

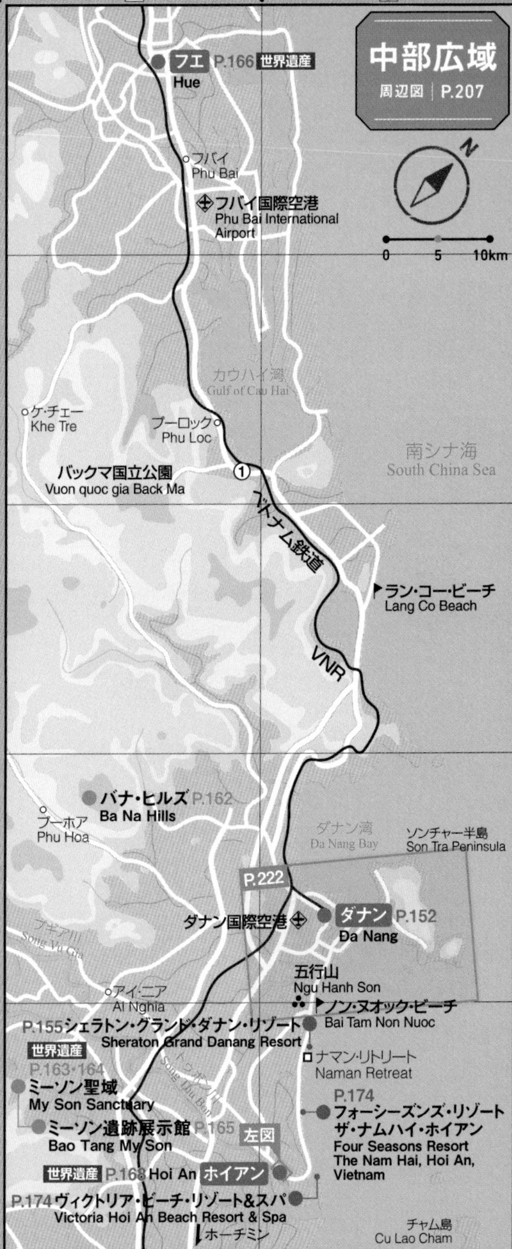

F
G
中部広域
周辺図 | P.207
1
2
3
4
5
N
0
5
10km
フエ P.166 世界遺産
Hue
フバイ
Phu Bai
フバイ国際空港
Phu Bai International
Airport
カウハイ湾
Gulf of Cau Hai
ケ・チェー
Khe Tre
プーロック
Phu Loc
①
バックマ国立公園
Vuon quoc gia Back Ma
南シナ海
South China Sea
ベトナム鉄道
VNR
ラン・コー・ビーチ
Lang Co Beach
バナ・ヒルズ P.162
Ba Na Hills
プーホア
Phu Hoa
ダナン湾
Da Nang Bay
ソンチャー半島
Son Tra Peninsula
P.222
ダナン国際空港
ダナン P.152
Đa Nang
ブギア川
Song Vu Gia
五行山
Ngu Hanh Son
アイ・ニア
Ai Nghia
ノン・ヌオック・ビーチ
Bai Tam Non Nuoc
P.155 シェラトン・グランド・ダナン・リゾート
Sheraton Grand Danang Resort
ナマン・リトリート
Naman Retreat
世界遺産
P.163・164
ミーソン聖域
My Son Sanctuary
トゥボン川
Song Thu Bon
P.174
フォーシーズンズ・リゾート
ザ・ナムハイ・ホイアン
Four Seasons Resort
The Nam Hai, Hoi An,
Vietnam
ミーソン遺跡展示館 P.165
Bao Tang My Son
左図
世界遺産 P.168 Hoi An ホイアン
P.174 ヴィクトリア・ビーチ・リゾート&スパ
Victoria Hoi An Beach Resort & Spa
ホーチミン
チャム島
Cu Lao Cham

GOURMET　SHOPPING
ENJOY　BEAUTY
STAY　TOWN

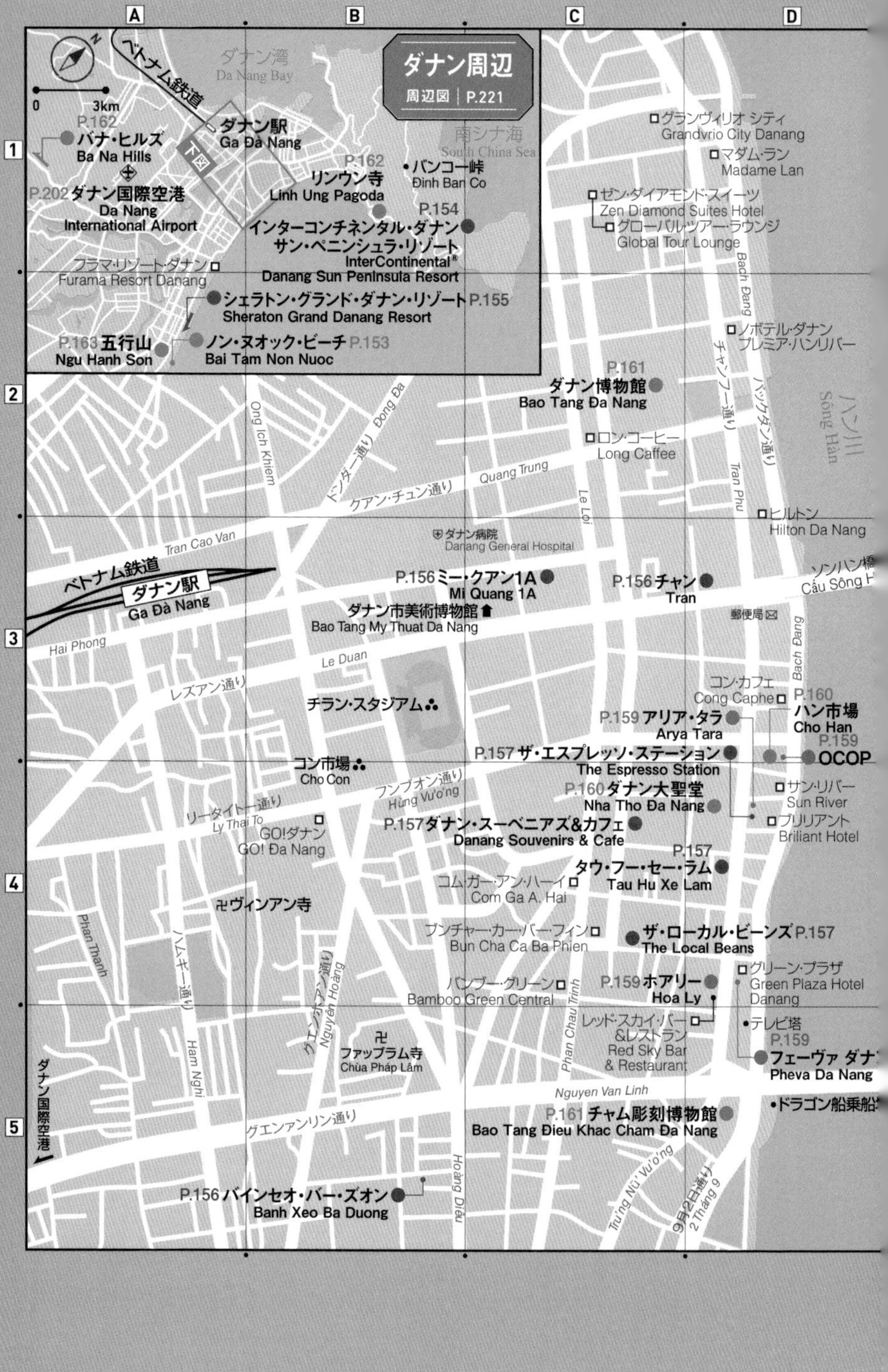
ダナン周辺
周辺図 | P.221
A
B
C
D
1
2
3
4
5
0
3km
ベトナム鉄道
ダナン湾
Da Nang Bay
南シナ海
South China Sea
P.162
バナ・ヒルズ
Ba Na Hills
ダナン駅
Ga Đà Nang
下図
P.202 ダナン国際空港
Da Nang International Airport
P.162
リンウン寺
Linh Ung Pagoda
•バンコー峠
Đinh Ban Co
P.154
インターコンチネンタル・ダナン サン・ペニンシュラ・リゾート
InterContinental®
Danang Sun Peninsula Resort
フラマ・リゾート・ダナン
Furama Resort Danang
シェラトン・グランド・ダナン・リゾート P.155
Sheraton Grand Danang Resort
P.163 五行山
Ngu Hanh Son
ノン・ヌオック・ビーチ P.153
Bai Tam Non Nuoc
グランヴィリオ シティ
Grandvrio City Danang
マダム・ラン
Madame Lan
ゼン・ダイアモンド・スイーツ
Zen Diamond Suites Hotel
グローバル・ツアー・ラウンジ
Global Tour Lounge
Bach Đang
ノボテル・ダナン プレミア・ハンリバー
チャンフー通り
バックダン通り
ハン川
Sông Hàn
P.161
ダナン博物館
Bao Tang Đa Nang
ロン・コーヒー
Long Caffee
Ong Ich Khiem
ドンダー通り
Đong Đa
Quang Trung
クアン・チュン通り
Le Loi
Tran Phu
ヒルトン
Hilton Da Nang
ダナン病院
Danang General Hospital
Tran Cao Van
ベトナム鉄道
ダナン駅
Ga Đà Nang
P.156 ミー・クアン1A
Mi Quang 1A
P.156 チャン
Tran
ソンハン橋
Cầu Sông Hàn
ダナン市美術博物館
Bao Tang My Thuat Da Nang
郵便局
Hai Phong
Le Duan
Bach Đang
レズアン通り
チラン・スタジアム
コン・カフェ
Cong Caphe
P.160
ハン市場
Cho Han
P.159 アリア・タラ
Arya Tara
P.159
OCOP
P.157 ザ・エスプレッソ・ステーション
The Espresso Station
コン市場
Cho Con
フンブオン通り
Hùng Vu'o'ng
サン・リバー
Sun River
P.160 ダナン大聖堂
Nha Tho Đa Nang
リータイトー通り
Ly Thai To
GO!ダナン
GO! Đa Nang
P.157 ダナン・スーベニアズ&カフェ
Danang Souvenirs & Cafe
ブリリアント
Briliant Hotel
P.157
タウ・フー・セー・ラム
Tau Hu Xe Lam
コムガー・アン・ハーイ
Com Ga A. Hai
ヴィンアン寺
Phan Thanh
ブンチャー・カー・バー・フィン
Bun Cha Ca Ba Phien
ザ・ローカル・ビーンズ P.157
The Local Beans
ハムギー通り
グエンホアン通り
Nguyên Hoàng
グリーン・プラザ
Green Plaza Hotel Danang
バンブー・グリーン
Bamboo Green Central
P.159 ホアリー
Hoa Ly
Phan Chau Trinh
レッド・スカイ・バー &レストラン
Red Sky Bar & Restaurant
•テレビ塔
P.159
フェーヴァ ダナン
Pheva Da Nang
ファップラム寺
Chùa Pháp Lâm
Ham Nghi
ダナン国際空港
Nguyen Van Linh
P.161 チャム彫刻博物館
Bao Tang Đieu Khac Cham Đa Nang
•ドラゴン船乗船
グエンヴァンリン通り
Hoàng Diệu
Tru'ng Nữ Vu'o'ng
9月2日通り
2 Tháng 9
P.156 バインセオ・バー・ズオン
Banh Xeo Ba Duong

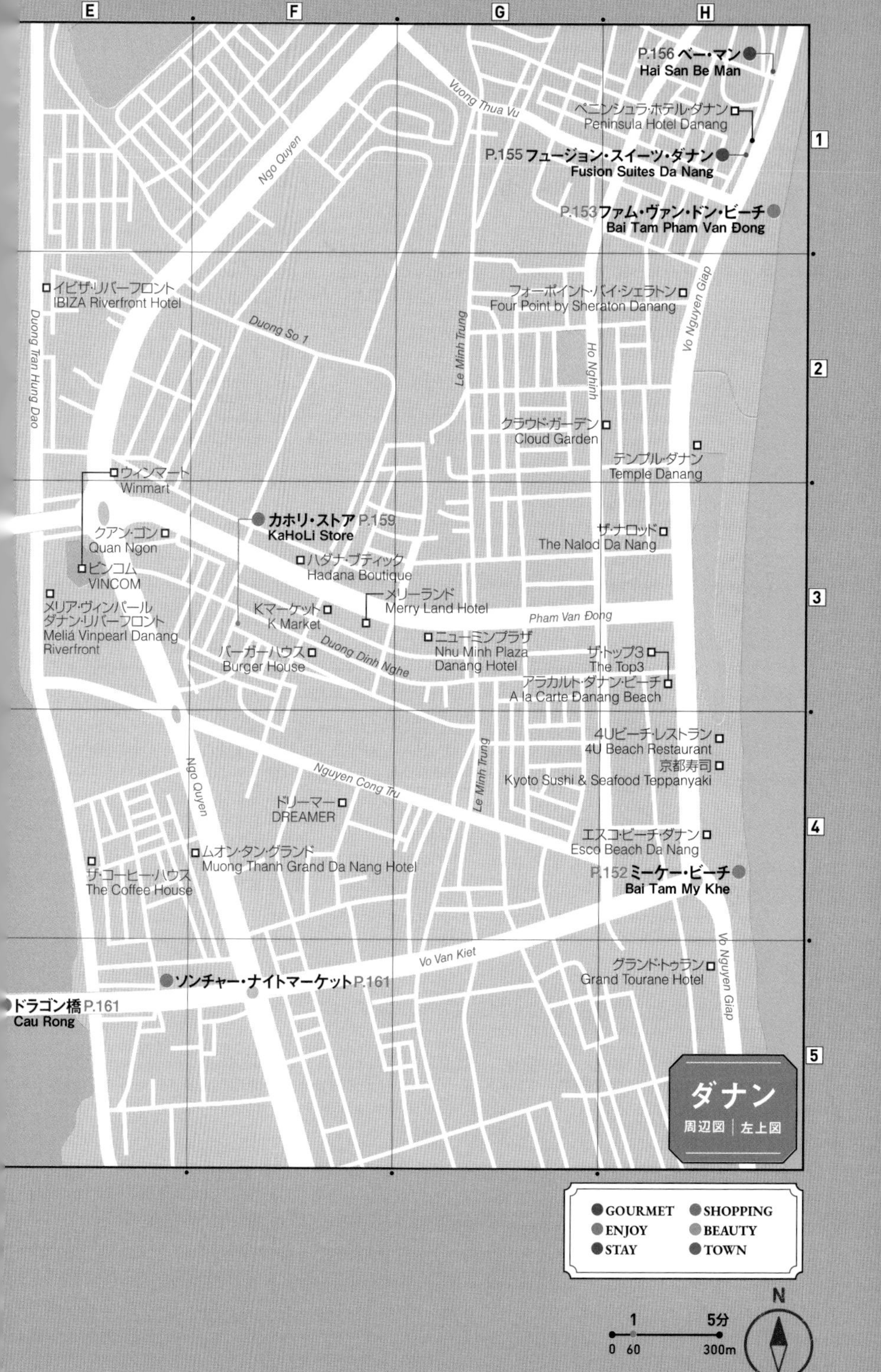

E
F
G
H
1
2
3
4
5
P.156 ベー・マン
Hai San Be Man
Vuong Thua Vu
ペニンシュラ・ホテル・ダナン
Peninsula Hotel Danang
P.155 フュージョン・スイーツ・ダナン
Fusion Suites Da Nang
Ngo Quyen
P.153 ファム・ヴァン・ドン・ビーチ
Bai Tam Pham Van Đong
イビザ・リバーフロント
IBIZA Riverfront Hotel
Duong So 1
フォーポイント・バイ・シェラトン
Four Point by Sheraton Danang
Vo Nguyen Giap
Duong Tran Hung Dao
Le Minh Trung
Ho Nghinh
クラウド・ガーデン
Cloud Garden
テンプル・ダナン
Temple Danang
ウィンマート
Winmart
カホリ・ストア P.159
KaHoLi Store
ザ・ナロッド
The Nalod Da Nang
クアン・ゴン
Quan Ngon
ハダナ・ブティック
Hadana Boutique
ビンコム
VINCOM
メリーランド
Merry Land Hotel
メリア・ヴィンパール
ダナン・リバーフロント
Meliá Vinpearl Danang
Riverfront
Kマーケット
K Market
Pham Van Đong
ニューミンプラザ
Nhu Minh Plaza
Danang Hotel
バーガーハウス
Burger House
Duong Dinh Nghe
ザ・トップ3
The Top3
アラカルト・ダナン・ビーチ
A la Carte Danang Beach
4Uビーチ・レストラン
4U Beach Restaurant
京都寿司
Kyoto Sushi & Seafood Teppanyaki
Nguyen Cong Tru
Le Minh Trung
Ngo Quyen
ドリーマー
DREAMER
エスコ・ビーチ・ダナン
Esco Beach Da Nang
ムオン・タン・グランド
Muong Thanh Grand Da Nang Hotel
ザ・コーヒー・ハウス
The Coffee House
P.152 ミーケー・ビーチ
Bai Tam My Khe
Vo Van Kiet
グランド・トゥラン
Grand Tourane Hotel
Vo Nguyen Giap
ソンチャー・ナイトマーケット P.161
ドラゴン橋 P.161
Cau Rong
ダナン
周辺図 | 左上図
GOURMET
SHOPPING
ENJOY
BEAUTY
STAY
TOWN
N
1
5分
0
60
300m

知っておきたい 緊急時の連絡リスト

急な予定の変更やトラブルなど、連絡先を知っておけば安心できる。

緊急	警察	☎113
緊急	消防	☎114
緊急	救急	☎115
緊急	日本国大使館（ハノイ）	☎024-3846300
緊急	日本国総領事館（ホーチミン）	☎028-39333510
緊急	健康ホットライン	☎1900-3228
クレジットカード（紛失・盗難）	JCBプラザ・ホーチミンシティ	☎028-38291009
クレジットカード（紛失・盗難）	アメリカン・エキスプレス（シンガポールセンター）	☎65-6535-2209（コレクトコールを利用）
クレジットカード（紛失・盗難）	Visa	FREE 1-201-0288（アクセスコード）→FREE 888-710-7781
クレジットカード（紛失・盗難）	MasterCard	FREE 120-11576
ベトナムの主要空港	タンソンニャット国際空港（ホーチミン）	☎028-38485634
ベトナムの主要空港	ノイバイ国際空港（ハノイ）	☎024-38865047
ベトナムの主要空港	ダナン国際空港	☎0905-796797
日本語の通じる病院	ラッフルズメディカルハノイ	☎024-39340666（英語） ☎1900-545-506（日本語、ベトナム国内専用）
日本語の通じる病院	ファミリー・メディカル・プラクティス・ホーチミンシティ	☎028-38227848（日本語可）
航空会社	ANA（NH）	☎0570-029-333（国際線案内） ☎024-39262808（ハノイ） ☎028-38219612（ホーチミン） ☎1900-232-442（日本語予約・案内／ベトナム国内専用）
航空会社	日本航空（JL）	☎0570-025-031（国際線案内） ☎1800-599-925（ベトナム）
航空会社	ベトナム航空（VN）	☎03-3508-1481（東京） ☎1900-1100（ベトナム国内専用、24時間）
航空会社	ベトジェットエア（VJ）	☎03-5937-0821（日本） ☎1900-1886（ベトナム国内専用）

電話のかけ方

日本からベトナムへの国際電話（ダイヤル直通）

（例:ハノイ024-12345678にかける）

①国際電話識別番号※
②ベトナムの国番号
③市外局番から先頭の0をとった番号（ホーチミンは28）
④相手の電話番号

010-84-2412345678

※携帯電話からかける場合は「+」でも可（0の長押しなどで表示。機種によって異なる）

ベトナムから日本への国際電話（ダイヤル直通）

（例:日本03-1234-5678にかける）

①ホテルの外線番号
②国際電話識別番号
③日本の国番号
④市外局番の最初の0をとる
⑤相手の電話番号

＊00-81-3-1234-5678

（例:携帯電話090-1234-5678にかける）

①ホテルの外線番号
②国際電話識別番号
③日本の国番号
④識別番号の最初の0をとる
⑤相手の電話番号

＊00-81-90-1234-5678